JN409745

# 한국어와 어웡키어의 격과 인칭

# 한국어와 어웡키어의 격과 인칭

칼리나(卡麗娜) 지음

(학)신구학원 신구문화사

# 머리말

절멸 위기에 처해 있는 어웡키어(Evenki; 鄂溫克語)는 알타이어족에서의 만주·퉁구스어파의 퉁구스어에 속하며 문자는 없고 구어에서만 쓰이는 언어이다. 퉁구스어학에서는 솔론어(Solon)로 불린다. 한국어와 어웡키어는 둘 다 SOV 언어이며 교착어로, 접사, 어미, 후치사가 발달하였다. 이에 따라 어순이 비교적 자유롭고 주요 성분이 생략될 수 있다. 또한 모음조화가 있는 점도 공통점이다. 그러나 어웡키어는 다른 퉁구스어들과 마찬가지로 인칭이 매우 발달해 있다는 특징이 있다. 이 점은 한국어와 크게 다른 점이다. 본서는 한국어와 어웡키어의 격과 인칭을 대상으로 하여 이를 주격, 속격, 대격, 부사격, 복합문에서의 격과 인칭으로 나누어 체계적으로 대조 분석한 것이다.

필자는 러시아 부랴트 공화국 부랴트국립대에서 외국어학을 전공하였다. 졸업 후에는 2008년에 한국어를 배우러 서울대학교 언어교육원으로 유학을 왔다. 9개월 동안 한국어를 배우고 감사하게도 2009년에 서울대학교 국어국문학과 대학원에 입학하여 본격적으로 한국어학을 접하게 되었다. 석사 과정 때는 한국어학만을 하였고 박사 과정 때부터는 모어인 어웡키어를 조금씩 연구하기 시작하여 연구 범위를 넓혀 한국어와 어웡키어 문법 대조를 하게 되어 지난 2019년 8월 박사학위논문 「한국어와 어웡키어의 격과 인칭 대조 연구」로 박사학위를 받았다. 이 책은 학위논문에서의 표기 오류와 일부 견해를 수정한 것이다.

이 책은 많은 분들의 가르침과 지도 없이는 해낼 수 없었을 것이다. 지도교수님이신 장소원 선생님께서는 기대에 못 미치는 필자를 항상 믿어주시고 정신적인 힘과 용기를 주셨다. 대조언어학 박사학위논문을 쓰겠다는 필자의 고집까지 받아주시고 학과 교수님들께 직접 허락을 구해 주신 덕분에 박사학위를 받을 수 있었다. 오늘 필자가 이 책을 낼 수 있게 된 것도 지도교수님의 무한한 지지와 격려 없이는 불가능한 일이었다.

대조언어학이란 무엇인지, 대조 연구의 효용 가치를 가르쳐 주신 박진호 선생님께도 감사의 말씀을 전하고 싶다. 선생님께서는 바쁘신 가운데 필자의 어리석은 질문에 꼼꼼하게 설명해 주시고 자료까지 챙겨주셔서 정말 큰 힘이 되어 주셨다.

또한 필자가 박사 과정 중 어웡키어 스터디를 시작하게 된 데에는 Marc Duval 선생님과 가와사키 케이고 선생님의 어웡키어에 대한 관심과 지도를 빼 놓을 수 없다. 스터디를 하면서 필자에게 어웡키어에 대한 재미를 느끼게 해 주신 덕분에 어웡키어를 연구하게 되었고, 이를 계기로 필자가 어웡키어를 문자로 기록하고 문법 연구를 하는 '꿈'을 갖게 된 것은 참으로 행운이었다. Marc Duval 선생님께서 프랑스로 돌아가신 후에는 박진호 선생님께서 합류하신 후 어웡키어 스터디의 어웡키어 문법론 연구는 그 깊이가 한층 더 깊어졌을 뿐 아니라 한국어와의 대조에까지 시야를 넓힐 수 있었다. 그 후 (이 책의 초석이 된 원고를 바탕으로 진행된) 어웡키어 스터디에 서울대학교 언어학과 선생님들도 한 학기 동안 참석해 주셨다. 필자의 부족함이 많은 자료를 귀기울여 들어주시고 귀한 지적과 조언을 해 주신 김주원 선생님, 최계영, 이형미, 도정업, 박상철, 김혜, 김현정, 심재홍 선생님, 일본 니이가타 대학의 Fuyuki Ebata 선생님, 박진호 선생님과 장고은 선생님께 감사드린다. 이렇게 많은 분들이 도와주시고 격려해 주신 덕분에 필자가 여기까지 올 수 있었다.

석, 박사 과정 동안 필자는 여러 선생님들의 수업을 듣고 아낌없는 가르침을 통하여 한국어학에 눈을 뜨고 공부하는 방향과 방법을 알 수 있는 귀한 시간을 가졌다. 임홍빈, 송철의, 김창섭, 이현희, 정승철, 김성규, 전영철, 황선엽, 문숙영 선생님들께도 이 자리를 빌어 감사의 말씀을 드린다.

필자의 박사 학위 논문의 심사위원을 맡아주신 이현희 선생님과 연규동 선생님께도 감사의 뜻을 전하고 싶다. 또한 이 책을 내는 데에 힘을 써 주신 한재영 선생님께도 특별히 감사를 드린다. 출판을 허락해 주신 신구문화사 임미영 사장님과 최승복 편집부장님께도 감사드린다. 한국어 문장이 아직도 서투른 필자의 글을 꼼꼼히 교정해 주신 장고은 선생님께도 감사를 표한다. 이 책에 어색한 한국어 문장, 틀린 내용이 있다면 그것은 모두 필자의 책임이다.

석사 과정에 들어와서 아무 것도 모르는 시절에 걸음마 스터디를 해 주신 김주상 선생님과 김현주 선생님께도 감사드린다. 또, 304, 308에서 만난 선배님들과 동학들께도 감사드린다. 이 많은 분들을 만나 필자의 유학 생활을 마침표를 지을 수 있게 되어 정말 행운이었다.

사랑하는 부모님, 남편, 딸에게도 감사를 전하고 싶다. 특히 힘이 되어 준 사랑하는 딸 리아에게 고마운 마음을 전한다. 공부하느라 신경도 잘 써 주지 못해도 잘 놀아주지 못해도 엄마를 이해해 주고 늘 환하게 웃어주고 안아주며 사랑한다고 말해주는 딸이 있어서 정말 큰 힘이 되었던 것 같다.

2021년 1월

칼리나(卡麗娜)

# 차례

## 표 목차

# 표기 및 약호 목록

## 〈표기〉

단모음(8): a, ə[ə], i[i], e[e], o[ɔ], u[o], ɵ[ɵ],[1] ʉ[u]
장모음(8): aa, əə, ii, ee, oo, uu, ɵɵ, ʉʉ
자음(17): b, p, m, w, d, t, n[n/ŋ], l, r, s[s/ʃ],[2] j[ʤ], c[ʧ], y[j], g[g/ɣ], k, ŋ, x

## 〈약호 목록〉

| | |
|---|---|
| ABL | ablative |
| ACC | accusative |
| ASSOC | associative voice |
| CAUS | causative voice |
| CLT | clitic |
| COL | collectional suffix |
| COND | conditional |
| CVB | converb |
| DATL | dative-locative |
| DEL | delative |
| DIR | directional |
| DIRL | directional-locative |
| ELAT | elative |
| EXCL | exclusive |
| GEN | genitive |

1) ‘ɵ[ɵ]’는 ‘xɵɵrɵɵ-rən’(이야기하다), ‘xɵɵggʉ’(다리, 橋), ‘jɵɵl’(종류), ‘bɵɵs’(천)에서 뚜렷하게 느껴진다.

2) ‘s’는 [s]와 [ʃ] 두 가지로 발음된다. 모음 ‘i’와 ‘e’ 앞에서 [ʃ]로 발음되고 나머지 경우에는 [s]로 발음된다. 胡增益·朝克(1986), 朝克(1995, 2009, 2017a, 2017b)에서는 이를 각각 ‘s’와 ‘ʃ’ 두 가지 자음으로 표기하였다. 본서에서는 ‘s’로 표기하겠다.

| | |
|---|---|
| HAB | habitual |
| HORT | hortative |
| IMP | imperative |
| INACC | indefinite accusative |
| INCL | inclusive |
| INST | instrumental |
| LOC | locative |
| NEG | negative |
| NPST | non-past |
| PASS | passive voice |
| PL | plural |
| POSS | possessive |
| PROG | progressive |
| PROL | prolative |
| PRON | pronoun |
| PROP | proprietive |
| PST | past |
| PTCP | participle |
| PURP.MOTION | purposive motion |
| REC | reciprocal voice |
| REFL | reflexive |
| REL | relational suffix |
| Q | question marker |
| QUOT | quotative |
| SFP | sentence final particle |
| SG | singular |
| SUP | supposition |
| TOP | topic |
| VBZ | verbalizer |
| VOL | volitive |
| 1 | first person |
| 2 | second person |
| 3 | third person |

# 1. 서론

## 1.1. 연구 목적

본서는 한국어와 어웡키어의 격과 인칭을 대조 분석하여 두 언어의 격과 인칭의 공통점과 차이점을 밝히는 것을 목적으로 한다.[3]

어웡키어(Evenki)[4]는 알타이어족에서의 만주·퉁구스어파의 퉁구스어에 속하며 문자는 없고 구어에서만 쓰이는 언어이다. 한국어의 계통에 대해서는 아직 명확히 밝혀지지 않았다. 두 언어는 아래와 같은 공통점이 있다.

(1) 어웡키어의 특징: 한국어와의 공통점
ㄱ. 교착어이다.
ㄴ. SOV 언어에 속한다.
ㄷ. 모음조화가 있다.
ㄹ. 접사, 어미, 후치사를 많이 사용하고, 전치사는 없다.
ㅁ. 수식어는 피수식어의 앞에 놓인다.
ㅂ. 어순이 비교적 자유롭다.

한국어와 어웡키어는 둘 다 SOV 언어이며 교착어로, 접사, 어미, 후치

---

3) 본서는 솔론 어웡키어에서의 호이(輝河) 지역 어웡키어를 대상으로 한다. 필자는 솔론 어웡키어 모어 화자이고 중국 네이멍구 자치구 후룬베이얼 시 어웡키족 자치기(中國內蒙古呼倫貝爾市鄂溫克族自治旗) 호이(輝河) 출신이다. 어웡키어는 문자가 없고 참고문헌도 제한되어 있다. 따라서 본서에서 제시된 어웡키어 예문은 모두 필자 본인이 수집·분석하여 집필한 것이다.

4) 에벤키어는 러시아어식 발음이다.

사가 발달하였다. 이에 따라 어순이 비교적 자유롭고 주요 성분이 생략될 수 있다. 또한 모음조화가 있는 점도 공통점이다.

그러나 어웡키어는 다른 퉁구스어들과 마찬가지로 인칭이 매우 발달해 있다는 특징이 있다. 이 점은 한국어와 크게 다른 점이다. 어웡키어와 한국어의 차이점을 정리하면 아래와 같다.

(2) 어웡키어의 특징: 한국어와의 차이점
ㄱ. 인칭법이 극도로 발달된 언어에 속한다.
ㄴ. 대격은 한정 대격과 비한정 대격의 대립이 있다.
ㄷ. 격표지 생략이 드물다.
ㄹ. 공간 관련 격표지가 발달되어 있다.
ㅁ. 복합문에서 주절 주어는 주격 표지를 사용하고 관형절 주어는 속격 표지를 사용한다. (소위 한국어의 주어적 속격에 해당한다.)
ㅂ. 호격 표지가 없다.
ㅅ. 경어법이 없다.

한국어에는 어웡키어의 인칭법과 같은 인칭과 관련된 뚜렷한 문법 범주가 없다.[5] 문장의 주어 자리에 인칭대명사도 잘 쓰이지 않고 서술어 자리에 인칭표지도 없기 때문에 문장의 주어가 문면에 드러나 있지 않을 때가 많다. 한국어의 이러한 특징은 어웡키어 화자의 입장에서 보면 문장의 주어가 누구인지 파악하기 어렵게 하기도 한다. 다음의 예를 살펴보자.

(3) ㄱ. 어제부터 열이 나고 목이 아팠다.
ㄴ. 기분 나쁘게 반말만 하는군.
ㄷ. 가든지 말든지 내버려 둬.

---

5) 목정수(2014:15)에서는 한국어나 일본어를 포함한 동(남)아시아 지역의 여러 언어에서 비교적 잘 발달한 '높임법(경어법/존대법/대우법)'이나 '공손표현(politeness)'도 인칭과 관련하여 연구될 수 있다고 보고 있다.

(3)의 문장들은 모두 주어가 쓰이지 않았다. 누가 열이 나고 목이 아팠는지, 누가 기분 나쁘게 반말만 하는지, 누가 누구를 내버려 둬야 하는지 이들 문장만 보고서는 그 주어를 알 수가 없다. 앞의 맥락을 알아야 이 문장의 주어가 누구인지를 알 수 있어 한국어는 매우 상황/문맥 의존적인 언어라고 할 수 있다.

그리고 어웡키어의 관점에서는 속격을 써야 할 것 같은 자리에 주격을 쓰고 속격을 써야 할 자리에 아무 표지가 나타나지 않는 경우도 있다. 본서는 이와 같은 의문점에서 비롯된 것이다.

반면에 어웡키어는 동사뿐만 아니라 명사(대명사, 수사, 형용사 포함), 동명사어미, 일부 접속어미에도 인칭표지가 붙는다. 특히 인칭표지는 복합문에서 주절 주어와 종속절 주어를 표시해 주는 기능을 하기도 한다. 예는 아래와 같다.

(4) taccil təg(ə)-ji-səə juu-**wəl** uunii-səə-ø.
they sit/live-PROG-PTCP.PST house/home-PL.REFL sell-PST-3
그들이 살고 있던/살던 집을 팔았다.
(lit. 그들 살고 있던/살던 집-그들 팔았다.)

(5) bi ada-**ni** ga-m buu-saa[6] gagga-wa-**n**
I(1SG) elder.sister-GEN buy-CVB give-PTCP.PST earring-ACC-3POSS
əmməən-cuu.
lose-PST.1SG
내가 언니/누나가 사 준 귀걸이를 잃어버렸다.

---

6) 'buu-rən'(주다)이 보조동사로 쓰일 때 앞에 오는 동사 어근이 양성모음으로 구성되었는지 음성모음으로 구성되었는지에 따라 달리 나타난다. 동사 어근이 양성모음으로 구성된 것이면 'buu-'로 나타나고 음성모음으로 구성된 것이면 'buu-'로 나타난다. 예를 들면 아래와 같다.

ㄱ. ga-m buu-saa-ø. (그가) 사 주었다.
ㄴ. əələə-m buu-səə-ø. (그가) 삶아 주었다/끓여 주었다.
ㄷ. oo-m buu-soo-ø. (그가) 해 주었다.

(lit. 나 언니/누나의 사 준 귀걸이-를-그 사람 잃어버렸다.)

(6) tan(<tar)-**ni** isi-ji-r bitəg(ə)-səl-wə-**n** awu
(S)he-GEN look-PROG-PTCP.NPST book-PL-ACC-3POSS who
ga-m buu-saa-ø?
buy-CVB give-PST-3
그 사람이 보고 있는 책들을 누가 사 준 거야?
(lit. 그 사람의 보고 있는 책-들-을-그 사람 누구 사 준 거야?)

어웡키어에서 주절 주어와 관형절 주어가 같을 때에는, 주절 주어는 주격(ø 표지)으로 나타나고 관형절 주어는 따로 나타나지 않으며, 관형절의 수식을 받는 소유물에는 (4)와 같이 재귀소유인칭표지 '-wəl'이 결합된다. 그러나 주절 주어와 관형절 주어가 다를 때에는, 주절 주어는 주격으로 나타나지만 관형절 주어는 속격으로 나타나며 소유물에는 (5), (6)과 같이 소유인칭표지 '-n'이 결합된다. 어떤 접속어미는 소유인칭표지가 결합되더라도 해당 절의 주어는 속격이 아닌 주격으로 나타난다. 또, 접속어미에 결합한 인칭표지에 의해 주절 주어와 종속절 주어가 같은지 다른지를 알 수 있다.

한국어와 같은 인칭 범주가 없는 언어의 경우, 화자들은 어떤 단서를 통해 주절의 주어와 종속절의 주어가 같은지 다른지 판단하는가? 여기에는 맥락 정보, 세계에 대한 지식 등이 물론 중요하겠지만 언어적 단서도 있을 수 있다. 예를 들면 한국어의 '-러, -려고, -고자' 등의 접속어미는 주절 주어와 종속절 주어가 같은 경우에만 사용될 수 있다. 반면에 '-면, -어서' 등의 연결어미는 주절 주어와 종속절 주어가 같을 때도 다를 때도 사용할 수 있다. 한국어에는 이와 같은 주어 인칭 제약을 가지는 어미들이 상당히 존재한다.

한국어와 어웡키어의 문법 중 두 번째로 큰 차이를 보이는 것은 대격의 성격이다. 한국어의 대격은 '-을/를' 하나뿐인 데 비해 어웡키어의 대격은 한정성에 따라 한정 대격(accusative)과 비한정 대격

(indefinite accusative)의 대립이 있다. 한국어의 대격 표지는 '-을/를' 하나뿐이지만 경우에 따라서 이것이 생략될 수 있기도 하다. 본서에서는 어웡키어의 관점에서 볼 때 한국어의 대격도 한정 대격과 비한정 대격 용법이 있으며, 차별적 목적어 표시(differential object marking)의 관점에서 한국어에도 '-을/를'과 ø의 대립이 있다고 주장하고자 한다.

두 언어는 공간 관련 격표지에서도 차이를 보인다. 한국어는 공간 관련 격표지가 그리 발달한 편은 아니다. '-에, -에서, -로, -로부터' 정도가 있을 따름이다. 격표지의 수가 적다 보니, 하나의 격표지가 매우 넓은 범위에서 다양한 의미를 담당한다. 반면에 어웡키어는 공간 관련 격표지가 풍부하게 발달해 있다. 예를 들어 처격과 관련하여 용법이 아주 비슷하지만 조금씩 차이가 있는 여처격과 방향처격 두 가지가 있고, 탈격은 탈격, 방위탈격, 방면탈격 세 가지가 있다. 그 외에 동작행위가 향해 가는 방향을 가리키는 방향격이 있고 경로격도 따로 있다. 이 많은 격표지들은 한국어의 '-에, -에서, -로, -로부터'로 번역된다. 한국어의 공간 관련 격표지의 수는 적지만 다양한 의미를 담당하고 있다는 것을 알 수 있다.

또 다른 차이점은 한국어는 격표지 생략이 빈번하지만 어웡키어는 격표지 생략이 드물다는 것이다. 아래 (7)은 한국어에서 주격 표지가 생략되어 쓰인 문장이다.

(7) 내 아버지 죽이지 않았다.[7]

ㄱ. <u>내가</u> <u>아버지를</u> 죽이지 않았다.

ㄴ. <u>내 아버지가</u> <u>누군가를</u> 죽이지 않았다.

ㄷ. <u>누군가가</u> <u>내 아버지를</u> 죽이지 않았다.

(7)에서 주격과 대격 표지가 생략되어 있는데, 이에 따라 이 문장은

7) 내 아버지 죽이지 않았다. 19년의 절규 그날의 진실은, 『서울신문』 2019.03.04. https://www.seoul.co.kr/news/newsView.php?id=20190304016002 (2019.07.03. 검색).

'내가 아버지를', '내 아버지가 누군가를', '누군가가 내 아버지를'과 같은 세 가지 해석이 가능하다. 어웡키어에는 격표지가 생략되지 않으므로 이러한 중의성이 발생하지 않는다.

어웡키어에는 호격 표지가 존재하지 않는다. 또한, 경어법이 없다.

## 1.2. 연구 의의

교착어의 가장 큰 특징 중의 하나는 격과 어미와 같은 문법범주가 명사나 동사 어근 뒤에 후치한다는 것이다. 한국어와 어웡키어도 그러한 특징을 공통적으로 가지고 있다. 그렇지만 두 언어가 격표지와 어미를 사용한다 하더라도 의미와 용법 상 차이가 있는 것은 당연한 일이다.

본서는 한국어와 어웡키어의 격표지를 체계적으로 대조 분석한다. 격표지는 두 언어의 문법 전반에서 매우 큰 역할을 하는 문법범주이다. 그만큼 격을 나타낸다는 주된 문법 기능뿐 아니라 다양한 의미 기능을 수행한다. 그러나 기존의 연구에서는 두 언어의 격표지를 다룰 때 격표지의 대응 위주로 간략하게 다루었다는 점에서 아쉬운 면이 많다. 이에 대하여 본서는 두 언어의 격표지를 주된 용법 이외에도 다양한 용법과 구문에 이르기까지 총체적으로 아울러 다룬다는 점에서 큰 의의가 있다. 이를 통해 한국어와 어웡키어의 격표지 각각의 특성과 그들의 공통점과 차이점이 분명하게 드러날 것이 기대된다. 특히 본서는 지금까지 다루어지지 않은 복합문 구성에서의 주어와 관련된 문법 현상을 두 언어의 인칭과 격표지의 측면에서 대조하여 살펴본다. 이는 그간 한국어 통사론 논의의 심화를 반영하며 또한 앞으로의 통사론 논의의 자료를 제공한다는 점에서 큰 의의가 있다.

어웡키어는 중국의 소수민족 언어 중에서 사용 인구가 매우 적은 언어에 속한다. 구사할 수 있는 사람이 2만 여 명에 불과해, 언어의 절멸 위기에 처해 있다고 할 수 있다. 어웡키족의 인구가 적을 뿐 아니라 최근 들어 젊은층에서는 교육은 물론 일상생활에서도 어웡키어보다는 한어를 사용하는 경향이 있다. 또한 어웡키족 간의 혼인이 줄어들고 어웡키족과 다른 민족 간의 혼인이 늘어나면서, 어웡키족과 다른 민족 사이에서 태어난 아이는 한어만 사용하거나 어웡키어를 조금 알아들을 수는 있지만 구사할 수 없는 경우가 많다. 본서는 한국어를 특히 절멸 위기에 처해 있는 어웡키어와 대조하고 분석한다는 면에서 큰 의의가 있다.

본서는 어웡키어를 전사(transcript)함에 있어 현실 발음을 표기하고, 모음탈락, 자음동화, 융합 등 다양한 음운현상을 기호로 표기한다는 점이 큰 특징이다. 이때의 현실 발음이란 2010년대 호이 지역 어웡키어의 발음이다. 어웡키어 전반에 대한 충실한 기록이 朝克에 의하여 행해진 바 있으나, 30대 어웡키어 모어 화자인 필자가 보기에는 언어현실과 맞지 않아 보이는 기술이 있었다. 20여 년의 시간차에 의해 언어의 변화가 감지될 수 있는 것이다. 따라서 본서는 기존의 연구를 참고하되 비판적인 시각을 가지고 가능한 한 현실 발음을 기록하고자 노력하였다. 이는 이전 세대의 어웡키어와 필자 세대의 어웡키어의 음운변화를 관찰할 수 있는 자료가 될 수 있어 매우 큰 의의가 있다. 본서는 이처럼 절멸 위기의 언어인 어웡키어 자체에 대한 풍부한 언어자료를 남기며, 어웡키어 연구 자체를 더욱 풍성하게 하는 자료가 될 수 있다는 점에서 큰 의의가 있다.

마지막으로 한국어와 어웡키어의 격과 인칭에 관한 대조 연구는 한국어뿐 아니라 다른 알타이어를 연구하는 데에도 도움이 될 수 있을 것으로 기대된다. 본서는 만주어와 같은 문자와 문헌이 남아 있지만 구사할 수 있는 인구가 적은 언어를 연구할 때, 반대로 문자가 없고 구어에서만 쓰이는 같은 계통의 언어를 연구할 때 참고 자료가 될 수 있을 것이다.

## 1.3. 선행 연구

어웡키어에 대한 연구는 18세기 초부터 시작하였다. 초기의 연구로는 독일인 민족학자 Wetion(1705)를 비롯하여 핀란드 언어학자 Castrén(1856), 러시아 언어학자 Ivanovskij(1894)에 의해 어웡키어의 음운, 어휘, 문법 등 어웡키어의 기본 구조가 세상에 알려지기 시작하였다. 20세기 초 러시아의 알타이 언어학자 Poppe(1931)에서는 솔론 어웡키어 회화 자료를 러시아어로 번역하고, 솔론 어웡키어의 어휘, 음운, 문법을 분석하였다. Poppe(1931)에서의 격표지 분류는 아래와 같다.[8)]

(8) Poppe(1931:112-115)

1. Nominativus: ø
2. Genitivus: -i/-ni
3. Accusativus: -we/-be
4. Partitivus: -a/-ja
5. Dativus-Locativus: -du
6. Ablativus: -duxi
7. Prosecutivus: -duli
8. Adesstivus-Allativus: -la
9. Delativus: -lāxi/-dulāxi
10. Elativus: -giji
11. Directivus: -txi, -tixi
12. Instrumentalis-Comitativus: -ji
13. Comitativus-Sociativus: -gili

Kałuzynski(1971)은 폴란드인 Muromski가 일리 지방에서 1906년부터 1908년까지 행한 솔론어에 관한 연구를 재수록하고 있다. Nedjalkov(1997)과 Bulatova & Grenoble(1999)는 러시아의 어웡키어를 다룬 것이다.

중국에서는 20세기 후반부터 어웡키어에 관한 본격적인 연구가 시작되었다. 胡增益·朝克(1986)을 비롯하여 朝克(1995, 2009, 2017a, 2017b)

---

8) 본서에서는 Poppe(1931), 胡增益·朝克(1986), 朝克(2009, 2017b), 권재일·김주원(2000), 津曲敏郎(2009), 성백인 외(2010)에서의 표기를 그대로 제시하겠다.

등의 많은 논저에서는 어웡키어의 문법을 전반적으로 다루고 있다. 격에 대하여 胡增益·朝克(1986)에서는 14가지, 朝克(1995)에서는 15가지, 朝克(2009, 2017b)에서는 17가지로 분류하고 있다. 여기서는 胡增益·朝克(1986)과 朝克(2017b)에서의 격표지 분류를 제시하겠다.

(9)

| 胡增益·朝克(1986:22-29) | 朝克(2017b:84-128) |
|---|---|
| 1. 주격(主格): ø | 1. 주격(主格): ø |
| 2. 속격(領格): -nɪ | 2. 속격(領格): -ni |
| 3. 대격(賓格): -wa/-ba | 3. 확정대격(确定賓格): -wa/-ba |
| 4. 부정대격(不定賓格): -ja/-a | 4. 부정대격(不定賓格): -ja/-a |
| 5. 조격-공동격(造-聯合格): -ʤɪ | 5. 도구격(工具格): -ʤi |
| 6. 여격(与格): -dʊ | 6. 여격(与格): -du |
| 7. 방위격(方位格): -laa/-dʊlaa | 7. 위격(位格): -la/-dala |
| 8. 방위종격(方位從格):[9) ] -laaxɪ/-dʊlaaxɪ | (방위종격 없음) |
| 9. 방향격(方向格): -tɪxɪ | |
| 10. 부정방향격(不定方向格): -tɪxaaxɪ | 8. 방향격(方向格): -thahi |
| 11. 경격(經格): -lɪɪ/-dʊlɪɪ | 9. 부정위격(不定位格): -li/-duli |
| 12. 종격(從格): -dʊxɪ | 10. 종격(從格): -dihi |
| 13. 방면종격(方面從格): -gɪʤɪ/-ŋɪʤɪ | 11. 방면격(方面格): -giiʤ |
| 14. 목표격(目標格): -mʊma | (목표격 없음) |
| | 12. 공동격(共同格): -te |
| | 13. 소유격(所有格): -teen |
| | 14. 비격(比格): -thi |
| | 15. 유격(有格): -ʃi |
| | 16. 재귀대격(反身賓格): -wi/-bi |
| | 17. 한정격(限定格): -haŋ/-kaŋ |

9) 종격(從格)은 탈격에 해당한다.

(9)에서 보듯이 胡增益·朝克(1986)과 朝克(2017b)에서의 분류가 다르다. 첫째, 朝克(2017b)에서는 방위종격과 목표격이 없어졌다. 둘째, 격의 명칭이 달라진 것도 있고 격표지도 달라진 것이 있다. 셋째, 다섯 가지 격이 추가되어 있다.

한국에서의 어웡키어에 관한 연구로는 김주원(1985, 1989), 김방한 외(1986), 권재일·김주원(2000), 권재일(2001), 성백인 외(2010) 등을 들 수 있다.[10] 이 논저들은 직접 현지 조사를 통하여 이루어진 것이기 때문에 높이 평가된다. 그중에서 권재일·김주원(2000)은 어웡키어의 음운 구조와 문법 구조를 대상으로 한 연구이고 권재일(2001)은 어웡키어의 문법범주와 그 실현방법을 한국어와 대조하였다는 점에서 의의가 있다. 성백인 외(2010)에서는 문법 외에 어웡키어의 기초 회화도 포함되어 있어 높이 평가된다. 그러나 기존의 연구에서는 두 언어의 격표지의 대응만을 간략하게 다루었다는 점에서 아쉬운 면이 있다. 어웡키어의 격표지는 권재일·김주원(2000)과 성백인 외(2010)에는 아래와 같이 분류되어 있다.[11]

(10)

| 권재일·김주원(2000:17-20) | 성백인 외(2010:125-135) |
|---|---|
| 1. 주격: ø | 1. 주격: ø |
| 2. 속격: -ŋi | 2. 속격: -ni |
| 3. 대격: -ba/-a | 3. 대격: -ba/-wu |
| (부정 대격 없음) | 4. 부정 대격: -i |
| 4. 조격: -ji | 5. 조격: -ji |
| 5. 여처격: -d | 6. 여처격: -d |

10) 김완진(1957)에서는 퉁구스어의 동명사에 대하여 언급하였다.

11) 권재일·김주원(2000:1), 권재일(2001:28), 성백인 외(2010:126)은 사마지에(薩馬街) 지역의 어웡키어를 대상으로 하였는데, 이 방언의 격체계는 하이라얼(海拉爾) 지역의 어웡키어의 격체계보다는 단순하다고 하였다. 하이라얼 방언에서 이른바 '방향격, 종격, 방면종격, 목표격' 등은 모두 탈격 '-tixi'에 의해 표시된다고 하였다.

| | |
|---|---|
| 6. 방위격: -lə | 7. 방위격: -lə |
| 7. 방위종격: -ləxi | 8. 방위종격: -ləx |
| 8. 탈격: -tixi | 9. 탈격: -txi(tix) |
| 9. 부정방향격: -tixa:xi | 10. 부정방향격: -txaaki |
| 10. 경로격: -li:/-doli: | 11. 경로격: -li/-duli |

권재일·김주원(2000)에서는 어웡키어의 격을 10가지로 나누고 있고 성백인 외(2010)에서는 11가지로 나누고 있다. 성백인 외(2010)에서는 부정 대격(본서에서의 비한정 대격)이 추가되어 있고 나머지 분류는 권재일·김주원(2000)의 분류와 같다.

일본에서의 어웡키어에 관한 연구로는 朝克·津曲敏郎·風間伸次郎(1991), 朝克·津曲敏郎(1995), 朝克·中嶋幹起(2005), 津曲敏郎(2009) 등을 들 수 있다. 津曲敏郎(2009)에서는 격을 아래와 같이 13가지로 나누고 있다.

(11) 津曲敏郎(2009:4)

| | |
|---|---|
| 1. Nominative: ø | 8. Prolative: -lii/-dulii |
| 2. Genitive: -ii/-nii | 9. Ablative: -duxi |
| 3. Accusative: -wa/-ba | 10. Elative: -giiji |
| 4. Indefinite Accusative: -ya/-a | 11. Delative: -laaxi/-dulaaxi |
| 5. Dative: -du | 12. Instrumental: -ji |
| 6. Locative: -laa/-dulaa | 13. <u>Comitative: -gilii</u> |
| 7. Directive: -tixii | |

여기서는 Poppe(1931)과 마찬가지로 공동격(comitative)이 설정되어 있다.

이처럼 러시아, 중국, 한국, 일본에서의 어웡키어에 관한 연구들이 활발하게 이루어지고 있고 큰 기여를 하였다고 할 수 있다. 격표지의 형태를 중심으로 주요 선행 연구에서의 격표지 분류를 표로 제시하면 아래와 같다.

〈표 1〉 주요 선행 연구에서의 격표지 분류

| Poppe (1931) | 胡增益·朝克(1986) | 朝克 (2017b) | 권재일·김주원 (2000) | 성백인 외 (2010) | 津曲敏郎 (2009) |
|---|---|---|---|---|---|
| Nominativus: ø | 주격: ø | 주격: ø | 주격: ø | 주격: ø | Nominative: ø |
| Genitivus: -i/-ni | 속격: -nɪ | 속격: -ni | 속격: -ŋi | 속격: -ni | Genitive: -ii/-nii |
| Accusativus: -we/-be | 대격: -wa/-ba | 확정대격: -wa/-ba | 대격: -ba/-a | 대격: -ba/-wu | Accusative: -wa/-ba |
| Partitivus: -a/-ja | 부정대격: -ja/-a | 부정대격: -ja/-a | × | 부정대격: -i | Indefinite Accusative: -ya/-a |
| Instrumentalis -Comitativus: -ji | 조격-공동격: -ʤɪ | 도구격: -ʤi | 조격: -ji | 조격: -ji | Instrumental: -ji |
| Dativus-Locativus: -du | 여격: -dʊ | 여격: -du | 여처격: -d | 여처격: -d | Dative: -du |
| Adesstivus-Allativus: -la | 방위격: -laa/-dʊlaa | 위격: -la/-dala | 방위격: -lə | 방위격: -lə | Locative: -laa/-dulaa |
| Delativus: -lāxi/-dulāxi | 방위종격: -laaxɪ/-dʊlaaxɪ | × | 방위종격: -ləxi | 방위종격: -ləx | Delative: -laaxi/-dulaaxi |
| Directivus: -txi, -tixi | 방향격: -tɪxɪ | (비격) | 탈격: -tixi | 탈격: -txi(tix) | Directive: -tixii |
|  | 부정방향격: -tɪxaaxɪ | 방향격: -thahi | 부정방향격: -tixa:xi | 부정방향격: -txaaki |  |
| Prosecutivus: -duli | 경격: -lɪɪ/-dʊlɪɪ | 부정위격: -li/-duli | 경로격: -li:/-doli: | 경로격: -li/-duli | Prolative: -lii/-dulii |
| Ablativus: -duxi | 종격: -dʊxɪ | 종격: -dihi |  |  | Ablative: -duxi |
| Elativus: -giji | 방면종격: -gɪʤɪ/-ŋɪʤɪ | 방면격: -giiʤ |  |  | Elative: -giiji |
|  | 목표격: -mʊma | × |  |  |  |
|  |  | 공동격: -te |  |  |  |

| | | 유격: -ʃi | | | |
|---|---|---|---|---|---|
| | | 소유격: -teen | | | |
| | | 비격: -thi | | | |
| | | 재귀대격: -wi/-bi | | | |
| | | 한정격: -haŋ/-kaŋ | | | |
| Comitativus-Sociativus: -gili | | | | | Comitative: -gilii |

## 1.4. 연구 대상 및 방법

한국어와 어웡키어는 교착어이고 SOV 언어에 속한다. 두 언어는 인칭 범주를 제외하면 문장구조, 문법범주의 실현 방법 등에 있어서 많은 공통점을 가진다. 아울러 모음조화도 있다. 구조적으로 볼 때 두 언어는 상당한 유사성을 가지지만 문법범주의 내부를 세밀하게 살펴보면 차이점 또한 많다. 특히, 두 언어의 격표지를 대조 분석해 보면 같은 의미의 격표지가 의미와 용법 상 대응되지 않는 면도 많다. 본서에서는 한국어와 어웡키어의 격과 인칭을 연구의 대상으로 삼아 체계적으로 대조 분석한다.

한국어와 어웡키어의 명사 자체는 격변화를 하지 않고 명사에 격표지를 부가하여 격을 나타낸다. 본서는 어웡키어의 격표지를 무표지 주격을 포함하여 12가지로 나누고자 한다.[12] 이들의 대표형과 이형태를 제시하면 아래와 같다.

---

12) 본서에서는 朝克(2009; 2017b)에서의 재귀대격(反身賓格), 비교격(比格), 한정격(限定格), 공동격(共同格), 유격(有格), 소유격(所有格)을 격표지에서 제외한다.

〈표 2〉 본서에서의 격표지 분류

| 격표지 | 대표형 | 이형태 |
|---|---|---|
| 주격(nominative) | ø | × |
| 속격(genitive) | -ni | × |
| 한정 대격(accusative) | -wa/-ba | -wa ~ -wə ~ -wo ~ -wɵ/<br>-ba ~ -bə ~ -bo ~ -bɵ |
| 비한정 대격<br>(indefinite accusative) | -i; -ya/a | -ya ~ -yə ~ -yo ~ -yɵ/<br>-a ~ -ə ~ -o ~ -ɵ |
| 도구격(instrumental) | -ji | × |
| 여처격<br>(dative-locative) | -du | -du ~ -dʉ |
| 방향처격<br>(directional-locative) | -la/-dula | -la ~ -lə ~ -lo ~ -lɵ/<br>-dula ~ -dʉlə ~ -dulo ~ -dʉlɵ |
| 방향격(directional) | -txaaxi | -txaaxi ~ -txəəxi ~ -txooxi ~<br>-txɵɵxi |
| 탈격(ablative) | -txi | × |
| 방위탈격(delative) | -laxi/-dulaxi | -laxi ~ -ləxi ~ -loxi ~ -lɵxi/<br>-dulaxi ~ -dʉləxi ~ -duloxi ~<br>-dʉlɵxi |
| 방면탈격(elative) | -giiji | × |
| 경로격(prolative) | -li/-duli | -duli ~ -dʉli |

본서는 한국어와 어웡키어의 격표지 중에서 주격, 속격, 대격, 부사격을 중심으로 살펴보고자 한다.

한국어와 어웡키어의 주격 표지는 기본적으로 주어적 용법과 보어적 용법으로 사용된다. 그밖에 한국어 주격 표지는 특수한 의미 첨가 및 이중주어문 용법으로도 쓰인다. 한국어 주격 표지의 용법과 어웡키어 주격 표지의 용법의 공통점과 차이점을 각각 살펴보도록 하겠다.

한국어와 어웡키어의 속격은 각각 '-의'와 '-ni'에 의해 실현된다. 그러나 두 언어는 소유 구성에서 형식적인 차이가 있다. 한국어는 소유주에만 속격 표지가 결합되지만 어웡키어는 소유주에 속격 표지가 결합할 뿐 아니라 소유물에도 소유인칭표지가 쓰인다. 어웡키어의 소유 구성을 소유된 명사구 구성과 소유되지 않은 명사구 구성으로 나누어 한국어의 소유 구성과 대조한다. 그 외에 속격 표지의 서술적 용법,

생략 현상, 다른 격표지와의 결합 양상에 대해서도 살펴본다.

어웡키어의 대격은 한국어와는 달리 한정성에 따라 한정 대격과 비한정 대격으로 나누어지므로, 어웡키어의 대격을 먼저 살펴보고 어웡키어의 관점에서 한국어를 비교한다. 또한 차별적 목적어 표시(differential object marking, DOM)의 관점에서 한국어의 대격을 다룬다. 그리고 한정성을 떠나서 대격의 의미와 용법을 대조하고 분석한다.

두 언어의 부사격은 형태를 중심으로 다루고자 한다. 어웡키어의 7가지 공간과 관련된 격표지들은 한국어에서는 주로 '-에', '-에서', '-로', '-로부터'에 대응되므로, 한국어의 부사격은 '-에', '-에서', '-로', '-로부터' 네 가지만을 다룬다. 먼저 각 언어의 부사격 표지를 다루고 그 다음 이들의 공간과 관련된 의미 용법과 기타 의미 용법을 나누어 대조 분석한다.

마지막으로 복합문을 내포문과 접속문으로 나누어 주절 주어와 종속절 주어가 어떤 격표지로 나타나는지를 살펴볼 것이다. 내포문은 관형절과 명사절로 나누어 살펴본다. 한국어의 내포문과 접속문에서의 주어는 보통 주격 '-이/가'나 '-은/는'으로 나타나지만 어웡키어는 내포문과 일부 접속문에서의 주어가 속격으로 나타나기 때문이다. 접속문에서는 두 언어의 다양한 접속어미를 11가지의 부류로 나누어 대조하며 선·후행절의 주어 인칭 제약도 함께 다룬다.

논의를 진행함에 있어 어웡키어의 인칭표지는 문장에서 쓰일 때 주어, 서술어, 사격어를 나타내는 데에도 쓰이기 때문에 이것도 격표지를 논의할 때 같이 언급될 것이다.

본서에서의 가장 큰 걸림돌은 문체의 문제이다. 한국어의 문어체와 구어체는 어웡키어의 문어체와 구어체와 다른 성격을 가진다. 한국어의 문어체에서는 격표지가 실현되는 경향이 있고 구어체에서는 격표지가 생략되는 경향이 있다. 한편 어웡키어는 문자가 없는 언어이지만 격식체와 비격식체의 구별이 있다. 어웡키어에서는 모음탈락, 자음동화(동사 어근과 문법 형태소 간의 자음동화; 문법 형태소와 문법 형태소 간의 자음동화), 융합(문법 형태소와 문법 형태소 간의 융합; 어휘 형태소와 어휘 형태소 간의 융합) 등의 현상이 구어에서 빈번히 일어난다. 다시 말하면 어웡키어의 구어체 혹은 비격식체의 특징은 모음탈락, 자음동화, 융합 등의 현상으로 반영된다. 이와 달리 문어체 내지 격식체는 모음탈락, 자음동화, 융합 등의 현상 없이 모두 나타나는 것을 말한다.

본서에서는 한국어 구어체에서 생략이 가능한 격표지에는 괄호를 사용한다. 그리고 어웡키어의 모음탈락 현상에는 괄호로 표기하고 자음동화, 융합 등의 현상들은 '(< )(…에서 온 것/변한 것을 뜻함)'과 같은 기호로 제시한다. 예를 들면, '(<n)'과 같은 기호가 빈번히 등장하는데, 이는 원래 'n'으로 끝나는 형태소가 뒤에 오는 문법 형태소 앞에서 'n'이 탈락되어 나타난 것을 의미한다. '(~ )'는 개인에 따라 'lb'와 'bb', 'lk'와 'kk' 등 두 가지 발음이 가능하다는 것을 가리키는 것으로 사용한다. 일부 문법 형태소는 'oroi(-du-wi)'와 같이 '-du-wi'가 수의적인 경우가 있는데, 이것도 괄호로 표시한다. 문법 형태소 중에는 ' ~ '로 제시된 것은 모음조화 규칙에 따른 이형태를 가리킨다. ' / '은 선행 어근의 말음이 자음이냐 모음이냐에 따른 이형태를 가리킨다. 본서에서 사용하는 기호를 정리하면 아래와 같다.

| | | |
|---|---|---|
| (12) | əxʉ(<n)-si | 'əxʉn'과 '-si'가 결합하면 'n' 탈락 |
| | nʉxʉn-di(<-dʉ-wi) | '-di'는 '-dʉ-wi'의 융합형 |
| | tan(<tar)-ni | 'tar'의 'r'이 'n' 앞에서 'n'이 된 것 |
| | ilga(~igga) | 개인에 따라 'ilga'도 가능하고 'igga'도 가능 |
| | oroi(-du-wi) | 'oroi'도 가능하고 'oroi-du-wi'도 가능 |
| | ə-ji-m(i) baxa-ra | 빠른 발화에서 자음과 자음 사이에 'i' 탈락 |
| | -wa~-wə~-wo~-wɵ | 모음조화 규칙을 따라야 하는 이형태 |
| | -wa/-ba | 선행 어근의 말음에 따른 이형태 |

## 1.5. 논의의 구성

본서는 다음과 같이 구성된다.

제2장에서는 본서의 수월한 논의를 위해 어웡키어에 관한 기초 정보와 문법적 특징을 살펴본다. 문법적 특징을 형태·음운론적 특징, 형태·통사론적 특징, 통사론적 특징으로 나누어 살펴본다.

제3장에서는 두 언어의 주격 표지를 대조 분석한다.

제4장에서는 두 언어의 속격 표지를 대조 분석한다.

제5장에서는 먼저 어웡키어의 대격 표지를 살펴보고 어웡키어의 관점과 차별적 목적어 표시의 관점에서 한국어의 대격 표지를 살펴본다. 그리고 두 언어의 대격 표지 대조 분석에서는 대격의 의미와 용법을 중심으로 다룬다.

제6장에서는 두 언어의 부사격 표지를 대조 분석한다.

제7장에서는 복합문에서의 격과 인칭을 살펴본다. 두 언어의 복합문을 내포문과 접속문으로 나누어 살펴본다. 우선 어웡키어의 동명사어미는 관형절과 명사절을 형성하지만 한국어의 관형절과 명사절과는 다른 면이 많기 때문에 어웡키어의 동명사어미를 소개한 후 한국어의 관형절과 명사절 구성을 기준으로 두 언어의 내포문에서의 주어 표시를 살펴본다. 접속문에서는 주절과 종속절의 주어 표시뿐만 아니라 다양한 접속어미의 선·후행절에서의 주어 인칭 제약도 함께 살펴본다.

제8장에서는 논의를 정리하고 남은 문제를 제시한다.

# 2. 어웡키어의 문법 개괄

이 장에서는 본서의 수월한 논의를 위해 어웡키어에 대해 개괄적으로 설명한다. 2.1에서는 어웡키어에 대한 기초 정보를 다루고 문법적 특징은 2.2에서 보다 자세히 살펴본다.

## 2.1. 기초 정보

어웡키어는 알타이어족 만주·퉁구스어파의 퉁구스어에 속한다. 만주·퉁구스어파에 속하는 언어들은 김주원 외(2008:66)에서 아래와 같이 분류되어 있다.

(1) 만주·퉁구스어파(11)
　　북부어군(4)
　　　Ewen(Russia)
　　　Ewenki(Russia)(=Orochen, China)
　　　Solon(Solon Ewenki)(China)
　　　Negidal(Russia)
　　남부어군(7)
　　　동남부하위어군(5)
　　　　나나이분파(3)
　　　　　Nanai(Russia, China)
　　　　　Uilta(Russia)
　　　　　Ulchi(Russia)

우디허분파(2)
Udihe(Russia)
Orochi(Russia)
서남부하위어군(2)
Manchu(China)
Sibe(China)

(1)에서 보듯이 북부어군에 속하는 것 중 어웡키어와 솔론어가 있다. 주의할 점은 퉁구스어학에서 어웡키어라고 하는 것은 러시아에서 사용되는 언어로, 중국에서는 오로첸어(鄂倫春語)로 표기된다. 중국에서 어웡키어(鄂溫克語)로 불리는 언어는 전통적으로 퉁구스어학에서의 솔론어이다.[13] 본서의 연구 대상인 어웡키어는 (1)의 솔론어(Solon)에 해당한다.

중국의 어웡키족(鄂溫克族)은 솔론, 퉁구스, 야쿠트의 세 가지 명칭이 있었는데 1958년 '鄂溫克', 'əwəŋkə ~ əwəŋki'로 통칭되었다. 주로 네이멍구자치구 후룬베이얼 시(內蒙古自治區呼倫貝爾市) 어웡키족 자치기(鄂溫克族自治旗), 모리다와 다고르족 자치기(莫力達瓦達斡爾族自治旗巴彦鄂溫克民族鄉和杜拉爾鄂溫克民族鄉), 오로촌 자치기(鄂倫春自治旗), 첸바얼후 자치기(陳巴爾虎自治旗鄂溫克蘇木), 아룽기(阿榮旗查巴奇鄂溫克民族鄉), 어얼구나 시(額爾古納市敖魯古雅鄂溫克民族鄉), 자란툰 시(扎蘭屯市薩馬街鄂溫克民族鄉) 등의 지역에 거주하며 그중에서 어웡키족 자치기에 가장 밀집해 있다.

13) 김방한 외(1986:167), 김주원 외(2008) 참조.

그 외에 흑룡강 성 치치하얼 시(齊齊哈爾市), 너허현(訥河縣), 넌장현(嫩江縣), 그리고 신장(新疆)에도 소수 거주하고 있다. 2010년도 중국 인구 통계에 따르면 어웡키족의 인구는 30,875명이며 그중에서 2만 여 명이 어웡키어를 구사할 수 있다고 한다.

어웡키어는 (2)와 같이 솔론 어웡키어, 퉁구스 어웡키어, 야쿠트 어웡키어, 혹은 솔론 방언, 퉁구스 방언, 야쿠트 방언의 세 가지 큰 방언으로 나누어진다.

(2) 중국의 어웡키어 방언
솔론 어웡키어/솔론 방언 = 호이 방언(輝河方言/輝方言) = 솔론어
퉁구스 어웡키어/퉁구스 방언 = 머르걸 방언(莫日格勒河方言)
야쿠트 어웡키어/야쿠트 방언 = 얼구야 방언(敖魯古雅方言)

솔론 어웡키어는 소재 지명에 따라 호이 방언(輝河方言/輝方言)으로 불리기도 한다. 학계에서는 솔론 어웡키어를 솔론어(Solon)로 지칭하기도 한다. 어웡키족 인구의 92.2%가 이 방언을 사용하고 있다. 퉁구스 어웡키어는 머르걸 방언(莫日格勒河方言)으로 불리기도 하며 어웡키족 인구의 7.2%가 이 방언을 사용하고 있다. 야쿠트 어웡키어는 얼구야 방언(敖魯古雅方言)으로 불리기도 하는데 이 지역에는 200여 명

이 살고 있지만 이 방언을 사용하는 사람은 백 명도 안 되며 이는 어웡키족 인구의 0.6%에 불과하다.14)

어웡키어는 문자는 없고 구어로만 사용되는 언어이다. 후룬베이얼시(呼倫貝爾市)에서는 소수민족들이 밀집해 있기 때문에 어웡키인들은 몽골어, 다고르어, 오로촌어, 부랴트어 등 언어를 함께 사용한다. 공문, 편지 등을 작성할 때는 한어와 몽골어를 사용한다.

## 2.2. 문법적 특징

### 2.2.1. 형태·음운론적 특징

#### 1) 어웡키어는 교착어에 속한다.

어웡키어는 어근에 접사, 격표지, 어미와 같은 문법범주가 결합되어 단어를 형성하거나 문법 관계를 표시하는 언어이다. 어웡키어의 형태소는 대개 하나의 의미와 기능을 수행하며, 형태소들 사이의 경계가 명확한 편이다. 즉 cumulative exponence가 적다. 아래의 예를 살펴보자.

(3) addi oocci yəəyə juur-ii yəənu-si-ji
grandmother and(do-CVB) grandfather two-COL interest-PROP-INST
xəərəə-ji-rən.
talk-PROG-3
할머니와 할아버지 둘이 재미있게 이야기하고 있다.
(lit. 할머니하고 할아버지 둘이 재미있음으로/재미로 이야기하고 있다.)

(3)에서 어근 'juur', 'yəənu', 'xəərəə-'에 접사 '-ii', '-si', 도구격 표지

---

14) 朝克(2009:5) 참조.

'-ji', 진행상 어미 '-ji-', 인칭표지 '-rɵn'이 결합되어 문장을 형성하고 있다. 이처럼 어웡키어에서 어근에 결합하는 문법 형태소가 매우 발달되어 있고, 대개 하나의 형태소가 하나의 의미 기능을 가지므로 전형적인 교착어라 할 수 있다.

## 2) 모음조화 규칙이 있다.

모음조화 규칙을 따라야 하는 접사, 인칭표지, 시제 표지, 격표지, 어미가 있다. 이러한 접사, 인칭표지, 시제 표지, 격표지, 어미의 일부를 예로 들면 아래와 같다.

(4) ㄱ. 이동 목적 접사: -naa- ~ -nəə- ~ -noo- ~ -nɵɵ-
ㄴ. 동사 파생 접사: -laa- ~ -ləə- ~ -loo- ~ -lɵɵ-
ㄷ. 청유형 어미: -gari ~ -gəri ~ -gori ~ -gɵri
ㄹ. 1인칭 단수 소유인칭표지(사격어로 쓰일 때): -waya ~ -wəyə ~ -woyo ~ -wɵyɵ/-baya ~ -bəyə ~ -boyo ~ -bɵyɵ
ㅁ. 과거 시제 표지: -saa- ~ -səə- ~ -soo ~ -sɵɵ/-caa- ~ -cəə- ~ -coo- ~ -cɵɵ
ㅂ. 한정 대격: -wa ~ -wə ~ -wo ~ -wɵ/-ba ~ -bə ~ -bo ~ -bɵ
ㅅ. 비한정 대격: -ya ~ -yə ~ -yo ~ -yɵ/-a ~ -ə ~ -o ~ -ɵ
ㅇ. 2인칭 복수 명령형 어미: -xaldun ~ -xəldʉn ~ -xoldun ~ -xuldun ~ -xʉldʉn[15]/-kaldun ~ -kəldʉn ~ -koldun ~ -kuldun ~ -kʉldʉn
ㅈ. 1인칭 복수 배제형 동사 인칭표지/소유인칭표지: -mun ~ -mʉn
ㅊ. 2인칭 복수 동사 인칭표지/소유인칭표지: -sun ~ -sʉn/-cun ~ -cʉn
ㅋ. 1인칭 단수 과거 시제 표지: -suu ~ -sʉʉ/-cuu ~ -cʉʉ

---

15) 일부 동사가 2인칭 복수 명령형 어미와 결합할 때 아래와 같이 두 가지 이형태와 결합할 수 있다.

ㄱ. uruu-ran(모으다) → uruu-xaldun ~ uruu-xuldun
ㄴ. yʉʉ-rən(나가다/일어나다) → yʉʉ-xəldʉn ~ yʉʉ-xʉldʉn

(4ㄱ-ㄷ)은 모음조화에 따른 네 가지 이형태가 있는 것, (4ㄹ-ㅇ)은 네 가지 이형태에 더불어 변이형태가 있는 것, (4ㅈ)은 모음조화에 따른 두 가지 이형태가 있는 것, (4ㅊ)과 (4ㅋ)은 두 가지 이형태에 더불어 변이형태가 있는 것이다.

### 3) 접사와 어미가 풍부하다.

어웡키어에는 접사와 어미가 풍부하다. 그 수를 따져보면 접사가 어미보다 훨씬 많은 듯하다. 예컨대, 한국어의 경우 목적을 나타내는 어미 '-러'와 이동 동사 '가-' 구성이 나타내는 의미를 어웡키어에서는 목적과 이동의 의미가 모두 포함된 접사 '-naa-'로 표현한다. 이를 이동 목적 접사라고 한다. 예를 들면 아래와 같다.

(5) sʉ tʉl-lə ʉgii-**n**əə-xəldʉn.
you(PL) outside-DIRL play-PURP.MOTION-2PL.IMP
너희들은 밖에 놀러 가라. (lit. 너희 밖에 놀러 가라.)

(5)에서는 'ʉgii-'(놀-)에 접사 '-nəə-'가 결합되어 '놀러 가-'의 의미를 나타내고 있다.

### 4) 합성어는 파생어보다 드물다.

어웡키어는 합성어가 매우 드물다. 아래의 합성 명사와 합성 동사를 제시할 수 있다.

(6) ㄱ. ər(이) + inig(날) → ərnig(오늘)
ㄴ. ʉʉn(냄새/향기) + yʉʉ-rən(나가다/일어나다) → ʉʉnʉʉ-rən(냄새가 나다)
ㄷ. əmə-rən(오다) + bʉʉ-rən(주다) → əmbʉʉ-rən(가져다주다)

(6ㄱ)은 지시대명사 'ər'(이)과 명사 'inig'(날)이 합성되어 명사 'ərnig'(오늘)이 된 것이다. (6ㄴ)은 명사 'ʉʉn'(냄새/향기)과 동사 'yʉʉ-rən'

(나가다/일어나다)의 어근이 합성되어 동사 'ʉʉnʉʉ-rən'(냄새가 나다)이 된 것이다. (6ㄷ)은 동사 'əmə-rən'(오다)의 어근과 'bʉʉ-rən'(주다)의 어근이 합성되어 동사 'əmbʉʉ-rən'(가져다주다)이 된 것이다. 이러한 예는 매우 드문 편이다.

**5) 형용사는 명사성 형용사이다.**

어웡키어의 형용사는 한국어의 형용사와는 달리 활용하지 않고 명사적, 관형적, 서술적 용법으로 쓰인다. 명사적 용법으로 쓰일 때는 명사와 같이 복수표지, 격표지, 인칭표지와 결합한다. 관형적 용법으로 쓰일 때는 피수식어 앞에 놓인다. 그리고 서술적 용법으로 쓰일 때는 조동사 'bisi-n'(이다/있다)나 'oo-ron'(하다/되다)의 도움을 받아 시제를 나타낼 수 있다. 이때 동사 인칭표지는 형용사에 붙지 않고 조동사에 붙는다.

### 2.2.2. 형태·동사론적 특징

어웡키어는 '인칭'이라는 문법범주가 문법 전반에서 매우 중요한 역할을 한다. 인칭법이란 소유물 명사에 결합하여 소유주의 수와 인칭을 표시해 주고, 동사와 결합하여 행동주의 수와 인칭을 표시해 주는 문법범주이다. 이는 동사 인칭법과 명사 인칭법으로 나누어진다. 논의의 편의를 위하여 어웡키어의 인칭법을 간략히 살펴보겠다.

**1) 동사 인칭법**

어웡키어의 동사 인칭법은 문장의 서술어에만 사용된다. 서술어는 반드시 인칭표지가 결합되어야 완전한 문장이 된다. 동사 인칭표지는 수와 인칭에 따라 분류된다. 여기서는 시제 체계에 따라 인칭표지를 제시하겠다. 우선, 어웡키어의 시제 체계는 비과거(현재·미래) 시제와 과거 시제 두 가지로 나누어진다.

〈표 3〉 시제 체계

| 시제 | 비과거 | 과거 |
|---|---|---|
| 표지 | ø | -saa/-caa |

〈표 4〉 시제 체계와 인칭표지의 결합 양상

| 인칭 | 대명사 | 비과거 | 과거 |
|---|---|---|---|
| 1 | bi(나) | -ø-mi | -suu/-cuu |
| | bʉ(우리, 배제형) | -ø-mun | -PST-mun |
| | miti(우리, 포함형) | -ø-tti | -PST-tti |
| 2 | si(너) | -ø-ndi | -PST-si |
| | sʉ(너희들) | -ø-sun/-cun[16) | -PST-sun |
| 3 | tar(그) | -ø-ran/-an/-n | -PST-ø |
| | taccil(그들) | | |

비과거(현재·미래) 시제는 표지가 없고 동사 어근에 바로 인칭표지가 결합한다. 1인칭과 2인칭은 단수와 복수의 구별은 있지만 3인칭의 인칭표지는 단수와 복수의 구별이 없다.[17) 과거 시제 표지는 '-saa/-caa'에 의해 실현되며 그 뒤에 다시 인칭표지가 결합한다. 비과거 시제와 과거 시제일 때 일부 인칭표지가 다르게 나타난다. 1인칭 단수는 비과거 시제일 때 '-mi'이고 과거 시제 표지와 결합할 때 '-suu/-cuu'로 나타난다.[18) 2인칭 단수는 비과거 시제일 때 '-ndi'이

16) 2인칭 복수의 '-cun ~ -cʉn'은 경우에 따라 '-ccun ~ -ccʉn'으로 발음될 때가 있다.

17) 'i'로 끝나는 인칭표지나 어미가 아래와 같이 'e'로 발음할 때가 있다.

-mi ~ -me(1SG)　　-tti ~ -tte(1PL.INCL)
-ndi ~ -nde(2SG)　　-si ~ -se(2SG; 과거 시제 뒤)
-bi ~ -be(1SG.POSS)　　-si/-ci ~ -se/-ce(2SG.POSS)
-ni ~ -ne(3POSS)　　-gadi ~ -gade(1SG.VOL)　　……

또한, 'n'으로 끝나는 인칭표지가 아래와 같이 'i'나 'e'로 발음할 때가 있다.

-mun ~ -muni ~ -mune(1PL.EXCL)　-sun ~ -suni ~ -sune(2PL)

18) 김주원(1986:259)에서는 단수 1인칭의 '-cuu/-suu'는 과거 시제 표지 '-cəə'에

고 과거 시제 표지와 결합할 때 '-si'로 나타난다. 3인칭은 비과거 시제일 때 '-ran/-an/-n'으로 나타나지만 과거 시제 표지와 결합할 때 ø로 나타난다. 양성모음으로 구성된 규칙 동사 'ima-ran'(마시다)과 음성모음으로 구성된 불규칙 동사 'jittə-n'(먹다)의 비과거와 과거 시제의 변화 양상을 제시하면 아래 표와 같다.

〈표 5〉 'ima-ran'과 'jittə-n'의 비과거와 과거 시제의 변화 양상

| 인칭 | 대명사 | ima-ran(마시다) | | jittə-n(먹다) | |
|---|---|---|---|---|---|
| | | 비과거 | 과거 | 비과거 | 과거 |
| 1 | bi(나) | ima-mi | im(a)-suu | jittə-mi | jic(<t)-cʉʉ |
| | bʉ(우리, 배제형) | ima-mun | im(a)-saa-mun | jittə-mʉn | jic(<t)-cəə-mʉn |
| | miti(우리, 포함형) | ima-tti | im(a)-saa-tti | jittə-tti | jic(<t)-cəə-tti |
| 2 | si(너) | ima-ndi | im(a)-saa-si | jittə-ndi | jic(<t)-cəə-si |
| | sʉ(너희들) | ima-ccun<br>im-cun | im(a)-saa-sun | jittə-ccʉn<br>jic(<t)-cʉn | jic(<t)-cəə-sʉn |
| 3 | tar(그) | ima-ran | im(a)-saa-ø | jittə-n | jic(<t)-cəə-ø |
| | taccil(그들) | | | | |

## 2) 명사 인칭법

명사 인칭법은 아래와 같이 소유인칭표지와 재귀소유인칭표지 두 가지로 나누어진다.[19]

〈표 6〉 소유인칭표지와 재귀소유인칭표지

| 분류 | | 단수 | 복수 | |
|---|---|---|---|---|
| 소유 | 1 | -wi/-bi;<br>-waya/-baya | 배제형 | -mun |
| | | | 포함형 | -ti/-tti |
| | 2 | -si/-ci | -sun/-cun | |
| | 3 | -nin;<br>-ni 혹은 -n | | |
| 재귀 | | -wi/-bi | -wal/-bal | |

인칭표지 '-bi'가 결합한 형태가 '-cuumi'로 변하고, 그 이후 '-mi'가 탈락한 것으로 보고 있다. 성백인 외(2010)에 재수록됨.

19) 일부 논저에서 재귀소유인칭표지를 제4인칭이라고 부른다.

소유인칭표지는 소유주와 소유물 간의 소유 관계를 나타내면서 소유주가 소유하는 소유물이 특정적이고 구체적인 대상임을 가리킨다. 소유주에는 속격이 결합할 뿐만 아니라 소유물에도 소유인칭표지가 결합되어야 한다. 즉, 'NP-GEN NP-POSS'와 같은 double-marking 구성으로 쓰인다. 인칭대명사, 인명, 일반 명사가 소유주가 될 수 있으며 청자가 소유주('인칭대명사 + -ni'의 경우)를 아는 경우에는 'NP-GEN'이 생략될 수 있다. 소유인칭표지와 결합한 명사구는 자동사문의 주어, 문장의 서술어, 사격어로 쓰인다.

한편, 1인칭 단수와 3인칭 소유인칭표지는 두 가지 형태가 존재한다. 1인칭 단수 소유인칭표지에는 '-wi/-bi'와 '-waya/-baya' 두 가지가 있다. 이들은 '소유 구성' 즉 'NP-GEN NP-POSS'의 통사적 분포에 따라 달리 나타난다. '-wi/-bi'는 소유물인 명사나 명사의 복수표지 뒤에 결합하며 소유 구성이 문장의 주어나 서술어일 때 쓰인다. '-waya/-baya'는 명사의 격표지 뒤에 결합하고, 소유 구성이 문장의 사격어일 때 쓰인다.[20] 1인칭 단수 소유인칭표지의 예를 들면 아래와 같다.

(7) ㄱ. mi-ni əmmə-**wi** baxsi bəyə.
I(1SG)-GEN mother-1SG.POSS teacher person
나의 어머니는 선생님이시다. (lit. 나의 어머니-나 선생님.)

ㄴ. mi-ni soon-**bi** sʉ-ni soon-txi-sun
I(1SG)-GEN boat-1SG.POSS you(PL)-GEN boat-ABL-2PL.POSS
boŋgon bicci aya.
big and(be-CVB) good
나의 배는 너희들의 배보다 크고 좋다.
(lit. 나의 배-나 너희의 배-보다-너희 크고 좋다.)

20) 1인칭 소유인칭표지 '-waya/-baya'와 후술하는 단수 재귀소유인칭표지 '-wi/-bi'와 복수 재귀소유인칭표지 '-wal/-bal'이 대격 표지 없이 목적어로 쓰일 때가 있다. 이하 형태론적 측면을 고려하여 어웡키어 예문을 한국어로 직역할 때 대격 표지를 표시하지 않겠다.

(8) ㄱ. si mi-ni soon-txi-**woyo** osxon-(o)
you(SG) I(1SG)-GEN boat-ABL-1SG.POSS fish-INACC
əlbʉʉ(~əbbʉʉ)-səə-si gi?
take-PST-2SG Q
네가 나의 배에서 물고기를 가져갔느냐?
(lit. 너 나의 배-에서-나 물고기를 가져갔느냐?)
ㄴ. Mandi mi-ni təggən-ji-**wəyə** gee-d(u)
Mandi I(1SG)-GEN car-INST-1SG.POSS city-DATL
nin-cəə-ø.
go(to.destination)-PST-3
만디가 나의 차로 시내에 갔다. (lit. 만디 나의 차-로-나 시내에 갔다.)

(7)은 소유 구성에 '-wi', '-bi'가 결합되어 자동사문의 주어로 쓰인 예이고 (8)은 '-woyo', '-wəyə'가 결합되어 사격어로 쓰인 예이다.

3인칭 소유인칭표지는 단수와 복수의 구별 없이 모두 '-nin'과 '-ni' 혹은 '-n'으로 나타난다. 이들은 1인칭 단수 소유인칭표지 '-wi/-bi', '-waya/-baya'와 마찬가지로 결합하는 소유 구성이 문장에서 하는 역할에 따라 차이를 보인다. '-nin'은 명사나 명사의 복수표지 뒤에 결합하여 문장의 주어나 서술어로 쓰인다. '-ni' 혹은 '-n'[21]은 명사의 격표지 뒤에 결합하여 문장의 사격어로 쓰인다. 3인칭 소유인칭표지의 예는 아래와 같다.

(9) ㄱ. Mandi-ni addi-**nin** Xui-ni bəyə.
Mandi-GEN grandmother-3POSS Hoi-GEN person
만디의 할머니는 호이 사람이다.
(lit. 만디의 할머니-그 사람 호이의 사람.)
ㄴ. tan(<tar)-ni jʉʉ-**nin** mi-ni
(S)he-GEN home/house-3POSS I(1SG)-GEN

21) 이하 '-ni' 혹은 '-n'에 대하여 '-n'으로 표기하겠다.

jʉʉ-txi-wɵyɵ boŋgon.
home/house-ABL-1SG.POSS big
그 사람의 집은 내 집보다 크다.
(lit. 그 사람의 집-그 사람 나의 집보다 크다.)

(10) ㄱ. bi taccil-ni xəəm(ə)-wə-**n** xulxa-j(i) jic(<jit)-cʉʉ.
I(1SG) they-GEN meal-ACC-3POSS thief-INST eat-PST.1SG
내가 그들의 밥을 훔쳐 먹었다/몰래 먹었다.
(lit. 나 그들의 밥-을-그들 훔쳐 먹었다.)

ㄴ. bi Ilga-ni satan-txi-**n** anta-m
I(1SG) Ilga-GEN sugar/candy-ABL-3POSS taste-CVB
isi-gədi.
look-1SG.VOL
내가 일가의 사탕을 맛볼게. (lit. 나 일가의 사탕-에서-그 사람 맛봐 볼게.)

(9)는 '-nin'이 결합되어 문장의 주어로 쓰인 예이고 (10)은 '-n'이 결합되어 사격어로 쓰인 예이다.

3인칭 소유인칭표지 '-nin'은 아래와 같이 또 다른 용법을 보이기도 한다.

(11) ㄱ. əxʉ(<n)-si sai anta(<n)-si.
milk-PROP tea taste-PROP
밀크티가 맛있다. (lit. 우유 있는 차 맛있다.)

ㄴ. bəgg(ə) ʉld(ə) anta(<n)-si.
fat meat taste-PROP
기름진 고기가 맛있다. (lit. 기름진 고기 맛있다.)

(12) ㄱ. sai əxʉ(<n)-si-**nin** anta(<n)-si.
tea milk-PROP-3POSS taste-PROP
차는 밀크티가 맛있다. (lit. 차 우유-있는-그 맛있다.)

ㄴ. ʉldə bəggə-**nin** anta(<n)-si.

meat fat-3POSS taste-PROP
고기는 기름진 것이 맛있다. (lit. 고기 기름진-그 맛있다.)

(11ㄱ)과 (11ㄴ)은 소유인칭표지가 없는 'Adj NP Adj'(어떠한 NP가 어떠하다)라는 예이다. 그러나 (12ㄱ)과 (12ㄴ)에서는 주제어가 제시되고 3인칭 소유인칭표지 '-nin'이 각각 'əxʉ(<n)-si'(우유 있는), 'bəggə'(기름진/뚱뚱한)와 결합하여 '차(茶) 중에서 밀크티가 맛있다.', '고기 중에서 기름진 것이 맛있다.'와 같이 'NP Adj-3POSS Adj'(NP 중에서 어떠한 것이 어떠하다)라는 구성으로 쓰여 '전체-부분'의 의미 관계를 형성하기도 한다.

재귀소유인칭표지는 인칭 구별 없이 단수 '-wi/-bi'[22]와 복수 '-wal/-bal'로 나누어진다. 재귀소유인칭표지의 수는 문장의 주어와 일치한다. 또한, 재귀소유인칭표지가 쓰이면 문장의 주어가 항상 하나여야 한다. 주로 'məən-GEN NP-REFL'와 같은 구성으로 쓰인다. 'NP-REFL' 사이에 복수표지, 격표지가 쓰일 수 있다. 재귀대명사 'məən-'에 속격이 결합된 'məə(<n)-ni'가 재귀소유인칭표지와 의미가 중복되기 때문에 대부분의 경우 생략된다.[23] 예를 들면 아래와 같다.

(13) ㄱ. bi məə-ni bitəgə-**wi** ə-ji-m(i)
I(1SG) oneself-GEN book-SG.REFL NEG-PROG-1SG
baxa-ra.
get-PTCP.NPST
나는 내 책을 못 찾고 있다. (lit. 나 자신의 책-나 못 찾고 있다.)

ㄴ. si (məə-ni) jʉʉ-ddi(<-ddʉ-**wi**)
you(SG) oneself-GEN home/house-DATL-SG.REFL
nənʉʉ-xə.
go.back-2SG.IMP

22) 단수 재귀소유인칭표지의 형태가 1인칭 단수 소유인칭표지의 형태와 같다.
23) 이하 'n'이 탈락된 재귀대명사 'məən-'을 편의상 'məə-'로 표기하겠다.

네가 (네) 집에 (돌아)가라. (lit. 너 자신의 집-에-너 돌아가라.)

(14) ㄱ. bʉ mǝǝ-ni tǝggǝn-ji-**wǝl** ǝm(ǝ)-sǝǝ-mʉn.
we(EXCL) oneself-GEN car-INST-PL.REFL come-PST-1PL.EXCL
우리는 우리의 차로 왔다. (lit. 우리 자신의 차-로-우리 왔다.)

ㄴ. taccil mǝǝ-ni axin
they oneself-GEN elder.brother
nʉxʉ(<n)-nel-ji-**wɵl**
younger.brother/sister-PL-INST-PL.REFL
anii-ran.
celebrate.New.Year's.Day-3
그들은 그들의 형제들과 설을 쉰다.
(lit. 그들 자신의 형제-들-과-그들 설을 쉰다.)

(13ㄱ)과 (13ㄴ)은 단수 재귀소유인칭표지 '-wi'가 결합된 예이고 (14ㄱ)과 (14ㄴ)은 복수 재귀소유인칭표지 '-wɵl'이 결합된 예로, 재귀소유인칭표지의 수는 문장의 주어와 일치한다는 것을 보여주고 있다.

인칭표지가 없는 언어의 화자에게는 인칭표지가 아주 복잡해 보이지만 인칭표지는 주어를 표지해 주는 중요한 문법범주이다. 접속어미들에 인칭표지가 결합하는 것은 달리 해석하면 선행절과 후행절이 주어 논항을 공유하는지 공유하지 않는지에 대한 표지로 볼 수도 있다.

'마음대로'와 '-은 대로'에 관한 예를 더 들어보고자 한다.[24] 우선, '마음대로'를 살펴보자.

'마음대로'는 주로 '$S_i$ [mǝǝ-ni durun]-INST-$REFL_i$ V'와 '[$S_i$-GEN durun]-INST-$POSS_i$'처럼 명사 'durun'(마음) 뒤에 도구격의 '-ji'와 인칭표지가 결합된 구성으로 쓰인다.[25] 재귀소유인칭표지는 주절의 주어와 일치한다. 예를 들면 아래와 같다.

24) 이현희(2013)에서는 중세 한국어의 '대로' 구성을 다룬 바 있다.
25) S는 주어를 의미한다.

(15) ㄱ. si mәә-ni durun-**ji(<-ji-wi)** oo-xo.
you(SG) oneself-GEN wish-INST-SG.REFL do/become-2SG.IMP
너는 네 마음대로 해라. (lit. 너 자신의 마음-으로-너 해라.)

ㄴ. taccil tar yәәm(ә)-sәl-wә durun-**ji-wol** yabbi-saa-ø.
they that thing-PL-ACC wish-INST-PL.REFL display-PST-3
그들은 그 물건들을 (그들) 마음대로 진열했다.
(lit. 그들 그 물건들을 마음-으로-그들 진열했다.)

(15ㄱ)과 (15ㄴ)은 각각 단수와 복수 재귀소유인칭표지가 결합된 예인데 재귀소유인칭표지의 수는 문장의 주어와 일치한다.

(16) ㄱ. baxsi surugci-sol-wi mәә-ni durun-ji(<**ji-wi)**
teacher student-PL-SG.REFL oneself-GEN wish-INST-SG.REFL
tәg-ʉʉ(<tәgә-wʉ)-sәә-ø.
sit/live-PASS-PST-3
선생님은 학생들을 선생님 마음대로 자리에 앉혔다.
(lit. 선생님 학생-들-그 사람 자기의 마음-으로-그 사람 앉혔다.)

ㄴ. baxsi-sal surugci-sol-wol mәә-ni
teacher-PL student-PL-PL.REFL oneself-GEN
durun-**ji-wol** tәg-ʉʉ(<tәgә-wʉ)-sәә-ø.
wish-INST-PL.REFL sit/live-PASS-PST-3
선생님들은 자기 학생들을 (선생님들) 마음대로 앉혔다.
(lit. 선생님들 학생-들-그들$_{\text{선생님들}}$ 자기의 마음-으로-그들$_{\text{선생님들}}$ 앉혔다.)

(17) ㄱ. baxsi surugci-sol-di(<-du-wi) mәә-ni
teacher student-PL-DATL-SG.REFL oneself-GEN
durun-**ji-wol** tәg(ә)-xәldʉn gʉn-cәә-ø.
wish-INST-PL.REFL sit/live-2PL.IMP say-PST-3
선생님은 자기 학생들에게 (학생들) 마음대로 앉으라고 했다.
(lit. 선생님 학생-들-에게-그 사람 자기의 마음-으로-그들 앉으라고 했다.)

ㄴ. baxsi-sal surugci-sol-du-wol mәә-ni

teacher-PL student-PL-DATL-PL.REFL oneself-GEN
durun-**ji-wol** təg(ə)-xəldʉn gʉn-cəə-ø.
wish-INST-PL.REFL sit/live-2PL.IMP say-PST-3
선생님들은 자기 학생들에게 (학생들) 마음대로 앉으라고 했다.
(lit. 선생님들 학생-들-에게-그들선생님들 자기의 마음-으로-그들학생들 앉으라고 했다.)

(16)은 행동주가 선생님(들)인 경우인데 (16ㄱ)의 경우 주어가 단수이기 때문에 'məə-ni durun-ji(<-ji-wi)'(마음대로) 뒤에 단수 재귀소유인칭표지 '-wi'가 결합된 것이고 (16ㄴ)의 경우 주어가 복수이기 때문에 복수 재귀소유인칭표지 '-wol'이 결합된 것이다. (17)은 행동주가 학생들인 경우인데 행동주가 복수 'surugci-sol'(학생들)이기 때문에 'məə-ni durun-ji'(마음대로) 뒤에 복수 재귀소유인칭표지 '-wol'이 결합된 것이다.

아래는 'durun'(마음)에 소유인칭표지가 결합된 예이다.

(18) ㄱ. mi-ni durun(-**bi**).
I(1SG)-GEN wish-1SG.POSS
내 마음이야. (lit. 나의 마음-나)

ㄴ. awu-ni durun-**ji-n**?
who-GEN wish-INST-3POSS
누구 마음대로? (lit. 누구의 마음-으로-그 사람?)

(18ㄱ)은 'durun'에 1인칭 단수 소유인칭표지가 수의적으로 나타나는 예이고 (18ㄴ)은 도구격 뒤에 3인칭 소유인칭표지가 결합된 예이다.

'-은/는 대로'는 완료의 동명사어미 '-saa/-caa'와 미완료의 동명사어미 '-r' 뒤에 도구격의 '-ji'와 인칭표지가 결합하여 주로 '$S_1$ [$S_{2i}$-GEN V-PTCP]-INST-$POSS_{S2i}$ V'와 '$S_i$ [V-PTCP]-INST-$REFL_i$ V' 구성으로 쓰인다.[26] 예를 들면 아래와 같다.

(19) si mi-ni silbaa(~sibbaa)-ji-r-**ji-waya**
you(SG) I(1SG)-GEN teach/gesture-PROG-PTCP.NPST-INST-1SG.POSS
oo-xo.
do/become-2SG.IMP
너는 내가 가르치는 대로 해라. (lit. 너 나의 가르치-고 있-는-으로-나 해라.)

(20) bi əmmə-ni silbaa(~sibbaa)-saa-**ji-n** oo-suu.
I(1SG) mother-GEN teach/gesture-PTCP.PST-INST-3POSS do-PST.1SG
나는 어머니가 가르치신 대로 했다.
(lit. 나 어머니의 가르치-ㄴ-으로-그 사람 했다.)

(21) baxsi-ni janji-m buu-saa-**ji-n** juri-xa.
teacher-GEN say-CVB give-PTCP.PST-INST-3POSS write-2SG.IMP
선생님이 말씀해 주신 대로 써라.
(lit. 선생님의 말씀해 주시-ㄴ-으로-그 사람 써라.)

(19)는 '내가 가르치는 대로'인데 도구격 '-ji' 뒤에 1인칭 단수 소유인칭표지 '-waya'가 결합된 예이다. (20), (21)은 각각 '어머니가 가르치신 대로', '선생님이 말씀해 주신 대로'인데 도구격 '-ji' 뒤에 3인칭 소유인칭표지 '-n'이 결합된 예이다. 한국어와는 달리 종속절의 주어는 모두 속격 '-ni'로 나타난다.

(22) Mandi xəəmə-i əmmə-txi-wi
Mandi meal-INACC mother-ABL-SG.REFL
tac(<t)-caa-**ji(<-ji-wi)** oo-soo-ø.
learn-PTCP.PST-INST-SG.REFL do/become-PST-3
만디는 밥을 어머니한테서 배운 대로 했다.
(lit. 만디 밥을 자신의 어머니한테서 배우-ㄴ-으로-그 사람 했다.)

26) 여기서의 동명사어미는 명사적 기능으로 쓰인 것이다.

(23) si bodo-m bax(a)-saa-**ji-wi** oo-xo.
you(SG) think-CVB get-PTCP.PST-INST-SG.REFL do/become-2SG.IMP
너는 생각난 대로 해라. (lit. 너 생각나-ㄴ-으로-너 해라.)

(24) miti məə-ni bodo-ji-r-**ji-wol**
we(INCL) oneself-GEN think-PROG-PTCP.NPST-INST-PL.REFL
oo-gori.
do/become-HORT
우리는 자신들이 생각하는 대로 하자.
(lit. 우리 자신들의 생각하-고 있-는-으로-우리 하자.)

(22)와 (23)은 각각 '배운 대로', '생각난 대로'의 예인데 도구격의 '-ji' 뒤에 단수 재귀소유인칭표지 '-wi'가 결합되어 있다. (24)는 '자신들이 생각하는 대로'의 예인데 도구격의 '-ji' 뒤에 복수 재귀소유인칭표지 '-wol'이 결합되어 있다.

### 2.2.3. 통사론적 특징

#### 1) 어웡키어는 SOV 언어에 속한다.

어웡키어는 한국어와 같이 문장 맨 앞에는 주어가 오고, 그 다음은 목적어가 오며 문장 맨 끝에는 서술어가 오는 SOV 언어에 속한다. 예를 들어보자.

(25) bi bitəgə-i isi-ji-mi.
I(1SG) book-INACC look-PROG-1SG
나(는) 책(을) 읽고 있다. (lit. 나 책을 보고 있다.)

(25)에서 'bi'(나)는 주어이고 'bitəgə'(책)는 목적어이며 'isi-ji-mi'(나 읽고 있다)는 서술어이다.

### 2) 수식어는 피수식어 앞에 놓인다.

어웡키어의 수식어는 주로 형용사와 동명사어미 '-r'(미완료)과 '-saa'(완료)에 의해 실현된다. 예를 들면 아래와 같다.

(26) ㄱ. bi ularin bəələ-i ga-suu.
I(1SG) red gloves-INACC buy-PST.1SG
나(는) 빨간 장갑(을) 샀다. (lit. 나 빨간 장갑을 샀다.)

ㄴ. mʉʉ-i ima-r bəi bisi-n gi?
water-INACC drink-PTCP.NPST person be-3 Q
물(을) 마실 사람(이) 있느냐? (lit. 물을 마실 사람 있느냐?)

(26ㄱ)에서는 형용사 'ularin'(빨간)이 피수식어 앞에 놓여 있고 (26ㄴ)에서는 'ima-ran'(마시다)의 어근에 미완료 동명사어미 '-r'이 결합된 'ima-r'(마실)이 피수식어 'bəi'(사람) 앞에 놓여 있다.

### 3) 어순이 자유로운 편이다.

(27ㄱ)을 (27ㄴ)과 같이 어순을 바꾸어 보자.

(27) ㄱ. bi timaasin ikkin ga-saa bitəgə-wi isi-mi.
I(1SG) tomorrow new buy-PTCP.PST book-SG.REFL look-1SG
나는 내일 새로 산 책을 읽는다. (lit. 나 내일 새 산 책-나 읽는다.)

ㄴ. ikkin ga-saa bitəgə-wi bi timaasin isi-mi.
new buy-PTCP.PST book-SG.REFL I(1SG) tomorrow look-1SG
새로 산 책을 내가 내일 읽는다. (lit. 새 산 책-나 나 내일 읽는다.)

(27ㄱ)의 주어와 목적어의 어순을 (27ㄴ)과 같이 바꾼 것이다. 의미상 조금씩 차이가 있지만 주어와 목적어의 어순을 바꿀 수 있다.

### 4) 격표지 생략이 드물다.

어웡키어의 격표지는 한국어와는 달리 생략이 드물다. 한편, 朝克(2017b)는 비한정 대격 표지가 ø로 나타난 예를 들고 있다.27)

(28) hoʧʧo-lo ikkiŋ ane-ni <u>jəəmə</u> ʉni-ʤi-rən.
shop-LOC new new.year-GEN thing sell-PROG-3
가계에서 새해의 <u>물건</u> 팔고 있다. (lit. 가계에 새 해의 <u>물건</u> 팔고 있다.)

(28)은 朝克(2017b:107)에서의 예이다. 목적어인 'jəəmə'(물건) 뒤에 비한정 대격 '-i' 혹은 '-yə'가 있어야 할 자리에 ø로 나타나 있다.

27) 형태소 분석은 필자가 한 것이다. 朝克(2017b:105)에서는 '-lo'를 처격으로 설정하였기 때문에 locative(LOC)으로 적은 것이다.

# 3. 주격 대조

이 장에서는 한국어와 어웡키어의 주격 표지를 그 용법을 기준으로 대조 분석한다. 한국어와 어웡키어의 주격 표지는 기본적으로 주어적 용법과 보어적 용법으로 사용된다. 그밖에 한국어 주격 표지는 특수한 의미 첨가 및 이중주어문 용법으로도 쓰인다. 한국어 주격 표지의 용법과 어웡키어 주격 표지의 용법의 공통점과 차이점을 각각 살펴보도록 하겠다.

논의에 앞서 두 언어의 주격 표지의 형태를 살펴보겠다. 한국어와 어웡키어의 주격 표지는 유표지와 무표지의 차이가 있다. 현대 한국어의 주격 표지는 '-이/가'로 나타나지만 어웡키어의 주격 표지는 몽골어, 터키어, 만주어 등 대부분의 알타이어족에 속한 언어들과 마찬가지로 ø로 나타난다.

## 3.1. 주어적 용법

한국어와 어웡키어의 주격 표지는 모두 기본적으로 주어적 용법으로 쓰인다. 즉 주격 표지는 그와 결합한 명사나 명사구가 그 문장의 주어임을 나타내는 기능을 한다. 한국어의 주격 표지는 '-이/가'이다. 그 외에도 존칭 명사에 '-께서'가 결합되고 단체나 기관이 주어가 될 때 '-에서'가 쓰일 수 있다. 구어에서는 주격 표지가 생략되기도 한다. 그러나 어웡키어는 앞서 언급하였듯 주격 표지는 ø이며, '-께서'와 같은 존칭 명사 뒤에 쓰이는 표지가 따로 없고 '-에서'에 해당하는 탈격은 있지만 주어로 쓰인다는 주장은 아직까지는 없는 듯하다. 두 언어의 주격 표지의 예를 들면 아래와 같다.

(1) ㄱ. 바람(이) 분다.
ㄴ. ədin ədin-ən.
wind blow-3
바람(이) 분다. (lit. 바람 분다.)

(2) ㄱ. 고양이(가) 잔다.
ㄴ. xəəxə aasin-ji-ran.
cat sleep-PROG-3
고양이(가) 잔다. (lit. 고양이 자고 있다.)

(3) ㄱ. 배(가) 아프다.
ㄴ. gʉdəg(ə) ənʉʉn-ji-rən.
stomach ache-PROG-3
배(가) 아프다. (lit. 배 아파하고 있다.)

(4) ㄱ. 책(이) 책상 위에 있다.
ㄴ. bitəg(ə) bitəg(ə)-ni sirə oroon-d(u) bi-ji-rən.
book book-GEN table above-DATL be-PROG-3
책(이) 책상 위에 있다. (lit. 책 책의 상 위에 있다.)

(1)과 (2)는 '어떤 동작을 하는 주체'를 나타내고 (3)과 (4)는 '어떤 상태에 있는 대상'을 나타낸다. (1ㄱ), (2ㄱ)의 '바람(이)', '고양이(가)'와 같이 '-이/가'를 괄호 안에 표시한 것은 구어에서 생략되어 쓰일 수 있음을 의미한다. 한편 이해를 돕기 위하여 어웡키어 문장을 한국어로 직역하여 (lit.)과 같이 제시하도록 하겠다. 한국어는 주격 표지 '-이/가', '-께서'와 결합한 명사와 명사구, 어웡키어는 ø 표지로 나타나는 명사, 명사구가 그 문장의 주어임을 나타낸다.

한국어는 경어법이 발달하여 '-이/가' 외에 존칭 명사 뒤에 쓰이는 주격 표지가 따로 존재한다. 예는 아래와 같다.

(5) ㄱ. 선생님께서 부르신다.
ㄴ. baxsi əəri-ji-rən.
teacher call/read.aloud-PROG-3
선생님께서 부르신다. (lit. 선생님 부르고 있다.)

한국어는 (5ㄱ)과 같이 존칭 명사 뒤에 '-께서'가 결합되지만 어웡키어는 이런 경우에도 (5ㄴ)과 같이 ø표지로 나타난다.

(6) ㄱ. 나라에서 어린이 보육료를 지원해 준다.
ㄴ. gʉrʉn-**txi** ʉrəl-ni səsərlig-ni mʉgʉn-bɵ-n
country-ABL child-GEN kindergarten-GEN money-ACC-3POSS
yʉgʉʉ-m bʉʉ-rən.
take.out-CVB give-3
나라에서 어린이 보육료를 지원해 준다.
(lit. 나라에서 어린이의 유치원의 돈-을-그들 지원해 준다.)

단체나 기관이 주어가 될 때 한국어는 (6ㄱ)과 같이 '-에서'가 쓰인다. 그러나 어웡키어는 (6ㄴ)과 같이 탈격 '-txi'로 나타나지만 이를 문장의 주어로 보지는 않는 듯하다.

한편, 고영근·구본관(2008:150)에서는 '혼자서', '셋이서'와 같이 수사와 결합하여 사람의 수를 나타내는 '-서'를 주격으로 다루고 있다. 어웡키어에서도 인수표시어에 해당하는 접사 '-ii/-nii'가 있다.[28] 그렇지만 이를 주격 표지로 보지 않는다. 예를 들어보자.

---

28) 朝克(2017b:28)에서는 집합수사를 구성하는 접사로 '-ne'를 들고 있고 Tsumagari(2009:8)에서는 '-nɛɛ'(ila-nnɛɛ)를 들고 있지만 수사 '둘'의 경우, 'jüür-ii/jüür-nɛɛ'처럼 '-ii', '-nɛɛ' 모두 가능한 것으로 보았다.

(7) ㄱ. 혼자서 əmək(<əmən)-kən
ㄴ. 둘이서 jʉʉr-ii
ㄷ. 셋이서 ela(<n)-nii
ㄹ. 다섯이서 tuŋ-nii
ㅁ. 일곱이서 nada(<n)-nii

(7ㄱ)에서 보듯이 한 명일 때에는 다른 방식을 사용한다. 그 외에는 (7ㄴ), (7ㄷ), (7ㄹ), (7ㅁ)과 같이 한국어의 경우 수사에 '-이'를 붙이고 '-서'가 결합한다. 어웡키어의 경우 'jʉʉr'(둘)은 '-ii'와 결합하며 나머지 기수사들은 '-nii'와 결합한다.[29] 'əmək(<əmən)-kən'과 'ela(<n)-nii'가 문장에서 쓰인 예를 들면 아래와 같다.

(8) ㄱ. 아이가 혼자서 집을 보고 있다.
ㄴ. ʉrəl əmək(<əmən)-kən jʉʉ-wi isi-ji-rən.
child one-COL home/house-SG.REFL look-PROG-3
아이가 혼자서 집을 보고 있다. (lit. 아이 혼자서 집-그 사람 보고 있다.)

(9) ㄱ. 우리는 셋이서 길을 떠났다.
ㄴ. bʉ ela(<n)-nii gʉggəl-cəə-mʉn.
we(EXCL) three-COL leave/move-PST-1PL.EXCL
우리는 셋이서 길을 떠났다. (lit. 우리 셋이 출발했다.)

정보구조 측면에서 한국어의 '-이/가'는 흔히 '-은/는'과 비교되는데 대체로 '-은/는'이 구정보를, '-이/가'가 신정보를 나타낸다. 예를 들면 아래와 같다.

(10) 옛날에 황봉이라는 사람이 살고 있었습니다. 그는 물건들을 사고 파는 일을 하였습니다. 어느 해, 봉은 멀리 장삿길을 떠났습니다. 며칠 뒤, 봉은 바다 한가운데에서 큰 바람을 만났습니다.

29) 'n'으로 끝나는 기수사는 'n'이 탈락된다.

(10)에서 '황봉이라는 사람' 뒤에 '-이'가 결합되어 신정보를 나타내고 있고 '그', '봉' 뒤에 '-는'과 '-은'이 결합되어 구정보를 나타내고 있다. 어웡키어의 경우, 조건의 접속어미 '-ki'(-면)가 한국어의 '-은/는'과 마찬가지로 화제를 나타낼 때 쓰일 수 있다. 그렇지만 한국어의 '-은/는'과 달리, 구정보를 나타내는 기능은 없다. '-ki'에 대해서는 7.2.9에서 다시 살펴보도록 하겠다.

## 3.2. 보어적 용법

다음으로 한국어와 어웡키어 주격 표지의 보어적 용법에 대하여 살펴보겠다. 서술어가 '되다', '아니다'일 경우 두 언어의 주격은 모두 보어적 용법으로 쓰인다.[30] 예는 아래와 같다.

(11) ㄱ. 철수(가) <u>선생님(이)</u> 되었다.
ㄴ. Colsʉ <u>baxsi</u> oo-soo-ø.
Chulsoo teacher become/do-PST-3
철수(가) <u>선생님(이)</u> 되었다. (lit. 철수 <u>선생님</u> 되었다.)

(12) ㄱ. 나/내가 <u>선생님(이)</u> 아니다.
ㄴ. bi <u>baxsi</u> ʉntə.
I(1SG) teacher not
나/내가 <u>선생님(이)</u> 아니다. (lit. 나 <u>선생님</u> 아니다.)

(11)과 (12)에서 보듯이 두 언어의 보어는 '선생님(이)', 'baxsi'와 같이 모두 주격으로 나타난다. 한국어는 '-이/가'로, 어웡키어는 ø로 나타난다. 이와 같은 보어적 용법은 3.1의 주어적 용법과 더불어 두 언어의

30) 학교문법에서는 보어적 용법으로 쓰이는 '-이/가'를 보격으로 본다.

주격 표지가 보이는 가장 기본적인 공통된 용법이다.

## 3.3. 화용적 의미 첨가

한국어의 주격 표지는 특수한 용법으로 쓰이기도 한다. 이 절에서는 화용적인 의미를 첨가하는 한국어의 주격 '-이/가'의 용법을 살펴보고, 동일한 맥락이 어웡키어에서는 어떤 방식으로 표현되는지를 살핌으로써 한국어와 어웡키어의 주격 표지의 차이점을 살펴보고자 한다.

다음은 화용적인 의미를 첨가하는 한국어 주격 표지의 예이다.

(13) ㄱ. 김치는 한국 김치가 맛있다.
ㄴ. gimci Soloŋgos-**ni** anta(<n)-si.
kimchi Korea-GEN taste-PROP
김치는 한국 김치가 맛있다. (lit. 김치 한국의 맛있다.)

(14) ㄱ. 생선이 먹고 싶다.
ㄴ. osxon-**(o)** jittə-r sanaa-si.
fish-INACC eat-PTCP.NPST thought-PROP
생선이 먹고 싶다. (lit. 생선을 먹을 생각 있다.)

(15) ㄱ. 나는 그 사람이 싫지가 않다.
ㄴ. bi tar bəi-wə əsi-m(i) sisir-rə.
I(1SG) that person-ACC NEG-1SG hate-PTCP.NPST
나는 그 사람이 싫지가 않다. (lit. 나 그 사람을 싫어하지 않다.)

(13ㄱ)은 '다름이 아닌 그것'의 의미로 '한국 김치' 뒤에 주격 '-가'가 결합한 것이다. 동일한 문맥에서 어웡키어는 한국어와는 달리 '다름이 아닌 그것'에 해당하는 명사구에 ø의 주격 표지가 쓰이는 것이 아니

라, (13ㄴ)과 같이 속격 '-ni'가 결합된 'Soloŋgos-ni'(한국의)가 쓰인다. 이때 이것은 비록 속격 표지가 쓰였지만 'Soloŋgos-ni gimci'(한국의 김치)처럼 'gimci'가 피수식 명사로 후행하여 쓰이지 않는다. 직역하자면 '김치는 한국의 맛있다'가 된다. (14)는 한국어 '-고 싶-' 구문과 대당 어웡키어 표현이다. 한국어는 '생선을 먹고 싶다.'처럼 '-고 싶다' 문장에서 본동사의 목적어 자리에 대격을 쓰거나, (14ㄱ)의 '생선이'와 같이 '-이/가'를 쓸 수도 있다. 이러한 '-이/가'의 용법은 한국어 통사론에서 '-이/가'의 주제화로 언급되어 왔다. (14ㄱ)과 같은 문장은 어웡키어에서는 '-r sanaa-si', 즉 '-할 생각(이) 있다' 구성으로 표현된다. 이때 동사의 목적어에 해당하는 명사구에는 주격이 올 수 없고 비한정 대격 표지가 쓰여야 한다. (15)는 한국어에서 장형 부정문을 만드는 보조적 연결어미 '-지' 뒤에 '-가'가 결합한 예이다. (15ㄱ)과 같이 '-지' 뒤에도 '-가'가 결합할 수 있어 아주 특이하다. 어웡키어의 부정문은 부정소 'əsi-'를 동사 앞에 첨가하여 만들어진다. 한국어의 장형 부정문과 유사한 형식이며 한국어의 단형 부정에 해당하는 부정문의 형식은 없다. 어웡키어의 부정문의 경우, (15ㄴ)과 같이 주격 표지가 결합된 표현은 불가능하다.

두 언어의 주격 표지 용법의 대응 양상을 아래와 같이 정리할 수 있다.

〈표 7〉 두 언어의 주격 표지의 대응 양상

| 표지 | 기능 | 한국어 | 어웡키어 | | 대응 여부 |
|---|---|---|---|---|---|
| -이/가 | 주어 | 바람(이) 분다. | ədin ədin-ən.<br>wind blow-3<br>(lit. 바람 분다.) | ø | ○ |
| | 보어 | 나/내가 선생님(이) 되었다. | bi baxsi oo-suu.<br>I(1SG) teacher become/do-PST.1SG<br>(lit. 나 선생님 되었다.) | ø | ○ |
| | | 나/내가 선 | bi baxsi ʉntə. | ø | ○ |

| | | 생님(이) 아니다. | I(1SG) teacher not<br>(lit. 나 선생님 아니다.) | | |
|---|---|---|---|---|---|
| | 화용적인 의미 첨가 | 김치는 한국 김치가 맛있다. | gimci Soloŋgos-**ni** anta(<n>)-si.<br>kimchi Korea-GEN taste-PROP<br>(lit. 김치 한국의 (김치) 맛있다.) | 속격 | × |
| | | 생선이 먹고 싶다. | osxon-**(o)** jittə-r<br>fish-INACC eat-PTCP.NPST<br>sanaa-si.<br>thought-PROP<br>(lit. 생선을 먹을 생각 있다.) | 비한정대격 | × |
| | | 나는 그 사람이 싫지가 않다. | bi tar bəi-wə<br>I(1SG) that person-ACC<br>əsi-m(i) sisir-rə.<br>NEG-1SG hate-PTCP.NPST<br>(lit. 나 그 사람을 싫어하지 않다.) | × | × |
| -께서 | 주어 | 선생님께서 부르신다. | baxsi əəri-ji-rən.<br>teacher call/read.aloud-PROG-3<br>(lit. 선생님 부르고 있다.) | ø | ○ |
| -에서 | 주어 | 나라에서 어린이 보육료를 지원해 준다. | gʉrʉn-**txi** ʉrəl-ni<br>country-ABL child-GEN<br>səsərlig-ni mʉgʉn-bə-n<br>kindergarden-GEN money-ACC-3POSS<br>yʉgʉʉ-m bʉʉ-rən.<br>take.out-CVB give-3<br>(lit. 나라에서 어린이의 유치원의 돈-을-그들 지원해 준다.) | 탈격 | × |

## 3.4. 이중주어문

한국어의 '-이/가'는 다양한 이중주어문을 만들 수 있다. 한국어 이중주어문의 의미와 이에 쓰인 주격 표지의 용법에 대한 논의는 지금까지 활발하게 이루어져 왔다. 여기에서는 임홍빈(2007)의 분류와 예문을 통해 어웡키어와의 비교를 행하도록 하겠다. 앞서 3.1과 3.2에서 살펴본 바와 같이 한국어와 어웡키어의 주격 표지는 주어적 용법과 보어적 용법에는 공통점을 보이나, 3.3에서 살펴본 바와 같이 어웡키어의 주격 표지는 화용적 의미를 첨가하는 기능이 없었다. 이제 우리가 살펴볼 한국어의 이중주어문의 경우도 해당 어웡키어 문장에서는 주격의 중출이 아닌 다른 방식으로 표현되어야 함을 알 수 있다.

우선 임홍빈(2007:392-466)에서 제시한 한국어의 이중주어문의 유형과 예문을 제시하면 아래와 같다.

(16) ㄱ. 소유 표현 유형: 철수가 가방이 크다.
ㄴ. 유형-표시 구성: 꽃이 장미가 예쁘다.
ㄷ. 소재 표현 유형: 철수가 돈이 많다.
ㄹ. 부사격 관련: 이 꽃이 향기가 풍긴다.
ㅁ. 심리형용사 구성: 나는 음악이 좋다.
ㅂ. 양화 표현 구성: 학생이 셋이 왔다.
ㅅ. '-기 어렵다' 구성: 해답이 찾기가 어렵다.
ㅇ. 보조 용언 구성: 나는 책이 읽고 싶다.

(16ㄱ)은 소유물에 해당하는 '가방' 뒤에 '-이'가 결합된 것이고 (16ㄴ)은 '꽃'의 종류에 해당하는 '장미' 뒤에 '-가'가 결합한 것이며 (16ㄷ)은 '돈' 뒤에 '-이'가 결합한 것이다. (16ㅂ)은 양화사 '셋' 뒤에 '-이'가 결합된 것이다. (16ㅅ)은 '찾-'의 목적어로 생각되는 대응 성분이 대격이 아니라 '-이'가 결합된 '해답이'로 나타난 것이다. (16ㅇ)은 보조 용언 구성에서 본동사의 목적어에 해당하는 성분에 주격 '-이'가 쓰인 것이다.

다음은 임홍빈(2007:392-466)에서 제시된 이중주어문과 어웡키어의 대응을 보인 것이다.

〈표 8〉 두 언어의 이중주어문 대응 양상

| 이중주어문 유형 | 한국어 | 어웡키어 |
|---|---|---|
| 소유 표현 유형 | 철수가 가방이 크다. | Colsʉ-**ni** suubal(a)-**nin** boŋgon.<br>Chulsoo-GEN bag-3POSS big<br>(lit. 철수의 가방-그 사람 크다.)<br>→ 속격과 소유인칭표지 |
| 소재 표현 유형 | 철수가 돈이 많다. | Colsʉ mʉgʉn bara(<n)-si.<br>Chulsoo money many-PROP<br>(lit. 철수 돈 많이 있다.)<br>→ 주격 |
| 유형-표시 구성 | 꽃이 장미가 예쁘다. | ilga(~igga) ulari(<n)-**nin** nandaxan.<br>flower red-3POSS beautiful<br>(lit. 꽃 빨강-그 중에서 예쁘다.)<br>→ 꽃 이름이 아닌 형용사일 경우 가능 |
| 양화 표현 구성 | 학생이 셋이 왔다. | elan surugci əm(ə)-səə-ø.<br>three student come-PST-3<br>(lit. 세 학생 왔다.)<br>→ 수사 - 명사 |
| 부사격 관련 | 이 꽃이 향기가 풍긴다. | ər ilga(~igga)-**txi** ai ʉʉn<br>this flower-ABL good smell<br>yʉʉ-ji-rən.<br>go.out/get.up-PROG-3<br>(lit. 이 꽃에서 좋은 냄새 나고 있다.)<br>→ 탈격 |
| 심리형용사 구성 | 나는 음악이 좋다. | bi doo-ni jɵɵl-**d(ʉ)**<br>I(1SG) song-GEN type-DATL<br>duru(<n)-si.<br>wish-PROP<br>(lit. 나 노래의 류에 좋음 있다.)<br>→ 여처격 |
| '-기 어렵다' 구성 | 해답이 찾기가 어렵다. | xaryulta-i<br>answer-INACC<br>gələə-d(dʉ)(<-**r-dʉ**) mandi.<br>search-PTCP.NPST-DATL hard |

| | | |
|---|---|---|
| | | (lit. 답을 찾기에 어렵다.)<br>→ 동명사어미-여처격 |
| 보조 용언 구성 | 나는 책이 읽고 싶다. | bi bitəgə-**i** isi-r<br>I(1SG) book-INACC look-PTCP.NPST<br>sanaa-si.<br>thought-PROP<br>(lit. 나 책을 읽을 생각 있다.)<br>→ 비한정 대격 |

<표 8>에서 보듯이 소재 표현 유형의 '철수가 돈이 많다' 외에는 어웡키어에서 이중주어문으로 대응되는 것이 없다. 한국어 이중주어문의 소유 표현 유형은 속격과 소유인칭표지, 유형-표시 구성은 소유인칭표지, 양화 표현 구성에서의 수사는 수식어로서 명사 앞에 오고 명사는 주격으로 나타난다. 나머지 부사격 관련, 심리형용사 구성, '-기 어렵다' 구성, 보조 용언 구성 중에서의 '-고 싶다' 구성은 어웡키어에서 각각 탈격, 여처격, 동명사어미-여처격, 비한정 대격으로 나타난다. 각각에 대해 더 자세히 살펴보자.

우선, 소유 표현인 '철수가 가방이 크다'인 경우 어웡키어는 소유 구성으로만 표현된다. 그러나 '철수가 머리가 좋다'일 경우 아래와 같이 두 가지로 표현될 수 있다.

(17) ㄱ. 철수가 머리가 좋다.
ㄴ. Colsʉ del(a) ai-si.
Chulsoo head good-PROP
철수가 머리가 좋다. (lit. 철수 머리 좋음 있다.)
ㄴ'. Colsʉ-ni del(a)-nin aya.
Chulsoo-GEN head-3POSS good
철수가 머리가 좋다. (lit. 철수의 머리-그 사람 좋다.)

(17ㄴ)에서의 초점은 'Colsʉ'(철수)이고, '철수라는 사람이 있는데, 그는 머리가 좋다'의 의미이다. 이때 서술어는 'ai-si'(좋음 있다)로 나타난

다. (17ㄴ′)에서의 초점은 '머리'이며 '철수의 머리가 좋은가 나쁜가 한다면, 좋다'의 의미이다. 이때 서술어는 'aya'(좋다)로 나타난다.

소재 표현인 '철수가 돈이 많다'는 '철수'가 초점이냐 '돈'이 초점이냐에 따라 어웡키어는 아래의 (18ㄴ), (18ㄴ′)과 같이 표현된다. 하지만 서술어는 다르게 나타난다.31)

(18) ㄱ. 철수가 돈이 많다.

ㄴ. Colsʉ mʉgʉn bara(<n)-si.
Chulsoo money many-PROP
철수가 돈이 많다. (lit. 철수 돈 많이 있다.)

ㄴ′. Colsʉ-ni mʉgʉ(<n)-nin baran.
Chulsoo-GEN money-3POSS many
철수가 돈이 많다. (lit. 철수의 돈-그 사람 많다.)

(18ㄴ)에서는 서술어가 'bara(<n)-si'(많이 있다)이기 때문에 'Colsʉ'(철수)가 초점으로 나타난다. (18ㄴ′)에서는 서술어가 'baran'(많다)이기 때문에 'mʉgʉn'(돈)이 초점으로 나타난다. '토끼는 앞발이 짧다'도 '철수가 가방이 크다'처럼 소유 구성으로만 표현된다. 예는 아래와 같다.

(19) ㄱ. 토끼는 앞발이 짧다.

ㄴ. tool-ni jʉlgʉ bəldiir-nin ʉrʉŋkʉn.
rabbit-GEN front foot/leg-3POSS short
토끼는 앞발이 짧다. (lit. 토끼의 앞발-그 짧다.)

'코끼리는 코가 길다', '철수는 손이 크다'와 같은 이중주어문들도 '철

31) '철수에게 돈이 많다.'는 아래와 같이 표현된다.

Colsʉ-d(ʉ) mʉgʉn baran bisi-n.
Chulsoo money many be-3
철수에게 돈이 많다. (lit. 철수에게 돈 많이 있다.)

수가 돈이 많다', '철수가 머리가 좋다'와 같이 어웡키어에서는 초점에 따라 두 가지로 표현된다. 예는 아래와 같다.

(20) ㄱ. 코끼리는 코가 길다.
ㄴ. jaan-ni neenci-nin nunuma.
elephant-GEN nose-3POSS long
코끼리는 코가 길다. (lit. 코끼리의 코-그 길다.)
ㄴ'. jaan nunum(a) neenci-si.
elephant long nose-PROP
코끼리는 코가 길다. (lit. 코끼리 긴 코 있다.)

(21) ㄱ. 철수는 손이 크다.
ㄴ. Colsʉ-ni naal(a)-nin boŋgon.
Chulsoo-GEN hand-3POSS big
철수는 손이 크다. (lit. 철수의 손-그 사람 크다.)
ㄴ'. Colsʉ boŋgon naala-si.
Chulsoo big hand-PROP
철수는 손이 크다. (lit. 철수 큰 손 있다.)

(20ㄴ), (21ㄴ)은 모두 소유 구성, 즉 'NP-GEN NP-POSS'으로 쓰인 예인데 대체로 소유 구성으로 쓰이면 피수식 명사가 초점이 된다. (20ㄴ'), (21ㄴ')은 모두 앞의 주어는 주격으로 나타나고 서술어는 소유 접미사 '-si'와 결합된 것이다. 주격으로 나타난 명사는 그 문장의 초점이 된다.

유형-표시 구성인 '꽃이 장미가 예쁘다'일 경우, 한국어는 소주어 자리에 꽃 이름 '장미'가 올 수 있지만 어웡키어는 꽃 이름이 올 수 없고 아래와 같이 형용사가 와야 한다.

(22) ㄱ. 꽃이 장미가 예쁘다.
ㄴ. ilga(~igga) ulari(<n)-nin nandaxan.

flower red-3POSS beautiful
꽃이 빨간 것이 예쁘다. (lit. 꽃 빨강-그 중에서 예쁘다.)

어웡키어는 (22ㄴ)과 같이 꽃의 색깔이나 모양을 가리키는 형용사가 와야 하고 형용사가 명사적으로 쓰여 뒤에 3인칭 소유인칭표지가 결합해야 한다.

양화 표현 구성인 경우, 어웡키어는 한국어와는 달리 주격 표지가 명사에만 결합한다. 예는 아래와 같다.

(23) ㄱ. 학생이 셋이 왔다.
ㄴ. elan surugci əm(ə)-səə-ø.
three student come-PST-3
학생이 셋이 왔다. (lit. 세 학생 왔다.)

양화 표현 구성인 경우 한국어는 '학생이 셋이'처럼 수사가 명사 뒤에 오고 또 주격과 결합할 수 있다. 어웡키어는 수사가 형태 변화 없이 명사를 수식하며 수사 - 명사의 순서로 나타나며 명사에만 주격이 결합된다.

나머지 이중주어문 유형인 부사격 관련, 심리형용사 구성, '-기 어렵다' 구성, 보조 용언 구성 중에서의 '-고 싶다' 구성은 각각 탈격, 여처격, 동명사어미-여처격, 비한정 대격으로 나타난다. 이와 같이 한국어의 이중주어문은 어웡키어에는 다른 방식으로 언어화됨을 살펴보았다. 어웡키어는 한국어 이중주어문의 소유 표현 유형, 소재 표현 유형의 일부 문장의 경우 이중주어문으로 표현할 수 있다. 즉, 소유 표현 유형에 속하는 문장 중 이중주어문으로 표현 가능한 '철수는 머리가 좋다' 유형의 경우, 이중주어문 혹은 소유 구성의 두 가지 방식으로 표현될 수 있다. 이 두 방식의 표현은 초점을 받는 성분, 즉 주격 표지를 받는 성분이 달라 그 의미가 구분된다.

## 3.5. 소결

3장에서는 한국어와 어웡키어의 주격 표지를 대조 분석하였다. 두 언어의 주격 표지의 형식을 살펴보고 그 용법을 크게 주어적 용법, 보어적 용법, 화용적 의미 첨가, 이중주어문의 구성 등 네 가지로 나누어 비교를 진행하였다.

두 언어의 주격 표지는 그 형식상 유표지와 무표지의 차이가 있다. 현대 한국어의 주격 표지는 '-이/가'로 나타나지만 어웡키어의 주격 표지는 ø로 나타난다. 두 언어의 주격 표지의 주된 문법 기능은 같다. 즉 주격 표지는 주격과 결합된 명사나 명사구가 그 문장의 주어임을 나타내는 기능을 한다. 한국어는 '-이/가' 외에 존칭 명사에는 '-께서'가 결합되고 단체나 기관이 주어가 될 때에는 '-에서'가 쓰일 수 있다. 그러나 어웡키어에는 '-께서'와 같은 존칭 명사 뒤에 쓰이는 표지가 없고 '-에서'에 해당하는 탈격은 있지만, 이것이 주어로 쓰인다는 주장은 아직까지는 없는 듯하다. 서술어가 '되다', '아니다'일 경우 두 언어의 주격은 모두 보어적 용법으로 쓰인다는 공통점이 있다.

한국어의 주격 표지 '-이/가'는 화용적인 의미를 첨가하는 특수한 용법이 있다. '김치는 한국 김치가 맛있다.', '생선이 먹고 싶다.', '나는 그 사람이 싫지가 않다.'와 같은 문장들에서 주격 표지 '-이/가'가 나타나는 문장 성분에 대하여 어웡키어에서는 주격 표지의 실현이 불가능하고 각각 속격, 비한정 대격, 아무 표지 없이 나타나야 한다.

또한 한국어의 '-이/가'는 다양한 이중주어문을 만들 수 있다는 것도 특징적이다. 어웡키어의 경우, '철수는 가방이 크다', '토끼는 앞발이 짧다'는 소유 구성으로만 표현되고 '철수가 머리가 좋다', '철수가 돈이 많다', '코끼리는 코가 길다', '철수는 손이 크다'는 초점에 따라 두 가지로 표현된다. '꽃이 장미가 예쁘다'와 같은 이중주어문은 어웡키어에서는 소주어 자리에 꽃 이름이 올 수 없어 차이가 있다. '학생이 셋이 왔다'와 같은 양화 표현 구성인 경우, 어웡키어는 한국어와는 달리 수사가 형태 변화 없이 명사를 수식하여 수사-명사의 순서로 나타나며 명사에만 주격 표지가 결합된다.

# 4. 속격 대조

이 장에서는 한국어와 어웡키어의 속격 표지를 비교 대조한다. 한국어와 어웡키어의 속격은 각각 속격 표지 '-의'와 '-ni'에 의해 실현된다. 명사와 명사 사이에 나타나 두 명사를 더 큰 명사구로 묶어 주는 조사 '-의'를 흔히 속격(屬格) 또는 소유격(所有格, possessive)을 나타내는 기능을 한다고 하여 속격조사 또는 소유격조사라 부른다. 이처럼 더 큰 명사구를 이룰 때 '-의'는 앞 명사로 하여금 뒤의 명사를 수식하는 구실을 하게 한다. 이 때문에 '-의'는 관형격조사(冠形格助詞)라 불리기도 한다.[32] 어웡키어의 속격 표지는 '-ni'에 의해 실현된다.[33] 이는 소유주와 소유물 간의 소유 관계를 나타내며 명사, 대명사, 수사, 형용사, 미완료의 동명사어미와 결합한다. n으로 끝나는 명사들은 '-ni' 앞에서 n이 탈락된다.

이 장에서는 우선 한국어와 어웡키어의 속격 표지가 주로 사용되는 환경인 소유 구성의 형식과 의미를 다룬다. 특히 어웡키어의 소유 구성에는 속격 표지뿐 아니라 소유인칭표지도 쓰인다는 점에서 한국어의 소유 구성과 형식적인 차이가 있다. 4.1에서는 어웡키어의 소유된 명사구 구성, 4.2에서는 어웡키어의 소유되지 않은 명사구 구성을 중심으로 한국어의 소유 구성과 대조한다. 다음으로 4.3에서는 어웡키어

---

32) 이익섭·채완(1999:171) 참조.

33) 어웡키어의 접사 중에 '-si/-ci'(있다)라는 소유 접미사가 있는데 朝克(1995, 2009, 2017b)에서는 유격(有格)으로 설정하였다. '-si/-ci'는 'yəənʉ-si'(재미있다), 'ʉnə-si'(비싸다/값있다), 'antan-ci~anta(<n)-si'(맛있다), 'mʉgʉn-ci~mʉgʉ(<n)-si'(돈있다/부유하다)와 같이 명사와 결합하여 형용사를 파생시킨다. 나이나 띠를 나타낼 때도 쓰인다.

의 속격 표지에 서술적 용법이 있음을 살펴본다. 4.4와 4.5에서는 각각 속격 표지의 생략 현상과 다른 격표지와의 결합 양상에 대해서도 살펴본다.34)

## 4.1. 소유된 명사구(possessed NP)

우선, 아래와 같은 명사구를 살펴보자.

(1) ㄱ. 나의 모자
  ㄴ. mi-**ni** aagun-**bi**
  I(1SG)-GEN hat-1SG.POSS
  나의 모자 (lit. 나의 모자-나)

(1)에서 한국어는 소유주 '나'에 속격 표지 '-의'가 결합되어 소유 구성이 dependent-marking으로 나타난다. 반면 어웡키어의 소유 구성은 소유주에 속격 '-ni'가 결합되어야 할 뿐만 아니라 소유물에 소유인칭 표지가 결합되어야 한다. 즉 (1ㄴ)처럼 1인칭의 비자립형 'min-'에 속격 '-ni'가 결합되어야 하고('min-ni > mi-ni' ('min-'의 n 탈락)) 소유물인 'aagun'(모자)에 1인칭 단수 소유인칭표지가 결합되어야 한다. 이와 같이 소유주에 속격이 결합하고 소유물에 소유인칭표지가 결합되는 구성, 즉 NP-GEN NP-POSS 구성을 double-marking 구성이라고 하며 이것이 어웡키어의 전형적인 소유 구성의 형식이다. 이와 같은 구성은 소유된 명사구(possessed NP)에 속한다. 이와 달리 한국어는 소유주에만 속격이 결합되기 때문에 dependent-marking 구성으로 나타난다고 할 수 있다.

34) 내포문 주어가 속격으로 나타나는 용법에 대해서는 7.1에서 다룬다.

(2) mi-**ni** nʉxʉn-**bi** jaan baacci-si.
I(1SG)-GEN younger.brother/sister-1SG.POSS ten years-PROP
나의 동생이 열 살이다. (lit. 나의 동생-나 열 살 있다.)

(3) si-**ni** əmmə-**si** sanci-(i)
you(SG)-GEN mother-2SG.POSS traditional.summer.clothes-INACC
ʉldi-səə-ø.
sew-PST-3
너의 어머니가 전통 여름옷을 꿰매었다.
(lit. 너의 어머니-너 전통 여름옷을 꿰매었다.)

(4) sʉ-**ni** ada-**sun** tʉl-lə bi-ji-rən.
you(PL)-GEN elder.sister-2PL.POSS outside-DIRL be-PROG-3
너희들의 언니/누나가 밖에 있다.
(lit. 너희의 언니/누나-너희 밖에 있고 있다.)

(2), (3), (4)의 'mi-ni nʉxʉn-bi'(나의 동생), 'si-ni əmmə-si'(너의 어머니), 'sʉ-ni ada-sun'(너희들의 언니/누나)에서 보듯이 소유주인 'bi'(나), 'si'(너), 'sʉ'(너희들)에 속격 '-ni'가 결합되어 있을 뿐만 아니라 소유물인 'nʉxʉn'(동생), 'əmmə'(어머니), 'ada'(언니/누나)에 소유인칭 표지가 결합되어 있다. 그러나 한국어의 경우 소유주에만 속격 '-의'가 결합되어 있다.

아래와 같이 위치 관계를 나타낼 때도 두 언어는 차이를 보인다.

(5) ㄱ. 일가와 만디 사이에
ㄴ. Ilga oocci Mandi-**ni** siddən-**dʉ-n**
Ilga and(do-CVB) Mandi-GEN between-DATL-3POSS
일가와 만디 사이에 (lit. 일가 하고 만디의 사이-에-그들)

(6) ㄱ. 우리 뒤에

ㄴ. mit(i)-**ni** amidaa-**du-ti**
we(INCL)-GEN back-DATL-1PL.INCL.POSS
우리 뒤에 (lit. 우리의 뒤-에-우리)

(7) ㄱ. 집 뒤에
ㄴ. jʉʉ-**ni** amidaa-**du-n**
house/home-GEN back-DATL-3POSS
집 뒤에 (lit. 집의 뒤-에-그)
ㄴ′. jʉʉ amidaa-**du-n**
house/home back-DATL-3POSS
집 뒤에 (lit. 집 뒤-에-그)

(5ㄱ), (6ㄱ), (7ㄱ)에서 보듯이 한국어는 위치 관계를 나타낼 때 앞에 오는 명사나 명사구에 속격이 결합하지 않는다. 그러나 어웡키어는 앞에 오는 명사나 명사구에 속격이 결합할 뿐만 아니라 위치 관계를 나타내는 명사(방위사)에도 인칭표지가 결합하여 차이를 보인다. (5ㄴ)에서 'Ilga oocci Mandi-ni siddən-dʉ-n'(일가와 만디 사이에)과 같이 앞에 오는 명사나 명사구에는 언제나 속격이 결합되고 위치 명사(방위사)에는 격표지-인칭표지가 결합되어야 한다. 그러나 'amidaa-du'(뒤에)의 경우는 조금 다르다. (6ㄴ)의 경우 'miti'(우리)는 특정적인 대상을 가리키기 때문에 'miti' 뒤에 반드시 속격이 결합된다. 그러나 'amidaa-du'의 경우 (7ㄴ)과 (7ㄴ′)과 같이 'jʉʉ'(집) 뒤에 속격이 수의적으로 나타난다. 그러나 'ər jʉʉ'(이 집)와 같이 특정적인 집을 가리킬 경우 'jʉʉ' 뒤에 반드시 속격이 결합한다.

'jʉldəəlin'은 원래 방위사 'jʉldə'(앞, 남쪽)에 경로격의 '-li'와 3인칭 소유인칭표지 '-n'이 결합된 것인데 하나의 어휘처럼 쓰이게 되었다. 위치의 의미 외에 시간적인 '전(前)'의 의미로 쓰이기도 한다. 여기서는 시간적인 의미로 쓰이는 예를 살펴보자.

(8) ㄱ. 식사 전에

ㄴ. xəəm(ə)-**ni** jʉldəəlin
meal-GEN before
식사 전에 (lit. 식사-의 전에)

ㄴ'. xəəm(ə) jʉldəəlin
meal before
식사 전에 (lit. 식사 전에)

(9) ㄱ. 그 전에

ㄴ. tan(<tar)-**ni** jʉldəəlin
that-GEN before
그 전에 (lit. 그-의 전에)

ㄴ'. tar jʉldəəlin
that before
그 전에 (lit. 그 전에)

(10) ㄱ. 네가 오기 전에

ㄴ. si-ni əmə-r-**ni**-si jʉldəəlin
you(SG)-GEN come-PTCP.NPST-GEN-2SG.POSS before
네가 오기 전에 (lit. 너의 오-ㄹ-의-너 전에)

'jʉldəəlin'이 시간적인 '전(前)'의 의미로 쓰일 때는 (8ㄴ), (8ㄴ'), (9ㄴ), (9ㄴ')과 같이 앞에 오는 명사나 지시대명사 뒤에 속격 표지가 수의적으로 결합된다. 그러나 (10ㄴ)처럼 '-기 전에'일 때는 미완료의 동명사어미 '-r' 뒤에 속격 표지가 반드시 결합해야 한다. 이때 인칭표지는 속격 뒤에 결합한다.

속격이 반복되어 쓰일 때 한국어는 'NP-의 NP-의 NP'와 같이 '-의'가 반복되지만 어웡키어는 'NP-GEN NP-GEN-POSS NP-POSS'과 같이 속격뿐 아니라 소유인칭표지도 반복된다. 예를 들면 아래와 같다.

(11) ㄱ. 나의 신발(의) 끈

ㄴ. mi-**ni** unta-**ni**-**wi** ʉgiir-**nin**
I(1SG)-GEN shoes-GEN-1SG.POSS lace-3POSS
나의 신발의 끈 (lit. 나의 신발-의-나 끈-그)

(12) ㄱ. 너의 언니/누나의 바지

ㄴ. si-**ni** ada-**ni**-**si** əkki-**nin**
you(SG)-GEN elder.sister-GEN-2SG.POSS pants-3POSS
너의 언니/누나의 바지 (lit. 너의 언니/누나-의-너 바지-그 사람)

(13) ㄱ. 만디의 동생의 개

ㄴ. Mandi-**ni** nʉxʉ(<n)-**ni**-**nin** nenxi(<n)-**nin**
Mandi-GEN younger.brother/sister-GEN-3POSS dog-3POSS
만디의 동생의 개 (lit. 만디의 동생-의-그 사람 개-그 사람)

(11ㄱ), (12ㄱ), (13ㄱ)에서 보듯이 한국어에서 '-의'가 반복되어 쓰이는 구성에 대해서 어웡키어는 (11ㄴ), (12ㄴ), (13ㄴ)과 같이 속격뿐 아니라 소유인칭표지까지 반복되어 쓰인다. 소유인칭표지는 이때에도 해당 소유주의 수와 인칭과 일치해야 한다. (11ㄴ)에서 'mi-ni unta-wi'는 '나의 신발'이기 때문에 1인칭 소유인칭표지 '-wi'가 결합된 것이고 'unta-ni ʉgiir'(신발의 끈)의 경우 'unta'(신발)가 3인칭이기 때문에 'ʉgiir'(끈) 뒤에 3인칭 소유인칭표지가 결합된 것이며 'mi-ni unta-ni-wi ʉgiir-nin'(나의 신발의 끈)이라고 할 때 'mi-ni unta'(나의 신발)와 1인칭 소유인칭표지 사이에 속격 표지가 하나 더 붙는다. (12ㄴ)과 (13ㄴ)도 마찬가지이다.

## 4.2. 소유되지 않은 명사구(non-possessed NP)

지금까지는 어웡키어의 소유 구성이 double-marking 구성으로 쓰이는 현상들을 살펴보았다. 그러나 어웡키어의 소유 구성이 모든 환경에서 double-marking으로 나타나는 것은 아니다. 예외적인 예를 살펴보자.

(14) ㄱ. 양고기
ㄴ. xun(<in)-**ni** ʉldə
sheep-GEN meat
양고기 (lit. 양의 고기)

(15) ㄱ. 말꼬리
ㄴ. muri(<n)-**ni** iggə
horse-GEN tail
말꼬리 (lit. 말의 꼬리)

(16) ㄱ. 개밥
ㄴ. nenxi(<n)-**ni** xəəmə
dog-GEN meal
개밥 (lit. 개의 밥)

(17) ㄱ. 집밥
ㄴ. jʉʉ-**ni** xəəmə
home/house-GEN meal
집밥 (lit. 집의 밥)

(18) ㄱ. 생선 가시
ㄴ. osxo(<n)-**ni** geranda
fish-GEN prickle/bone
생선 가시 (lit. 물고기의 가시)

어웡키어에서는 (14ㄴ), (15ㄴ), (16ㄴ), (17ㄴ), (18ㄴ)과 같이 선행 명사에 속격이 결합되지만 소유물에는 소유인칭표지가 나타나지 않는 경우가 있다. 즉 'NP-GEN NP'로 나타나는 것이다.[35] 이와 같이 선행 명사에만 속격이 결합하고 소유물에는 소유인칭표지가 결합하지 않는 구성들을 소유되지 않은 명사구(non-possessed NP)라 한다. 소유되지 않은 명사구 구성은 소유주가 주로 특정적인 사람이나 사물의 소유가 아닌 경우에 쓰인다. 흥미롭게도 (14ㄱ), (15ㄱ), (16ㄱ), (17ㄱ), (18ㄱ)과 같이 해당 한국어의 경우에도 속격의 '-의'가 쓰이지 않고 '양고기', '말꼬리', '개밥', '집밥', '생선 가시'와 같이 합성 명사 혹은 명사구로 나타남을 볼 수 있다.[36]

다음의 경우도 한국어에서는 '어디 (출신) 사람', '…(과목) 선생님', '… 날'을 나타내는 명사 앞에 속격이 쓰이지 않는데 어웡키어에서도 소유되지 않은 명사구로 표현된다.

(19) ㄱ. 호이 출신 어웡키 사람

ㄴ. Xui-**ni** əwəŋki

Hoi-GEN Evenki

호이 출신 어웡키 사람 (lit. 호이의 어웡키 사람)

(20) ㄱ. 수학 선생님

ㄴ. too(<n)-**ni** baxsi

number/mathematics-GEN teacher

수학 선생님 (lit. 수학의 선생님)

(21) ㄱ. 어린이날

ㄴ. ʉrəl-**ni** inig

child-GEN day

어린이날 (lit. 어린이의 날)

---

35) 특정적인 'xunin'(양), 'murin'(말), 'nenxin'(개), 'jʉʉ'(집), 'osxon'(생선)이면 뒤에 오는 명사에 소유인칭표지가 결합된다.

36) 화석화된 '쇠고기', 'ᄃᆞᆯᄀᆡ알 > 달걀', 허웅(1988:354-355)에서 제시된 'ᄉᆈ 머리' 『월인석보』 1:27, 'ᄉᆈ 져즈로' 『능엄경언해』 3:26, 'ᄉᆈ 일후미오' 『월인석보』 10:117 등을 보면 이전 시기의 한국어는 속격을 사용하였다.

(19ㄱ), (20ㄱ), (21ㄱ)과 같이 한국어는 '호이 출신 어웡키 사람', '수학 선생님', '어린이날'과 같이 속격 '-의'가 쓰이지 않는다.[37] (19ㄴ), (20ㄴ), (21ㄴ)과 같이 어웡키어는 속격 '-ni'가 쓰이고 소유인칭표지는 붙지 않는 소유되지 않은 명사구에 의해 표현된다. 위의 예를 정리하면 아래 표와 같다.

〈표 9〉 소유되지 않은 명사구

| 한국어 | 어웡키어 |
|---|---|
| ㄱ. 양고기<br>ㄴ. 말꼬리<br>ㄷ. 개밥<br>ㄹ. 집밥 | ㄱ. xun(<in)-ni ʉldə (lit. 양의 고기)<br>ㄴ. muri(<n)-ni iggə (lit. 말의 꼬리)<br>ㄷ. nenxi(<n)-ni xəəmə (lit. 개의 밥)<br>ㄹ. jʉʉ-ni xəəmə (lit. 집의 밥) |
| 생선 가시 | osxo(<n)-ni geranda<br>(lit. 물고기의 가시) |
| 호이 출신 어웡키 사람 | Xui-ni əwəŋki<br>(lit. 호이의 어웡키 사람) |
| 수학 선생님 | too(<n)-ni baxsi (lit. 수학의 선생님) |
| 어린이날 | ʉrəl-ni inig (lit. 어린이의 날) |

서정수(1996:573)에서는 <체언+-의>의 의미를 (22)와 같은 10가지로 제시하였다. 이것을 바탕으로 두 언어의 속격의 의미와 용법의 대응 양상을 살펴보면 <표 10>과 같다.

(22) 가. 소유: 동생의 모자 [← 동생이 모자를 가졌다]
　　나. 소행: 여자의 말 [← 여자가 말을 했다]
　　다. 소작: 학생의 글 [← 학생이 그 글을 지었다]

---

37) 한국어의 '… 날'은 아래와 같이 속격이 붙는 경우도 있고 붙지 않는 경우도 있다.
ㄱ. 세계 여성의 날, 근로자의 날, 스승의 날, 부부의 날, 철도의 날, 독도의 날
ㄴ. 어린이날, 어버이날, 부처님 오신 날, 한글날

라. 소위: 어머니의 날 [← 그 날이 어머니를 위한다]
마. 소재: 한강의 다리 [← 그 다리가 한강에 있다]
바. 소속: 집의 강아지 [← 그 강아지가 집에 속한다]
사. 소관: 가을의 노래 [← 그 노래가 가을에 관한 것이다]
아. 소기: 한강의 기적 [← 그 기적이 한강에서 일어났다]
자. 소산: 강원도의 감자 [← 그 감자는 강원도에서 나왔다]
차. 유사: 동물의 사랑 [← 그 사랑은 동물적이다]

〈표 10〉 두 언어의 속격의 의미와 용법의 대응 양상

| 의미 | | 한국어 | 어웡키어 |
|---|---|---|---|
| 1 | 소유 | 동생의 모자 | nʉxʉ(<n)-ni aagu(<n)-nin |
| 2 | 소행 | 여자의 말 | unaji-ni ʉgə-nin |
| 3 | 소작 | 학생의 글 | surugci-ni bitəg(ə)-nin |
| 4 | 소위 | 어머니의 날 | ənin bəi-ni inig |
| 5 | 소재 | 한강의 다리 | Xan doo-ni xɵɵggʉ |
| 6 | 소속 | 집의 강아지 | jʉʉ-ni nenxin |
| 7 | 소관 | 가을의 노래 | bol(o)-ni toxoi jaandaalga |
| 8 | 소기 | 한강의 기적 | × |
| 9 | 소산 | 강원도의 감자 | Kaŋwondu-ni xaltuusixi |
| 10 | 유사 | 동물의 사랑 | × |

<표 10>에서 보듯이 '-의'의 10가지 의미 중에서 어웡키어의 속격은 '소기'와 '유사'의 의미를 제외하면 모두 대응된다. 그러나 소유인칭표지의 사용 여부에 대해서는 차이를 보인다. 1-3은 소유된 명사구로 나타나고 4-7, 9는 소유되지 않은 명사구로 나타난다. 대체로 '소위'의 'ənin bəi-ni inig'(어머니의 날), '소재'의 'Xan doo-ni xɵɵggʉ'(한강의 다리), '소속'의 'jʉʉ-ni nenxin'(집의 강아지), '소관'의 'bol(o)-ni toxoi jaandaalga'(가을의 관한 노래), '소산'의 'Kaŋwondu-ni xaltuusixi'(강원도의 감자)는 특정적인 소유주가 가진 소유물이 아닐 때 3인칭 소유인칭표지가 쓰이지 않는다.

## 4.3. 서술적 용법

이 절에서는 어웡키어 속격 표지가 서술적 용법으로 쓰이는 예문을 살펴보겠다. 어웡키어는 아래의 (23ㄴ), (24ㄴ), (25ㄴ)과 같이 속격과 결합된 'mi-ni'(나의), 'ilə-ni'(어디의), 'Yopo(<n)-ni'(일본의) 그 자체로 서술어로 쓰일 수 있는 반면에 한국어는 (23ㄱ), (24ㄱ), (25ㄱ)과 같이 '내 것', '어디 것', '일본 것'과 같이 반드시 의존명사 '것'이 쓰여야 한다.[38]

(23) ㄱ. 이것은 내 것이다.
ㄴ. ər mi-**ni**.
this I(1SG)-GEN
이것은 내 것이다. (lit. 이것 나의.)

(24) ㄱ. 이 가방(은) 어디 거야?
ㄴ. ər suubal(a) ilə-**ni**?
this bag where-GEN
이 가방(은) 어디 거야? (lit. 이 가방 어디의?)

(25) ㄱ. 일본 것이야/일본제야.
ㄴ. Yopo(<n)-**ni**.
Japan-GEN
일본 것이야/일본제야. (lit. 일본의)

(23ㄱ), (24ㄱ), (25ㄱ)에서 한국어의 '내', '어디', '일본'이 그 자체로 서

38) 어웡키어뿐만 아니라 몽골어, 만주어, 일본어, 중국어 등에서도 이러한 현상이 있다.

술어로 쓰이지 못하고 그 뒤에 의존명사 '것'이 쓰여야 한다는 것을 보여 주고 있다. 그러나 어웡키어는 (23ㄴ), (24ㄴ), (25ㄴ)과 같이 속격과 결합된 'mi-ni', 'ilə-ni', 'Yopo(<n)-ni'만으로 문장을 끝낼 수 있다는 것을 보여 주고 있다.[39]

이처럼 어웡키어 속격 표지는 명사구와 결합하여 '-의 것(이다)'의 의미를 나타내는 서술적 용법으로 쓰일 수 있다.

## 4.4. 생략 현상

속격 표지의 생략 현상에 대하여 살펴보겠다. 속격의 생략과 관련하여 한국어의 속격은 생략이 가능한 반면에 어웡키어의 속격은 생략이 드물다. 이희자·이종희(2014:938)에서는 '소유주-피소유물'의 관계, '전체-부분'의 관계, '친족 관계'를 나타내는 경우 생략이 가능하고, 그 외의 경우에는 잘 생략되지 않는다고 하였다. 예는 아래와 같다.

(26) ㄱ. '소유주-피소유물'의 관계: 철수의 책 : 철수(ø) 책[40]
ㄴ. '전체-부분'의 관계: 코끼리의 코 : 코끼리(ø) 코
ㄷ. 친족 관계: 철수의 엄마 : 철수(ø) 엄마

(26)은 어웡키어에서는 모두 소유된 명사구로 표현된다. 예를 더 들어 보자.

(27) ㄱ. 학교의 식당/학교 식당

39) 'mi-ni', 'ilə-ni', 'Yopo(<n)-ni' 등은 형용사와 같이 조동사 'bisi-n'(이다/있다), 'oo-ron'(하다/되다)의 도움을 받아 시제를 나타낸다. 명사문처럼 볼 수 있다. 예를 들면 'mi-ni bi-səə-ø'(내 것이었다), 'mi-ni oo-soo-ø'(내 것이 되었다)와 같이 'bi-səə-ø' 혹은 'oo-soo-ø'가 'mi-ni', 'ilə-ni', 'Yopo(<n)-ni' 뒤에 쓰이면 과거 시제를 나타내게 된다.

40) ø는 이희자·이종희(2014:938)에서 표시한 것이다.

ㄴ. surgul-**ni** siitan
school-GEN cafeteria
학교의 식당/학교 식당 (lit. 학교의 식당)

(28) ㄱ. 아버지의 생신/아버지 생신
ㄴ. aba-**ni** yʉʉ-səə inig-**nin**
father-GEN go.out/get.up-PTCP.PST day-3POSS
아버지의 생신/아버지 생신 (lit. 아버지의 태어난 날-그 사람)

한국어의 경우, (27ㄱ), (28ㄱ)과 같이 '학교의 식당'과 '학교 식당', '아버지의 생신'과 '아버지 생신'이 모두 가능하지만 '학교 식당', '아버지 생신'이 더 자연스럽다. 그러나 어웡키어의 경우, (27ㄱ)은 (27ㄴ)과 같이 소유되지 않은 명사구로 표현된다. 속격 '-ni'는 소수의 예(jʉldəəlin, amidaa-du-n)를 제외하면 생략이 드물다고 볼 수 있다.[41] 그리고 (28ㄴ)과 같이 특정적인 대상과 관련되어 있는 경우에는 속격과 소유인칭표지는 모두 생략이 불가능하다.[42]

## 4.5. 기타 격표지와의 결합 양상

아래와 같이 한국어는 격표지가 결합된 명사구에 다시 '-의'가 결합되는 경우가 있다.

(29) ㄱ. 초등학생으로서의 첫날
ㄴ. 일상으로부터의 탈출
ㄷ. 저자와의 대화

41) 2.2.2에서 청자가 소유주('인칭대명사+-ni'의 경우)를 아는 경우에는 'NP-GEN'이 생략될 수 있다고 다룬 바 있다. 그러나 이는 속격 표지만 생략되는 경우와는 다른 것이다.
42) '생일/생신'을 'yʉʉ-səə inig' 외에 'bal-caa inig'이라고도 한다.

(29)는 격표지가 결합된 명사구 '초등학생으로서', '일상으로부터', '저자와'에 '-의'가 결합될 수 있지만 어웡키어는 이러한 표현이 불가능하다. 어웡키어는 'NP-속격-기타 격'과 같이 속격 표지 뒤에 다른 격표지가 결합할 수 있는데 이는 한국어의 의존명사 '것'이 쓰인 '…의 것-에서/과'와 같은 표현에 해당한다.

## 4.6. 소결

4장에서는 한국어와 어웡키어의 속격 표지의 용법과 의미에 대하여 살펴보았다. 두 언어의 속격은 각각 속격 표지 '-의'와 '-ni'에 의해 실현된다.

한국어는 '나의 모자'와 같이 소유주에만 속격 표지 '-의'가 결합되어 dependent-marking 구성으로 쓰이지만 어웡키어는 'mi-ni aagun-bi'와 같이 소유주에 속격이 결합하고 소유물에 소유인칭표지가 결합되는 구성, 즉 double-marking 구성으로 쓰이며 이것은 어웡키어의 전형적인 소유 구성의 형식이다. 이와 같은 구성은 소유된 명사구(possessed NP)에 속한다. 그러나 어웡키어에도 'xun(<in)-ni ʉldə'(양고기), 'jʉʉ-ni xəəmə'(집밥)와 같이 선행 명사에 속격이 결합되지만 소유물에는 소유인칭표지가 나타나지 않는 경우가 있다. 이러한 것은 소유되지 않은 명사구(non-possessed NP)에 속한다.

한편 어웡키어는 속격과 결합된 'mi-ni'(나의) 구성이 그 자체로 서술어로 쓰일 수 있는 반면에 한국어는 '내 것'과 같이 반드시 의존명사 '것'이 쓰여 차이를 보인다.

생략과 관련하여 한국어의 속격은 생략이 가능한 반면에 어웡키어는 소유인칭표지는 생략되지만 속격은 생략이 드물다.

또한, 한국어는 '저자와의 대화'와 같이 격표지가 결합된 명사구에 다시 '-의'가 결합될 수 있지만 어웡키어는 그러한 표현이 불가능하다. 어웡키어의 속격 표지 뒤에 다른 격표지가 결합할 수 있지만 이는 한국어의 의존명사 '것'이 쓰인 '…의 것에서/과'와 같은 표현에 해당한다.

# 5. 대격 대조

이 장에서는 한국어와 어웡키어의 대격 표지를 비교 대조한다. 한국어와 어웡키어의 대격은 여러 가지 면에서 큰 차이를 보인다. 가장 큰 차이는 한국어의 대격은 문법적으로 더 구분되지 않는 반면 어웡키어의 대격은 분화되어 있다는 점이다. 우선 두 언어의 대격 표지를 표로 제시하면 아래와 같다.

〈표 11〉 두 언어의 대격 표지

| 한국어 | 대격 | -을/를 |
|---|---|---|
| 어웡키어 | 한정 대격 | -wa/-ba |
| | 비한정 대격 | -i; -ya/-a |

한국어의 대격(accusative)은 '-을/를' 하나뿐인 데 비해 어웡키어의 대격은 한정성에 따라 한정 대격(accusative)과 비한정 대격(indefinite accusative)의 대립이 있다.[43] 한정 대격은 구체적이고 특정적인 대상에 쓰이며 지시대명사와 어울려 쓰이기도 한다. 반면에 비한정 대격은 구체적이지 않고 불특정적인 대상에 쓰이며 지시대명사의 수식을 받지 못한다.[44]

어웡키어의 한정 대격과 비한정 대격의 예를 다음과 같이 한국어 번역을 통하여 살펴보도록 하겠다.

43) 만주·퉁구스어파의 퉁구스어에 속하는 오로촌어(鄂倫春語)도 한정 대격과 비한정 대격의 대립이 있다. 胡增益(2006:855-856) 참조.

44) 朝克(2009; 2017b)에서 재귀대격(反身賓格) '-wi/-bi'가 설정되어 있다. 그러나 이는 재귀소유인칭표지가 명사와 결합하여 쓰일 때 목적어로 쓰이는 용법에서 생긴 혼돈인 듯하다. 본서에서는 '-wi/-bi'를 재귀대격으로 보지 않는다.

(1) ㄱ. 밥을 먹는다.

ㄴ. xəəmə-**i** jittə-n.
meal-INACC eat-3
밥을 먹는다. (lit. 밥을 먹는다.)

(2) ㄱ. 맛있는 밥을 먹는다.

ㄴ. anta(<n)-si xəəmə-**i** jittə-n.
taste-PROP meal-INACC eat-3
맛있는 밥을 먹는다. (lit. 맛있는 밥을 먹는다.)

(3) ㄱ. 어머니가 해 주신 맛있는 밥을 먹는다.

ㄴ. əmmə-ni oo-m buu-soo anta(<n)-si
mother-GEN do/become-CVB give-PTCP.PST taste-PROP
xəəm(ə)-**w**ə-n jittə-n.
meal-ACC-3POSS eat-3
어머니가 해 주신 맛있는 밥을 먹는다.
(lit. 어머니의 해 준 맛있는 밥-을-그 사람 먹는다.)

(1ㄱ), (2ㄱ)에서 '밥'과 '맛있는 밥'은 구체적이지 않고 불특정적인 대상이다. 따라서 어웡키어에서는 (1ㄴ), (2ㄴ)과 같이 비한정 대격으로 표시된다. 그러나 (3ㄱ)에서 '어머니가 해 주신 맛있는 밥'은 '특정적인 어머니가 해 주신 바로 그 밥'이기 때문에 어웡키어는 (3ㄴ)과 같이 한정 대격으로 표시된다. 이처럼 한국어의 경우, 수식어의 유무 혹은 수식어의 특정성 여부가 대격의 실현에 영향을 주지 않는다. 그러나 어웡키어는 수식어가 일반적인 수식어인지 특정적인 수식어인지에 따라 한정 대격을 써야 하는지 비한정 대격을 써야 하는지를 판단한다.

이러한 어웡키어의 두 가지 대격에 대해 우리는 차별적 목적어 표시를 떠올릴 수 있다. 차별적 목적어 표시(differential object marking, DOM)는 게오르그 보송(Georg Bossong)의 용어로, 여러 언어에 나타나는 현상이다. 이는 직접 목적어에 적용되는 차별적 논항 표지의 형식이다. DOM이 있는 언어에서는 직접 목적어가 의미에 따라 두 가지 부류로 나누어진다. 그리고 대부분의 DOM이 있는 언어에서는 둘 중 하나에 표지를 붙이고 다른 하나는 무표로 나타나는 경향이 높다.

잘 알려진 차별적 목적어 표시 언어로는 스페인어를 들 수 있다. (4)와 같이 스페인어에는 직접 목적어가 특정적인 사람이면 특별한 표지 [전치사 'a(to)']를 요구한다. 무정 체언이 목적어가 될 때는 그것이 특정적이더라도 보통 이 표지를 가질 수 없다.

(4) a. Pedro besó el retrato.
Peter kissed the picture.
b. Pedro besó <u>a</u> Lucía.
Peter kissed PREP Lucy. (lit. "Peter kissed to Lucy")

일부 특정적인 유정 목적어는 수의적으로 표지를 받는다. 예는 아래와 같다.

(5) Pedro vio <u>(a)</u> la gata.
Peter saw (to) the cat-FEM

터키어의 경우, 대격 표지는 '-i'인데 (6b)와 같이 한정 목적어 (definite objects)에만 사용된다.

(6) a. ağaç gördük = we saw <u>a</u> tree
b. ağac<u>ı</u> gördük = we saw <u>the</u> tree

스페인어의 목적어는 'a'와 ø의 대립, 터키어의 목적어는 '-i'와 ø의 대립이 있다. 한국어의 목적어도 스페인어와 터키어의 목적어처럼 '-을/를'과 ø의 대립이 있다고 볼 수도 있다.

한편, 두 부류의 목적어 각각의 표지가 존재하는 언어도 있다. 핀란드어의 목적어는 대격(accusative)과 부분격(partitive) 두 가지로 표시된다. 다음은 'talo'(집)에 대한 예이다.45)

(7) 대격(-, -n, -t): talon
부분격(-a, -ä): taloa

어웡키어의 목적어도 핀란드어와 같이 한정 대격(accusative)과 비한정 대격(indefinite accusative)이 각각의 표지로 실현된다. 따라서 어웡키어는 한정성에 따라 목적어를 달리 표지하는 차별적 목적어 표시 언어에 속하며, 한정 대격과 비한정 대격 각각의 표지가 모두 존재한다는 특징이 있다.

본 장에서는 두 언어의 대격 표지에 대해 다룬다. 5.1에서는 어웡키어의 한정 대격과 비한정 대격 용법을 먼저 소개하고 5.2에서는 어웡키어 대격과의 비교를 통해 한국어의 대격도 한정 대격과 비한정 대격 용법이 있음을 밝힌다. 또한 한국어의 대격 표지 '-을/를'과 ø의 대립을 차별적 목적어 표시의 관점에서 살펴본다. 5.3에서는 두 언어의 대격 표지의 용법의 차이점을 의미, 동족목적어 구문, 이동 동사 구문, 기타 동사의 경우, 대격 중출 구문, 대격의 생략 현상을 중심으로 살펴본다.

## 5.1. 어웡키어의 대격

### 5.1.1. 한정 대격(accusative)

---

45) 송기중 역(2008:133-138)에서는 핀란드어의 대격 어미들의 3가지 규칙을 제시하였다. (1) 대격 어미 -t는 복수 형식과 인칭대명사 형식에서 항상 목적어를 표시한다. (2) 단수 대격 목적어는 보통 -n어미를 취하고, 동사가 1인칭 및 2인칭 명령형일 때, 피동형일 때, 구속성/강제성의 의미일 때 어미를 취하지 않는다. (3) 수사에는, yksi '하나'를 제외하고, 대격 어미가 없다.

어웡키어의 한정 대격은 '-wa/-ba'에 의해 실현된다. 이는 목적어가 구체적이고 특정적인 대상일 때 쓰인다. 한정 대격은 아래와 같이 특정적인 환경에서 쓰인다. 우선, (8), (9)와 같이 지시대명사 'ər'(이/이것), 'tar'(그/저, 그것/저것), 'əyyə'(이/이것), 'tayya'(그/저, 그것/저것)의 수식을 받는 한정 명사구 뒤에 쓰인다.

(8) bi ər bitəgə-**wə** gada-mi.
I(1SG) this book-ACC buy-1SG
나/내가 이 책을 산다. (lit. 나 이 책을 산다.)

(9) si tar mʉʉ-si xuŋge-**wa** min-dʉ əmbʉʉ-xə.
you(SG) that water-PROP pot-ACC I(1SG)-DATL bring-2SG.IMP
너/네가 물이 있는 그 냄비를 나에게 가져다 다오.
(lit. 너 그 물 있는 냄비를 나에게 가져다 다오.)

지시대명사나 인칭대명사 바로 뒤에 결합할 때 한정 대격이 쓰인다.[46] 예는 아래와 같다.

(10) bi əb-**bə**(<ər-əwə) gada-mi.
I(1SG) this-ACC buy-1SG
나(는) 이것을 산다. (lit. 나 이것을 산다.)

(11) si min-ə**wə** əər(i)-səə-si gi?
you(SG) I(1SG)-ACC call/read.aloud-PST-2SG Q
너/네가 나를 불렀느냐? (lit. 너 나를 불렀느냐?)

---

46) 'ər'(이), 'tar'(그/저) 혹은 'min-'(나), 'sin-'(너), 'sʉn-'(너희들), 'mʉn-'(우리; 배제형)과 같은 일부 n 혹은 r로 끝나는 명사 뒤에 '-wa ~ -wə'가 결합하면 '-awa ~ -əwə'처럼 자음과 자음 사이에 모음조화에 따라 'a, ə'가 첨가된다.

(10)은 지시대명사 'ər'(이것)과 결합된 것이고 (11)은 1인칭 인칭대명사 'bi'(나)의 비자립형 'min-'과 결합된 것이다.47)

아래와 같은 구성 뒤에도 한정 대격이 쓰인다.

(12) bi        sʉ-ni        xəəm(ə)-**wə**-sʉn        jic(<t)-cʉʉ.
I(1SG)   you(PL)-GEN   meal-ACC-2PL.POSS   eat-PST.1SG
나/내가 너희들의 밥을 먹었다. (lit. 나 너희의 밥-을-너희 먹었다.)

(13) bi        si-ni        ə-dʉ        nʉʉggii-c(i)
I(1SG)   you(SG)-GEN   this-DATL   move.to-CVB
əm(ə)-səə-**wə**-si        ə-sʉʉ        saa-ra.
come-PTCP.PST-ACC-2SG.POSS   NEG-PST.1SG   know-PTCP.NPST
나(는) 네가 여기에 이사 온 것을 몰랐다.
(lit. 나 너의 여기에 이사하고 오-ㄴ-을-너 알지 못했다.)

(12)는 'sʉ-ni xəəmə'(너희들의 밥), (13)은 'si-ni ə-dʉ nʉʉggii-c(i) əm(ə)-səə'(네가 여기에 이사 온 것) 뒤에 한정 대격 '-wə'가 결합되어 있고 그 뒤에 다시 소유인칭표지가 결합되어 있다.

의문대명사 중에서 특이하게도 'awu'(누구)만 한정 대격과 바로 결합하여 쓰일 수 있다. 나머지 'oondi'(어떤), 'uxun'(무엇), 'iiyə'(어느), 'adi'(수량이 적은 '몇'), 'ooxi'(수량이 많은 '얼마') 등은 (14), (15), (16)과 같이 한정 대격 뒤에 3인칭 소유인칭표지가 붙어 '그 중에서 …을'이라는 의미로 쓰이게 된다.48)

(14) si        awu-**wa**/*-i        gələə-nəə-ji-ndi?
you(SG)   who-ACC/*-INACC   search-PURP.MOTION-PROG-2SG

47) 인칭대명사 중에서 'bi'(나), 'si'(너), 'bʉ'(우리; 배제형), 'sʉ'(너희들)가 주격 외의 격표지와 결합할 때 비자립형 'min-', 'sin-', 'mʉn-', 'sʉn-'으로 바뀐다.

48) 'oondi'(어떤), 'uxun'(무엇), 'adi'(수량이 적은 '몇'), 'ooxi'(수량이 많은 '얼마') 뒤에 비한정 대격이 결합하는 용법은 5.1.2에서 다루겠다.

너(는) 누구(를) 찾으러 가고 있어? (lit. 너 누구를 찾으러 가고 있어?)

(15) si tiinʉg is(i)-səə bitəg(ə)-ni
you(SG) yesterday look-PTCP.PST book-GEN
oondi-**wo**-n ga-saa-si?
what.kind.of-ACC-3POSS buy-PST-2SG
너/네가 어제 본 책의 어느 것을 샀느냐?
(lit. 너 어제 본 책의 어느 것-을-그 중에서 샀어?)

(16) uxun-**ba**-n ə-ji-ndi gʉʉrʉʉ-rə?
what-ACC-3POSS NEG-PROG-2SG understand-PTCP.NPST
무엇을 이해 못하느냐?
(lit. (누군가가 한 말) 무엇-을-그 중에서 이해 못하느냐?)

(17) miti iiyə-**wə**-n gada-tti?
we(INCL) which-ACC-3POSS buy-1PL.INCL
우리(는) 어느 것을 살까? (lit. 우리 어느 것-을-그 중에서 살까?)

(14)는 'awu'(누구) 뒤에 한정 대격이 결합 가능하지만 비한정 대격이 결합 불가능하다는 것을 보여 주는 예이다. (15), (16), (17)은 각각 'oondi'(어떤), 'uxun'(무엇), 'iiyə'(어느) 뒤에 한정 대격과 3인칭 소유인칭표지가 결합되어 '그 중에서 …을'이라는 의미로 쓰인 예이다. 'awu'(누구)도 'awu-wa-n'(그 중에서 누구를)처럼 쓰일 수 있다.

형용사와 수사의 경우는 한정 대격과 결합할 때, 뒤에 3인칭 소유인칭표지가 결합하느냐에 따라 가리키는 대상의 의미가 달라진다. (18ㄱ)과 같이 한정 대격만 결합하면 선택의 여지가 없는 '그 … 을'을 가리킬 때 쓰이고 (18ㄴ)과 같이 한정 대격 표지 뒤에 3인칭 소유인칭표지가 결합하면 '그 중에서 … 을'과 같이 선택 혹은 전체-부분의 의미로 쓰인다. 예는 아래와 같다.

(18) ㄱ. min-dʉ ulari̲n̲-̲**b̲a̲** bʉʉ-xə.
I(1SG)-DATL red-ACC give-2SG.IMP
나에게 빨간 것을 줘라. (lit. 나에게 빨강을 줘라.)

ㄴ. bi ularin-**ba**-n ga-suu.
I(1SG) red-ACC-3POSS buy-PST.1SG
나는 빨간 것을 샀다. (lit. 나 빨강-을-그 중에서 샀다.)

(19) ㄱ. Mandi tar elan-**ba** əər(i)-səə-ø.
Mandi that three-ACC call/read.aloud-PST-3
만디가 그 세 사람을 불렀다. (lit. 만디 그 셋을 불렀다.)

ㄴ. bi ga-saa bitəg(ə)-ni-wi elan-**ba**-n
I(1SG) buy-PTCP.PST book-GEN-SG.REFL three-ACC-3POSS
isi-m ət(ə)-sʉʉ.
look-CVB finish-PST.1SG
나는 내가 산 책의 세 권을 다 읽었다.
(lit. 나 산 책의-나 셋-을-그 중에서 읽고 끝냈다.)

(18ㄱ), (19ㄱ)은 각각 'ularin'(빨간)과 'elan'(셋)에 한정 대격 '-ba'가 결합된 예이고 (18ㄴ), (19ㄴ)은 각각 'ularin'(빨간)과 'elan'(셋)에 'ACC-3POSS'가 결합된 예이다. (18ㄱ)의 'ularin-ba'(빨간 것을)는 선택의 여지가 없이 빨간 것만 있을 때 쓸 수 있다. (19ㄱ)의 'elan-ba'(셋을/세 사람을) 역시 선택의 여지가 없이 그 세 사람이 있을 때 쓸 수 있다. 이에 비하여 (18ㄴ)의 'ularin-ba-n'은 여러 개가 있는 것 중에서 빨간 것을 선택하였다는 의미가 드러난다. (19ㄴ)도 '내가 산 책 중에서 세 권을/셋을'이라는 선택 혹은 전체-부분의 의미가 드러난다.

특정적인 수식을 받는 명사구나 절 뒤에는 반드시 한정 대격이 쓰인다. 이때 관형절 주어의 인칭을 표시하기 위해 한정 대격 뒤에 소유인칭표지가 붙는데, 이에 대한 자세한 논의는 7.1.1에서 다룬다.

(20) bi Mandi-ni ga-saa baran bitəg(ə)-**w**ə-n/*-i

I(1SG) Mandi-GEN buy-PTCP.PST many book-ACC-3POSS/*-INACC
əmʉʉ-sʉʉ.
bring-PST.1SG
나(는) 만디가 산 많은 책을 가져왔다.
(lit. 나 만디의 산 많은 책-을-그 사람 가져왔다.)

(20)의 'bitəgə'(책)는 관형절의 수식을 받으므로 한정 대격이 쓰인다. 이때 관형절의 주어는 3인칭이기 때문에 한정 대격 '-wə' 뒤에 3인칭 소유인칭표지 '-n'이 결합한 것이다.

인명이나 지명도 구체적이고 특정적인 대상을 가리킨다. 따라서 인명이나 지명 뒤에는 한정 대격이 쓰인다.

(21) ㄱ. bi Mandi-**wa**/*-i gələə-nəə-gədi.
I(1SG) Mandi-ACC/*-INACC search-PURP.MOTION-1SG.VOL
나(는) 만디(를) 찾으러 갈게. (lit. 나 만디를 찾으러 갈게.)
ㄴ. bʉ Ulan-Bulaga-**wa**/*-i nʉcci-səə-mʉn.
we(EXCL) Olan-Bolaga-ACC/*-INACC pass-PST-1PL.EXCL
우리(는) 올란뿔락을 지났다. (lit. 우리 올란뿔락을 지났다.)

(21ㄱ)은 인명 'Mandi'(만디)에 한정 대격이 결합된 예이고 (21ㄴ)은 지명 'Ulan-Bulaga'(올란뿔락)에 한정 대격이 결합된 예이다. (21)에서 인명과 지명 뒤에 비한정 대격이 결합할 수 없음을 확인할 수 있다.

또한 (22)와 같이 '개구리를/개구리라는 것을 러시아어로 뭐라고 하느냐?'처럼 '…라는 것을/…을'이라고 메타언어적으로 쓰일 때에도 한정 대격이 쓰인다.

(22) ərixi-**wə**/*-i Luuta-ji uxun gʉnə-n?
frog-ACC/*-INACC Russia/Russian-INST what say-3
개구리를/개구리라는 것을 러시아어로 뭐라고 하느냐?
(lit. 개구리를 러시아어로 뭐 말해?)

마지막으로 복수표지 '-səl'은 대격과 결합할 때 한정 대격 혹은 한정 대격과 인칭표지와 결합해야 한다는 특이성이 있다.

(23) bi baran bitəgə-**i**/*bitəg(ə)-**səl**-**i** ga-suu.
I(1SG) many book-INACC/*book-PL-INACC buy-PST.1SG
나/내가 많은 책을 샀다. (lit. 나 많은 책을 샀다.)

(24) Mandi bitəgə-**i**/-**wə** dagga-saa-ø.
Mandi book-INACC/-ACC burn-PST-3
만디가 (아무) 책을/(그) 책을 태웠다. (lit. 만디 (아무) 책을/(그) 책을 태웠다.)

(25) Mandi bitəg(ə)-**səl**-**wə** dagga-saa-ø.
Mandi book-PL-ACC burn-PST-3
만디가 책들을 태웠다. (lit. 만디 책들을 태웠다.)

(26) Mandi bitəg(ə)-**səl**-**wi** dagga-saa-ø.
Mandi book-PL-SG.REFL burn-PST-3
만디(가) 자신의 책들을 태웠다. (lit. 만디 책-들-그 사람 태웠다.)

(27) si mi-ni baran bitəg(ə)-**səl**-**wəyə** ilə nəə-səə-si?
you(SG) I(1SG)-GEN many book-PL-1SG.POSS where put-PST-2SG
너/네가 나의 많은 책들을 어디(에) 두었느냐?
(lit. 너 나의 많은 책-들-나 어디에 두었느냐?)

(23)은 'baran bitəgə'(많은 책)에 비한정 대격이 결합한 예이다. 그러나 이때 복수표지 '-səl'이 쓰이면 비한정 대격이 어울리지 못한다. (24)는 비한정 대격과 한정 대격이 모두 쓰일 수 있는 예인데 비한정 대격이 쓰이면 '아무 책을/책 아무거나 태웠다'는 뜻을 나타내고 한정 대격이 쓰이면 화자와 청자가 모두 아는 특정적인 '그 책을 태웠다'는

뜻을 나타낸다. (25)는 복수표지 뒤에 한정 대격이 쓰인 예이다. (26)은 복수표지 뒤에 재귀소유인칭표지가 결합한 예이고, (27)은 복수표지 뒤에 소유인칭표지가 결합한 예이다.

### 5.1.2. 비한정 대격(indefinite accusative)

비한정 대격은 '-i; -ya/-a'에 의해 실현된다. 이는 'xəəmə-i jittə-n'(밥을 먹다); 'mʉʉ-i ima-ran'(물을 마시다)과 같이 구체적이지 않고 불특정적인 대상일 때 쓰인다.[49] 또한 비한정 대격은 대상이 처음 언급되거나, 불특정하거나, 일반적인 진술일 때 사용된다.

(28) ㄱ. bi xəəmə-**i** jittə-mi.
I(1SG) meal-INACC eat-1SG
나/내가 밥(을) 먹는다. (lit. 나 밥을 먹는다.)

ㄴ. xəəmə-**i** jic(<t)-ci mʉʉ-**i** ima-xa.
meal-INACC eat-CVB water-INACC drink-2SG.IMP
밥(을) 먹고 물(을) 마셔라. (lit. 밥을 먹고 물을 마셔라.)

ㄷ. min-dʉ satan-**(a)** bʉʉ-xə.
I(1SG)-DATL candy/sugar-INACC give-2SG.IMP
나에게 사탕(을) 줘라. (lit. 나에게 사탕을 줘라.)

(28)은 구체적이지 않고 불특정적인 대상인 'xəəmə'(밥), 'mʉʉ'(물), 'satan'(사탕) 뒤에 비한정 대격이 결합한 예이다.

비한정 대격은 한정 대격과는 달리 구체적이지 않고 불특정적인 대

49) 'n'으로 끝나는 명사 뒤에는 모음조화에 따라 '-a ~ -ə ~ -o ~ -ɵ'가 쓰이고 나머지 경우에는 '-i' 혹은 '-ya ~ -yə ~ -yo ~ -yɵ'가 쓰인다. '-ya ~ -yə ~ -yo ~ -yɵ'가 현대에 이르러 '-i'로 표현하는 경우가 많아졌다. 한편, 'n'으로 끝나는 명사와 'i'로 끝나는 명사 뒤에 비한정 대격이 잘 들리지 않거나 탈락되는 경우가 있지만 본서에서는 일단 모두 표시하겠다.

상과 결합하므로 지시대명사나 인칭대명사, 인명, 지명, 복수표지 뒤에 결합하지 못한다. 의문대명사 중에서 'awu'(누구)와는 결합할 수 없고, 'adi'(수량이 적은 '몇'), 'ooxi'(수량이 많은 '몇'), 'uxun'(무엇) 뒤에 바로 결합하여 쓰일 수 있다.

(29) ㄱ. sʉ xunin-**(a)** adi-**(i)** /adi xunin-**(a)**
you(PL) sheep-INACC how.many-INACC/how.many sheep-INACC
ʉʉnii-səə-sʉn?
sell-PST-2PL
너희들(이) 양을 몇 마리를/몇 마리 양을 팔았느냐?
(lit. 너희 양을 몇을/몇 양을 팔았느냐?)

ㄴ. si mi-ni nʉxʉn-dʉ-wəyə
you(SG) I(1SG)-GEN younger.sister/brother-DATL-1SG.POSS
uxun-**(a)** bʉʉ-səə-si?
what-INACC give-PST-2SG
너(는) 내 동생에게 뭐/무엇을 주었어?
(lit. 너 내 동생에게-나 무엇을 주었어?)

(29ㄱ)은 'adi'(수량이 적은 '몇')가 쓰인 예인데 'adi'가 'xunin-a adi-i'(양을 몇 마리를)와 같이 명사 뒤에 쓰일 때는 비한정 대격이 결합되고 'adi xunin-a'(몇 마리 양을)와 같이 명사 앞에 쓰일 때는 비한정 대격이 쓰이지 않는다. (29ㄴ)은 'uxun'(무엇) 뒤에 비한정 대격이 결합한 예이다.

비한정 대격이 결합하는 목적어 앞에 수식어가 올 수는 있지만 구체적이고 특정적인 수식어가 아닌 일반적인 수식어가 온다.

(30) ㄱ. Mandi baran bitəgə-**i** ga-saa-ø.
Mandi many book-INACC buy-PST-3
만디(가) 많은 책을 샀다. (lit. 만디 많은 책을 샀다.)

ㄴ. ikkin unta-**i** ga-suu.

new shoes-INACC buy-PST.1SG
나/내가 새 신발(을) 샀다. (lit. (나) 새 신발을 샀다.)
ㄷ. miti anta(<n)-si xəəmə-**i** oo-gori.
we(INCL) taste-PROP meal-INACC do/become-HORT
우리(가) 맛있는 밥(을) 만들자. (lit. 우리 맛있는 밥을 만들자.)

(30)의 목적어들은 각각 'baran'(많은), 'ikkin'(새), 'anta(<n)-si'(맛있는)와 같은 수식어의 수식을 받고 있는데, 이들은 특정적이지 않고 일반적인 성격을 띠므로 비한정 대격과 어울릴 수 있다.

목적어 뒤에 수사나 형용사가 쓰여 수량 관계나 하의 관계를 나타낼 때가 있다. 이럴 때 수사나 형용사에도 대격 표지가 결합하여 소위 대격 중출 구문이 형성된다. 이 경우 대격 표지는 비한정 대격만 결합한다. 자세한 논의는 5.3.5 대격 중출 구문에서 다루겠다.

아래와 같은 내포문 구성에서는 비한정 대격이 쓰이지 못한다.

(31) bi Mandi-ni ga-saa baran bitəg(ə)-**w**ə-n/*-**i**
I(1SG) Mandi-GEN buy-PTCP.PST many book-ACC-3POSS/*-INACC
əmʉʉ-sʉʉ.
bring-PST.1SG
나(는) 만디가 산 많은 책을 가져왔다.
(lit. 나 만디의 산 많은 책을-그 사람 가져왔다.)

(31)과 같이 'baran bitəgə'(많은 책)는 이미 특정적인 대상, 즉 '만디가 산 많은 책'이 되었기 때문에 비한정 대격이 쓰이지 못한다.

비한정 대격의 특이한 용법 중의 하나는 명사 부정의 'aasin'(없다)의 경우 (32)처럼 비한정 대격과 쓰인다는 것이다.50) 반면에, 한국어는

50) 하나의 어휘로 쓰일 때는 비한정 대격 표지가 붙지 않는다. (어휘화)
dərəl aasin bəi
face no person
뻔뻔스러운 사람

'없다'의 경우 주격 '-이/가'가 붙어 차이가 있다. 서술어가 '있다/없다'의 경우 한국어는 모두 '-이/가'를 사용하지만 어웡키어는 'bisi-n'(있다)의 경우 주격을 사용하고 'aasin'(없다)의 경우 비한정 대격을 사용한다.

(32) ㄱ. min-dʉ    jʉʉ-**i**    aasin.
I(1SG)-DATL    house/home-INACC    no
나(는) 집이 없다. (lit. 나에게 집을 없다.)

ㄴ. ər    bugu-d(u)    mʉʉ-**i**    aasin.
this    place-DATL    water-INACC    no
이곳에 물이 없다. (lit. 이곳에 물을 없다.)

어웡키어의 한정 대격과 비한정 대격의 용법 차이를 정리하면 아래 표와 같다.

〈표 12〉 한정 대격과 비한정 대격의 용법 차이

| 한정 대격 (accusative) | 비한정 대격 (indefinite accusative) |
|---|---|
| 구체적이고 특정적인 대상 | 구체적이지 않고 불특정적인 대상 |
| 지시대명사 | × |
| 인칭대명사 | × |
| 인명이나 지명 | × |
| 메타언어적 사용 | × |
| 복수표지 | × |
| 인칭표지 | × |
| 의문대명사/수사/형용사 | ○ |
| 절 | ○ |
| 구체적이고 특정적인 수식 | 일반적인 수식 |
| × | 비한정 대격 중출 구문 [~ -INACC ~ -INACC] |
| × | 명사 부정의 'aasin'(없다) |

## 5.2. 한국어의 대격

### 5.2.1. '-을/를'의 한정/비한정 대격 용법

한국어의 대격 표지는 '-을/를' 하나뿐이며 어웡키어의 한정 대격과 비한정 대격처럼 분화되어 있지는 않다. 그렇지만 어웡키어의 관점에서 한국어를 살펴보면 한국어의 대격에도 그러한 용법이 있다는 것을 확인할 수 있다. 이 절에서는 한국어 '-을/를'의 용법을 어웡키어의 한정 대격과 비한정 대격의 관점에서 다루되, '하늘을 날다; 세 시간을 걷다'와 같은 목적격 외의 '-을/를'의 용법은 제외하고자 한다. 아래의 예를 살펴보자.

(33) ㄱ. 철수는 [새 구두]를$_{\mathrm{INACC}}$ 샀다.
ㄴ. 철수는 [어제 산 그 새 구두]를$_{\mathrm{ACC}}$ 신었다.

(34) ㄱ. 누나는 [빨간 종이]를$_{\mathrm{INACC}}$ 자른다.
ㄴ. 누가는 [내가 준 그 빨간 종이]를$_{\mathrm{ACC}}$ 자른다.

(35) ㄱ. 나는 아까 [키가 아주 작은 사람]을$_{\mathrm{INACC}}$ 보았다.
ㄴ. 나는 오늘도 [키가 아주 작은 그 사람]을$_{\mathrm{ACC}}$ 보았다.

위의 예에서는 모두 '-을/를'에 의해 대격이 실현되어 있다. 같은 표지로 실현되므로 이들 예의 '-을/를'의 용법은 모두 같아 보인다. 그러나 어웡키어의 관점에서 보면 (33ㄱ), (34ㄱ), (35ㄱ)에서 쓰인 '-을/를'은 모두 비한정 대격에 속하고 (33ㄴ), (34ㄴ), (35ㄴ)에서 쓰인 '-을/를'은 모두 한정 대격에 속한다. (33ㄱ), (34ㄱ), (35ㄱ)의 경우 '새', '빨간', '키가 아주 작은'은 일반적인 수식이고 '새 구두', '빨간 종이', '키가 아주 작은 사람'은 구체적이지 않고 불특정적인 대상을 가리키기 때문에 비한정 대격 용법으로 쓰인 것이라고 할 수 있다. 반면에 (33ㄴ), (34

ㄴ), (35ㄴ)의 경우 (33ㄱ), (34ㄱ), (35ㄱ)과는 달리 구체적이고 특정적인 수식을 받는 대상이기 때문에 한정 대격 용법으로 쓰인 것이라고 할 수 있다. 즉 피수식어 '구두', '종이', '사람'은 '어제 산 그 새', '내가 준 그 빨간', '그 키가 아주 작은'과 같은 특정적인 수식을 받아 한정된 명사구가 되고 뒤에 오는 대격도 한정 대격 용법으로 쓰인 것이라고 할 수 있다.

한국어의 대격 '-을/를'의 한정/비한정 대격 용법을 어웡키어의 관점에서 정의하자면 비한정 대격은 구체적이지 않고 불특정적인 대상일 때, 일반적인 수식을 받는 대상일 때 쓰인다. 한정 대격은 구체적이고 특정적인 대상일 때 쓰인다. 지시대명사 '이/그/저'의 수식을 받는 대상, 인칭대명사, 인명, 지명, 구체적이고 특정적인 수식을 받는 대상, 화자와 청자가 모두 알고 있는 대상을 가리킬 때 쓰인다.

한국어 '-을/를'의 한정/비한정 대격 용법을 보이면 아래 표와 같다.

〈표 13〉 '-을/를'의 한정/비한정 대격 용법

| 조건 | 비한정 대격 용법 | 한정 대격 용법 |
|---|---|---|
| 대상 | **구체적이지 않고 불특정적인 대상:**<br>[밥]을 먹다; [물]을 마시다 | **구체적이고 특정적인 대상:**<br>[우리가 어제 먹은 그 밥]을 또 먹고 싶다. |
| 지시대명사 | × | 우리가 [[그] 집]을 사자. |
| 인칭대명사 | × | 네가 [나]를 불렀어? |
| 인명; 지명 | × | 너, [철수]를 알아?<br>[서초]를 지났어. |
| 수식 | **일반적인 수식:**<br>나는 [[맛있는] 밥]을 먹었다.<br>철수가 [[새] 구두]를 샀다. | **구체적이고 특정적인 수식:**<br>나는 [[어머니가 해 주신 맛있는] 밥]을 먹었다.<br>나는 [[철수가 산 새] 구두]를 신었다. |

한국어의 '-을/를'의 한정/비한정 대격 용법을 살펴보자. 우선, 비한정 대격 용법에 해당하는 예를 살펴보자.

(36) ㄱ. [물]을$_{INACC}$ 마시다
ㄴ. [밥]을$_{INACC}$ 먹다
ㄷ. [강]을$_{INACC}$ 건너다
ㄹ. [모자]를$_{INACC}$ 쓰다
ㅁ. [개구리]를$_{INACC}$ 찾다
ㅂ. [양치]를$_{INACC}$ 하다
ㅅ. [수영]을$_{INACC}$ 배우다

위의 예에서 보듯이 '물을 마시다', '밥을 먹다', '강을 건너다', '모자를 쓰다' 등에서의 '물', '밥', '강', '모자' 등은 구체적이지 않고 불특정적인 '물', '밥', '강', '모자'를 가리키고 있기 때문에 여기서의 '-을/를'은 비한정 대격 용법으로 쓰였다고 할 수 있다. 아래의 예도 마찬가지이다.

(37) ㄱ. 나에게 [사탕]을$_{INACC}$ 줘.
ㄴ. [집]을$_{INACC}$ 살 생각이다.
ㄷ. 고양이에게 [물]을$_{INACC}$ 먹이자.

(38) ㄱ. 네가 나에게 [계란]을$_{INACC}$ [세 개]를$_{INACC}$ 삶아 다오.
ㄴ. 내가 철수한테서 [바지 두 벌]을$_{INACC}$ 받았다.

(37)에서는 '누구의 사탕', '어느 집', '누구의 물'처럼 구체적이고 특정적인 대상을 가리키지 않고 있기 때문에 '-을/를'이 비한정 대격 용법으로 쓰인 것이라고 할 수 있다. (38)도 마찬가지이다.

다음으로, 한정 대격 용법으로 쓰이는 예를 살펴보자. 아래는 대명사가 목적어가 되는 경우이다. 먼저 인칭대명사와 의문대명사의 예를 살펴보자.

(39) ㄱ. 너희들이 [우리]를$_{ACC}$ 부르면 갈게.
ㄴ. 네가 [나]를$_{ACC}$ 불렀어?
ㄷ. 아버지가 [너희들]을$_{ACC}$ 오라고 하셨다.
ㄹ. 그들은 우리보고 [그들]을$_{ACC}$ 속였대.
ㅁ. 너는 [너만]을$_{ACC}$ 안다.

(40) ㄱ. 너, [누구]를$_{ACC}$ 때렸어?
ㄴ. 너는 [누구]를$_{ACC}$ 찾으러 가고 있어?

(41) ㄱ. [무엇]을$_{INACC}$/뭘$_{INACC}$ 먹지?
ㄴ. [어떤 고기]를$_{INACC}$ 샀어?

(39)는 인칭대명사 뒤에 대격 표지가 결합된 예이다. 인칭대명사는 원래 구체적이고 특정적인 사람을 가리키기 때문에 지칭 대상도 구체적이고 특정적인 대상이 되어 '-을/를'도 한정 대격 용법으로 쓰이게 된다. (40)은 의문대명사 '누구'에 대격 표지가 결합된 예이다. '누구를 때렸어?', '누구를 찾으러 가고 있어?'에서 구체적이고 특정적인 '누구'를 묻는 질문이기 때문에 여기서의 대격 표지도 한정 대격 용법으로 쓰인다고 할 수 있다. 그러나 (41)과 같이 '무엇', '어떤'일 경우, 구체적이고 특정적인 대상을 가리키지 않고 있기 때문에 여기서의 '-을/를'이 비한정 대격 용법으로 쓰이게 된다.

다음은 지시대명사나 인칭대명사의 수식을 받는 명사구에 대격 표지가 결합된 예이다.

(42) ㄱ. 내가 [[이] 책]을$_{ACC}$ 살 것이다.
ㄴ. 우리가 [[그] 집]을$_{ACC}$ 사면 어때?

(43) ㄱ. 내가 [[너의] 물건]을$_{ACC}$ 삼촌을 통해 보낼게.
ㄴ. 나는 [[내] 사탕]을$_{ACC}$ 친구들에게 나누어 줬다.

(44) ㄱ. 도둑이 [창문]을$_{INACC}$ 열고 [돈]을$_{INACC}$ 훔쳤다.
ㄴ. 도둑이 [[우리 집] 창문]을$_{ACC}$ 열고 [[내 가방에 있던] 돈]을$_{ACC}$ 훔쳤다.

(45) ㄱ. 강아지는 [집]을$_{INACC}$ 잘 지킨다.
ㄴ. 그 강아지는 [[주인의] 집]을$_{ACC}$ 잘 지킨다.

(42)는 지시대명사 '이'와 '그'의 수식을 받는 명사구가 목적어로 쓰인 예인데 모두 구체적이고 특정적인 대상을 가리키고 있기 때문에 여기서의 대격 표지도 한정 대격 용법으로 쓰였다고 할 수 있다.[51] '이'와 '그'의 수식이 없으면 '책 아무거나', '집 아무거나'와 같은 구체적이지 않고 불특정적인 대상을 가리키게 된다. (43)의 '너의 물건', '내 사탕'도 구체적이고 특정적인 대상을 가리키고 있기 때문에 한정 대격 용법으로 쓰였다고 할 수 있다. (44)와 (45)에서 한정 대격과 비한정 대격 용법의 차이를 뚜렷하게 느낄 수 있다.

인명과 지명은 원래 구체적이고 특정적인 사람과 장소를 가리키기 때문에 뒤에 오는 '-을/를'도 한정 대격 용법으로 쓰인다.

(46) ㄱ. 철수와 영희가 [영수]를$_{ACC}$ 때렸다.
ㄴ. 나는 [철수]를$_{ACC}$ 찾으러 갈게.
ㄷ. 너, [영희]를$_{ACC}$ 알아?

(47) ㄱ. [서초]를$_{ACC}$ 지났어.
ㄴ. [수원]을$_{ACC}$ 통해 서울에 도착했다.

(46)에서의 '영수', '철수', '영희', (47)에서의 '서초', '수원'은 모두 구체적이고 특정적인 사람과 장소를 가리키기 때문에 여기서의 '-을/를'이 한정 대격 용법으로 쓰였다고 할 수 있다.

51) 장경희(1980:180-182)에서는 지시어 '이, 그, 저'의 명사를 한정하는 한정사 용법을 언급한 바 있다.

다음은 '한국어'와 '칼국수'가 목적어로 쓰인 예이다.

(48) ㄱ. [한국어]를$_{INACC}$ 배우다.
ㄴ. [[한국 사람들이 쓰는] 한국어]를$_{ACC}$ 배우다

(49) ㄱ. [칼국수]를$_{INACC}$ 먹자.
ㄴ. [어머니가 만드신 칼국수]를$_{ACC}$ 먹자.

'한국어'는 고유명사이지만 두 가지 용법으로 쓰일 수 있다. (48ㄱ)과 같이 '물을 마시다', '밥을 먹다'와 마찬가지로 비한정 대격의 용법으로 쓰일 수 있다. 그러나 (48ㄴ)에서 보듯이 '한국 사람들이 쓰는'이라는 구체적이고 특정적인 수식이 있을 경우에는 '한국어'에 결합된 '-를'은 한정 대격 용법으로 쓰이게 된다. (49ㄱ)의 '칼국수'는 구체적인 요리를 가리킬 뿐이고 '누가 만든 특정적인 칼국수'를 가리키지 않는다. 그렇기 때문에 여기서의 '-를'은 비한정 대격 용법으로 쓰인 것이라고 할 수 있다. 그러나 (49ㄴ)과 같이 '어머니가 만드신 칼국수'라고 하면 구체적이고 특정적인 '칼국수'가 되어 뒤에 오는 '-를'도 한정 대격 용법으로 쓰이게 된다.

(50)과 같이 한국어의 대격이 메타언어적으로 쓰일 때에도 한정 대격 용법으로 쓰인다고 볼 수 있다.

(50) ㄱ. [개구리]를$_{ACC}$ 러시아어로 뭐라고 해?
ㄴ. [개구리라는 것]을$_{ACC}$ 러시아어로 뭐라고 해?

수식의 측면에서, 일반적인 수식을 받느냐 구체적이고 특정적인 수식을 받느냐에 따라 대격 용법이 다르게 나타난다. 목적어가 일반적인 수식을 받는 경우, 즉 구체적이지 않고 불특정적인 수식을 받을 때는 아래의 (51ㄱ), (52ㄱ), (53ㄱ), (54ㄱ), (55ㄱ)과 같이 비한정 대격 용법으로 쓰인다. 그러나 목적어가 (51ㄴ), (52ㄴ), (53ㄴ), (54ㄴ), (55ㄴ)과

같이 구체적이고 특정적인 수식을 받을 경우 한정 대격 용법으로 쓰인다.

(51) ㄱ. 우리가 어제 [[맛있는] 밥]을$_{INACC}$ 먹었다.
ㄴ. 우리가 어제 [[철수 어머니가 해 주신 맛있는] 밥]을$_{ACC}$ 먹었다.

(52) ㄱ. 영희가 나에게 [[두꺼운] 이불]을$_{INACC}$ 주었다.
ㄴ. 영희가 나에게 [[자신이 산 두꺼운] 이불]을$_{ACC}$ 주었다.

(53) ㄱ. 나는 [[새] 신발]을$_{INACC}$ 샀다.
ㄴ. 나는 [[철수가 산 새] 신발]을$_{ACC}$ 신고 왔다.

(54) ㄱ. 아버지가 나에게 [[많은] 책]을$_{INACC}$ 사 주셨다.
ㄴ. [[아버지가 나에게 사 주신 많은] 책]을$_{ACC}$ 다 읽었다.

(55) ㄱ. 철수네 가족은 [[삼백 마리] 양]을$_{INACC}$ 키우고 있다.
ㄴ. [[철수네 가족이 키우고 있는 삼백 마리] 양]을$_{ACC}$ 내가 다 샀다.

(51ㄱ)의 '맛있는', (52ㄱ)의 '두꺼운', (53ㄱ)의 '새', (54ㄱ)의 '많은', (55ㄱ)의 '삼백 마리'는 구체적이지 않고 불특정적인 수식이기 때문에 (51ㄱ), (52ㄱ), (53ㄱ), (54ㄱ), (55ㄱ)에서의 '-을/를'은 비한정 대격 용법으로 쓰였다고 할 수 있다. 반면에 (51ㄴ)에서의 '철수 어머니가 해 주신', (52ㄴ)에서의 '자신이 산 두꺼운', (53ㄴ)에서의 '철수가 산 새', (54ㄴ)에서의 '아버지가 나에게 사 주신 많은', (55ㄴ)에서의 '철수네 가족이 키우고 있는 삼백 마리'는 구체적이고 특정적인 수식이기 때문에 (51ㄴ), (52ㄴ), (53ㄴ), (54ㄴ), (55ㄴ)에서의 '-을/를'은 한정 대격 용법으로 쓰였다고 할 수 있다.

아래와 같은 예도 살펴보자.

(56) ㄱ. [[저쪽에 있는] 집]을$_{ACC}$ 봤어?

ㄴ. 나는 [[이 책의] 5분의 1]을$_{ACC}$ 읽었다.

(56ㄱ)은 구체적인 위치가 있는 경우이고 (56ㄴ)은 분수사의 경우인데 '-을/를'은 모두 한정 대격 용법으로 쓰여야 한다.

### 5.2.2. '-을/를'과 ø의 대립

한국어의 대격 표지는 구어체에서 생략되어 쓰일 수 있다. 생략할 수 있는 경우와 생략되지 않는 경우에 대해서는 한국어 모어 화자가 아니면 구별하기 매우 어렵다. 생략이 가능한 것과 가능하지 않은 것은 형식이 다른 만큼 의미도 다르다. 여기서는 차별적 목적어 표시의 관점에서 한국어의 '-을/를'과 ø를 살펴보겠다.

한국어의 구어체에서는 목적어에 반드시 '-을/를'이 표시되어야 하는 것은 아니다. 아래와 같이 대격이 ø로 나타날 때가 있다.

(57) ㄱ. 진라면ø 주세요. (편의점 직원에게 처음 말할 때)
ㄴ. 진라면을 주세요. (편의점 직원이 잘못 듣고 신라면을 주었을 때)

(57ㄱ)은 ø로 표시되어 있고 (57ㄴ)은 대격 '-을'로 표시되어 있다.

한편 한국어에서 선택의 의미를 나타낼 때 아래와 같이 '-로'를 사용하는 경우도 있다.

(58) 진라면으로 주세요.

이러한 '-로'에 대해서 이희자·이종희(2014:704-705)에서는 [선택되는 대상임을 나타내는 말에 붙어] '-을 (골라서)'의 뜻이라고 풀이하고 아래와 같은 예를 들고 있다.

(59) ㄱ. 농민들은 우량미로 골라 수출하곤 한다.
ㄴ. 아기한테는 연하고 부드러운 것으로 잘 선택해서 줘야 한다.
ㄷ. 나는 우리 학교 대표로 뽑혀 태권도 대회에 나갔다.
ㄹ. 새로 만든 차 이름을 뭘로 정했어?
ㅁ. 이걸로 주세요.
ㅂ. 전 물냉면으로 하겠어요.
ㅅ. 비즈니스 클래스로 예약하겠어요.

(59)와 같은 선택의 '-로'는 어웡키어에서는 한정 대격, 한정 대격에 3인칭 소유인칭표지가 결합한 'ACC-3POSS', 도구격 혹은 도구격 뒤에 3인칭 소유인칭표지가 결합한 'INST-3POSS' 등으로 나타난다. 서술어가 'suŋgu-ron'(선택하다, 고르다)일 경우, 한정 대격 혹은 'ACC-3POSS'가 쓰인다. 눈앞에 보이는 물건을 보면서 'əyyə-wə bʉʉ-xə'(이것을 주세요)일 때는 한정 대격이 쓰이고, 'əyyə-wə-n bʉʉ-xə'(이걸로 주세요)일 때는 한정 대격 뒤에 3인칭 소유인칭표지가 결합한 'ACC-3POSS'가 쓰인다. 한편, '여럿 중에서/그 중에서 …을'이라는 선택 혹은 전체-부분의 의미는 한정 대격에 3인칭 소유인칭표지가 결합한 'ACC-3POSS'으로 표현된다. 이밖에 서술어가 'suŋgu-wu-ron'(뽑히다), 'totto-ron'(정하다)일 때는 도구격 혹은 도구격 뒤에 3인칭 소유인칭표지가 결합된 'INST-3POSS'가 쓰인다. 이때 3인칭 소유인칭표지가 결합하면 선택의 의미를 나타낸다.

기존의 연구에서 '-을/를' 유무와 관련해서 '-을/를'의 실현이 '강조'나 '대조적 강조'를 나타내는 것으로 분석되어 왔다. 고석주(2004:229)에서는 발화 상황에서 행위의 대상이 유일한 것으로 파악되는 경우에 '-를'이 쓰이지 못한다는 사실은, '-를'이 의미가 없는 '격표지'이기 때문에 생략된 것이 아니라, '-를'의 '선택 지정'이라는 의미가 발화 맥락에서 파악되는 의미와 상충되기 때문에 쓰이지 못하는 것으로 분석해야 한다고 하였다. 아래와 같은 예를 들고 있다.

(60) ㄱ. (못 보던 옷을 보고) 너 새 옷-{??#을; ø} 샀구나.
ㄴ. 응, (나) 새 옷-{??#을; ø} 샀어.
ㄷ. 아니, (나) 새 옷-{??#을; ø} 안 샀어.

(61) ㄱ. (전화 통화에서) 내가 지금 너-{??#를; ø} 보러 갈게.
ㄴ. 이거-{??#를; ø} 어떻게 먹어?

고영근·구본관(2008:294)에서 아래와 같은 예를 '초점'으로 설명하고 있다.

(62) 갑: 너는 무슨 과일을 좋아하니?
을: 나는 <u>사과를</u> 가장 좋아한다.

(62)의 '사과를'은 초점을 받는 예이고 초점을 받을 때에는 목적격조사가 소거될 수 없다고 하였다.

신현숙(1982:138)에서는 /-ø/와 /-를/을 대립시켜 이들의 대립 관계를 아래와 같이 설명하고 있다.

(63) /-ø/ : 화자와 청자의 공통영역 속에 있는 정보를 전하므로 '주의집중'이 필요없음을 뜻한다.
/-를/ : 청자의 영역에 새로 도입하거나, 대조에 초점을 맞추거나, 화제의 초점을 전하기 위해 '주의집중'이 필요함을 뜻한다.

이남순(1988)은 격표지는 의미초점을 위한 표지라고 하였다. 전영철(2005; 2013)에서도 역시 한국어의 대격 표지를 초점을 나타내는 표지로 간주하고 있다. 전영철(2005; 2013)에서는 터키어와 같은 맥락에서 대격 표지가 특정성을 나타낸다고 주장한 김대빈(1992), 이원빈·조성은(2003), 이두원(2005)와 스페인어의 전치사 'a'의 용례를 한국어의 대응 문장과 비교하여 한국어의 대격 표지가 특정성 표지라고 주장한 이원빈·조성은(2003), 이만기(2005)를 비판하고 있다. 이희자·이종희

(2014:728)와 『(연세) 한국어사전』에서는 아래와 같은 예를 제시하여 '-를'이 쓰이게 되면 선택하거나 지정하여 말하는 의미가 첨가된다고 하고 있다.

(64) ㄱ. 밥ø 안 먹을래.
　　ㄴ. 밥을 안 먹을래.
(65) ㄱ. (가게에서) 사과ø 주세요.
　　ㄴ. (가게에서) 사과를 주세요.
(66) ㄱ. 오늘은 누구ø 만나니?
　　ㄴ. 오늘은 누구를 만나니?　　　이상 이희자·이종희(2014)

(67) ㄱ. 오늘은 밥을 안 먹을래.
　　ㄴ. 다른 것 말고 사과를 주세요.
　　ㄷ. 오늘은 누구를 만나니?　　　이상 『(연세) 한국어사전』

그러나 차별적 목적어 표시가 있는 언어인 스페인어나 터키어의 관점을 한국어의 대격 분석에 도입한 것에도 의의가 있다고 본다. 한국어의 대격도 한정 목적어일 때 '-을/를'이 쓰이고 비한정 목적어일 때는 ø로 나타난다고 할 수 있다. 아래와 같은 예에서도 '-을/를'과 ø 격표지의 차이를 볼 수 있다.

(68) 엄마: 밥 먹자!
　　아기: 과자 먹을래요.
　　엄마: 밥 시간에 무슨 과자를 먹어?! 밥을 먹어야지!

(69) ㄱ. 밥 먹다가 어딜 가?
　　ㄴ. 뭘 했길래 그렇게 땀을 흘려?

한국어 구어체에서 대격 표지 유무에 따라 아래와 같이 의미가 다르게 나타나는 경우가 있다. ø 격표지는 순수한 질문을 할 때 쓰이지만 '-을/를'은 무엇에 대해 따질 때 쓰인다.

(70) ㄱ. 뭐 봐? : 뭘 봐?
ㄴ. 어디 봐? : 어딜 봐?
ㄷ. 누구 만나? : 또 누굴 만나?
ㄹ. 어디 가? : 또 어딜 가?

## 5.3. 두 언어의 대격 표지 대조 분석

### 5.3.1. 대격 표지 의미 대조

한국어의 대격 표지 '-을/를'은 목적격 조사라고도 불리며, 매우 다양한 의미와 용법으로 쓰인다.52) 『표준국어대사전』에서의 '-을/를'의 뜻풀이와 예를 제시하면 아래와 같다. 사전에서 굵은체로 제시된 것을 여기서는 밑줄로 제시하겠다.

(71) [1]

1. 동작이 미친 직접적 대상을 나타내는 격 조사.
(책을 읽다/손을 잡히다/밥을 먹다)
2. 행동의 간접적인 목적물이나 대상임을 나타내는 격 조사.
(이 시계는 동생을 주어라.)
3. 어떤 재료나 수단이 되는 사물임을 나타내는 격 조사.
(휘파람을 신호로 해서 그를 불렀다.)
4. '가다', '걷다', '뛰다' 따위의 이동을 표시하는 동사와 어울려서 동작이 이루어지는 장소를 나타내는 격 조사. (어제는 하루 종일 백화점을 돌아다녔다.)
5. '가다', '오다', '떠나다' 따위의 동사들과 어울려 이동하고자 하는 곳

52) 5.3에서는 목적격과 목적격 외의 용법도 다루겠다.

을 나타내는 격 조사. (시장을 가다/직장을 다니다/소년은 매주 절을 갔다.)

6. '가다', '오다' 따위와 함께 쓰여, 그 행동의 목적이 되는 일을 나타내는 격 조사. (등산을 가다/마중을 가다/구경을 가다/여행을 오다.)
7. 행동의 출발점을 나타내는 격 조사.
   (서울을 출발한 새마을호/고향을 떠나다)
8. 어떤 행동이 비롯되는 곳 또는 그 일을 나타내는 격 조사.
   (자정을 기준으로 시간을 정하다)
9. 동작 대상의 수량이나 동작의 순서를 나타내는 격 조사.
   (어제는 열 시간을 잤다.)
10. 동족 목적어가 행위의 목적이 됨을 나타내는 격 조사.
   (잠을 자다/춤을 추다/꿈을 꾸다)

[2]
(조사 '에, 으로', 연결 어미 '-아, -게, -지, -고', 일부 부사 뒤에 붙어) 강조하는 뜻을 나타내는 보조사.
너는 어쩌자고 혼자 시장에를 갔니?
아무리 해도 흥분이 가라앉지를 않았다.
화만 내지 말고 내 말도 좀 들어를 보세요.
잊고를 싶어도 잊히지 않는 사람이 있다.
네가 먹고 싶은 대로 맘껏을 마셔라.

어웡키어의 대격은 두 가지로 나누어지지만 의미와 용법은 한국어의 대격보다는 제한적이다. 한국어의 '-을/를'에 관한 뜻풀이와 예 중에서 어웡키어의 대격에 잘 대응되는 것은 1번과 10번뿐이고, 4번, 6번, 9번 중에서 일부 예만 가능하다. 나머지 용법은 대격이 아닌 다른 격표지로 표시된다. 두 언어의 대격 표지 용법을 살펴보자.

(72) ㄱ. 책을 읽다.
ㄴ. bitəgə-**i** isi-rən.
book-INACC look-3

책을 읽다. (lit. 책을 보다.)

(73) ㄱ. 밥을 먹다.
ㄴ. xəəmə-**i** jittə-n.
meal-INACC eat-3
밥을 먹다. (lit. 밥을 먹다.)

(74) ㄱ. 철수(가) 이 책(을) 샀대.
ㄴ. Colsʉ əyyə bitəgə-**wə** ga-suu gʉnə-n.
Chulsoo this book-ACC buy-PST.1SG say-3
철구(가) 이 책(을) 샀대. (lit. 철수 이 책을 샀다 했다.)

(72), (73), (74)는 두 언어의 대격 표지의 사용 양상을 보인 예이다. (72ㄱ), (73ㄱ), (74ㄱ)에서의 '책', '밥', '이 책'은 타동사 '읽다', '먹다', '사다'의 목적어로 '-을/를'과 결합된 것이다. 어웡키어도 마찬가지로 타동사문의 목적어 뒤에 대격 표지가 결합된다. 그러나 어웡키어는 한정성에 따라 (72ㄴ), (73ㄴ)과 같이 구체적이지 않고 불특정적인 대상을 가리킬 때는 비한정 대격 '-i'가 쓰이고, (74ㄴ)과 같이 구체적이고 특정적인 대상일 때는 한정 대격 '-wə'가 쓰인다. 이처럼 어웡키어는 한정과 비한정 대격 두 가지로 나뉠 뿐 주된 용법은 한국어의 대격과 같다고 할 수 있다. 요약하자면, 한국어와 어웡키어의 대격은 주로 타동사문의 목적어일 때 쓰인다는 공통점이 있다.

### 5.3.2. 동족목적어

어웡키어도 한국어의 '잠을 자다, 꿈을 꾸다, 춤을 추다'와 같은 동족목적어 구문에 대격이 쓰인다. 그러나 두 언어의 동족목적어는 아래 표와 같이 같을 때도 있고 다를 때도 있다.

〈표 14〉 두 언어의 동족목적어 대응 양상

| 종류 | 한국어 | 어웡키어 |
|---|---|---|
| 1 | 잠을 자다 | aasin-an (자다) |
| | 꿈을 꾸다 | tuŋkasii-ran (꿈꾸다) |
| 2 | 춤을 추다 | taansa-**i** taans(a)-laa-ran (lit. 춤을 춤추다) |
| | 그림을 그리다 | jurugu-**i** juri-ran (lit. 그림을 그리다) |
| 3 | 모자를 쓰다 | aagun-**(a)** aagu(<n)-laa-ran (lit. 모자를 모자하다) |
| | 노래를 부르다 | doo-**i** doo-loo-ron (lit. 노래를 노래하다) |
| | 안경을 쓰다 | saracci-**(i)** saracci-laa-ran (lit. 안경을 안경하다) |
| | 허리띠를 매다 | təlgi-**(i)** təlgii-ləə-rən (lit. 허리띠를 허리띠하다) |
| | 목도리를 두르다 | xəəməcci-**(i)** xəəməcci-ləə-rən (lit. 목도리를 목도리하다) |
| | 장갑을 끼다 | bəələ-**i** bəə-ləə-rən (lit. 장갑을 장갑하다) |

<표 14>에서 보듯이 한국어와 어웡키어의 동족목적어의 일부는 같고 일부는 다르게 나타난다. '1'의 경우, 한국어의 '잠을 자다', '꿈을 꾸다'는 어웡키어에서는 'aasin-an'(자다), 'tuŋkasii-ran'(꿈꾸다)과 같이 자동사로만 표현된다. '2'는 한국어의 '춤을 추다', '그림을 그리다'와 어웡키어의 'taansa-i taans(a)-laa-ran', 'jurugu-i juri-ran'과 같이 동족목적어를 취하는 구문으로 표현된다. 그러나 '3'의 경우는 좀 다르다. 한국어에서 '모자를 쓰다', '노래를 부르다', '안경을 쓰다' 등은 동족목적어로 나타나지 않지만 어웡키어에서는 모두 동족목적어로 나타난다. 주로 착용 동사에서 이러한 쓰임이 나타난다. 명사 어근 'aagun'(모자), 'doo'(노래), 'saracci'(안경) 등이 타동사의 어근이 되고 다시 동사 파생 접사 '-laa-'가 결합하여 타동사를 만든다.[53] 이때 목적어에는 한

53) 어웡키어에는 'ədin ədin-ən'(바람 불다), 'udun udun-on'(비 내리다), 'imanda iman-an'(눈 내리다), 'saŋan saŋan-an'(연기 나다) 등과 같은 동족주어를 가

정성에 따라 한정/비한정 대격이 결합된다.

### 5.3.3. 이동 동사의 경우

한국어의 대격은 타동사문의 목적어 외에 '가다', '오다', '떠나다', '돌아다니다', '지나다' 등의 이동 동사의 목적어로 쓰일 수 있는 특수한 용법이 있다. 그러나 어웡키어는 몇 개의 이동 동사만 대격을 허용한다.

(75) ㄱ. 백화점을 돌아다니다
ㄴ. xocco-**i** təxəər-rən
shop-INACC turn-3
상점을 돌다 (lit. 상점을 돌다/돌아다니다/구경하다)

(76) ㄱ. 양떼를 돌다.
ㄴ. otoro-**i** əggi-rən
a.flock.of.sheep-INACC go.around/look.back-3
양떼를 돌다. (lit. 양떼가 있는 곳을 돌다. → 보고 오는 것/살피는 것)

(77) ㄱ. 우리(는) 올란뿔락을 지났다.
ㄴ. bʉ Ulan-Bulaga-**wa** nʉcci-səə-mʉn.
we(EXCL) Olan-Bolaga-ACC pass-PST-1PL.EXCL
우리(는) 올란뿔락을 지났다. (lit. 우리 올란뿔락을 지났다.)

어웡키어의 이동 동사 중에서 (75ㄴ), (76ㄴ)에서의 'təxəər-rən'(돌다; 돌아다니다; 구경하다)과 'əggi-rən'(뒤로 돌다; 보다; 살피다)이 대격을 취하고 한정성에 따라 한정/비한정 대격이 결합된다. (77ㄴ)의

---

진 자동사가 있다.

'nʉcci-rən'(지나다; 지나가다)도 대격을 취하는 동사이고 구체적인 장소 명사와 쓰이기 때문에 장소 명사는 한정 대격과 결합한다.

한국어에서는 '학교를 가다; 회사를 다니다'에서의 '가다; 다니다'와 같은 이동 동사들이 어떤 행위를 반복적으로 또는 습관적으로 함을 나타낼 때 장소 명사에 '-을/를'이 쓰일 수 있다. 한편 어웡키어의 'ʉli-rən'(가다; 떠나다)은 일회적인 행위를 할 때도 쓰이고 반복적인 행위를 할 때도 쓰인다. 'ʉli-'(가-; 떠나-) 뒤에 진행의 '-ji-'가 결합한 'ʉl(i)-ji-rən'도 일회적인 행위와 반복적인 행위를 나타낼 때 쓰일 수 있다. 하지만 이들 동사의 앞에 오는 장소 명사에는 한국어와 같이 대격 표지가 결합하지 못하고 여처격 표지만 결합한다. 예를 들면 아래와 같다.

(78) ㄱ. 나는 학교를 가게 되었다.
ㄴ. bi surgul-**d(u)** ʉli-r oo-suu.
I(1SG) school-DATL go(from.here)-PTCP.NPST become/do-PST.1SG
나는 학교를 가게 되었다. (lit. 나 학교에 다니게 되었다.)

(79) ㄱ. 학교를 가다
ㄴ. surgul-**d(u)** ʉl(i)-ji-rən.
school-DATL go(from.here)-PROG-3
학교를 가다. (lit. 학교에 가고 있다/다니고 있다.)

한국어는 (78ㄱ)과 (79ㄱ)과 같이 '가다' 앞에 오는 장소 명사에는 대격 표지가 결합할 수 있지만 어웡키어는 결합할 수 없다. (78ㄴ)과 같이 'ʉli-'(가-) 뒤에 '-r oo-'(-게 되-)가 오면 반복적인 행위를 나타내게 되고 장소 명사 뒤에는 여처격 표지가 결합된다. (79ㄴ)의 'surgul-d(u) ʉl(i)-ji-rən'은 '지금 학교에 가고 있다'와 '학교를 다니고 있다'라는 두 가지 의미로 해석된다. 이때도 장소 명사 뒤에 여처격 표지가 결합된다.

## 5.3.4. 기타 동사의 경우

한국어는 아래와 같이 수여 동사의 앞이나 시간, 거리를 나타내는 명사 뒤에 대격이 쓰일 때도 있다.

(80) ㄱ. 이 시계는 동생을 주어라.

ㄴ. ər saga-wa nʉxʉn-di(<-**dʉ**-wi)
this hour/watch-ACC younger.brother/sister-DATL-SG.REFL
bʉʉ-xə.
give-2SG.IMP
이 시계는 동생을 주어라. (lit. 이 시계를 동생-에게-너 주어라.)

(81) ㄱ. 어제는 열 시간을 잤다.

ㄴ. tiinʉg jaan sag(a) aasin-cuu.
yesterday ten hour/watch sleep-PST.1SG
어제 열 시간을 잤다. (lit. 나 어제 열 시간 잤다.)

(82) ㄱ. 5km를 걸었다.

ㄴ. tuŋ kilumetar algasii(~aggasii)-saa-mun.
five kilometer walk-PST-1PL.EXCL
5km를 걸었다. (lit. 우리 5km 걸었다.)

한국어는 (80ㄱ)과 같은 수여 동사 '주다' 앞에 오는 수혜자, (81ㄱ)과 같은 '자다' 앞에 오는 시간 명사, 그리고 (82ㄱ)과 같은 거리를 나타내는 명사가 대격을 취할 수 있다. 시간이나 거리를 나타내는 명사 뒤에 대격이 결합하는 현상은 라틴어 등 여러 언어에 보인다. 'accusative of extent'라 한다. 그러나 어웡키어는 한국어와는 달리 대격을 취하지 못하고 (80ㄴ)과 같이 여처격을 취하거나 (81ㄴ), (82ㄴ)과 같이 'jaan saga'(열 시간), 'tuŋ kilumetar'(5km) 뒤에 아무 표지도 결합하지 않는다.

또한, 한국어의 '좋아하다, 싫어하다, 돕다, 믿다'와 같은 동사들이 대격을 취하고 '만나다; 마주치다'는 공동격 외에 대격도 취한다. 그러나 어웡키어는 '믿다, 돕다'는 대격을 취하지만 '좋아하다, 싫어하다'는 여처격을 취하고 '만나다; 마주치다'는 도구격을 취한다. 예를 들면 아래와 같다.

(83) ㄱ. 철수는 <u>나를</u> 믿는다.
ㄴ. Colsʉ <u>min-ə**w**ə</u> itxə-rən.
Chulsoo I(1SG)-ACC believe-3
철수는 <u>나를</u> 믿는다. (lit. 철수 <u>나를</u> 믿는다.)

(84) ㄱ. 나는 <u>빵을</u> 좋아한다.
ㄴ. bi <u>əwən-**(dʉ)**</u> duru(<n)-si.[54]
I(1SG) bread-DATL wish-PROP
나(는) <u>빵을</u> 좋아한다. (lit. 나 <u>빵에</u> 좋음 있다.)

(85) ㄱ. 나는 <u>영희를</u> 만났다.
ㄴ. bi <u>Yoŋxi-**ji**</u> baxal-cuu.
I(1SG) Yonghee-INST meet-PST.1SG
나는 <u>영희를</u> 만났다. (lit. 나 <u>영희와</u> 마주쳤다.)

(83), (84)는 두 언어의 '믿다'와 '좋아하다'의 예이다. (83)의 '믿다'의 경우, 두 언어는 모두 대격을 취한다.[55] 그러나 (84)의 '좋아하다'의 경우, 한국어는 대격을 취하지만 어웡키어는 여처격을 취한다. (85)는 '만나다'의 예인데 한국어는 공동격 외에 (85ㄱ)과 같이 대격과도 결합

54) 여처격 '-dʉ'의 'ʉ'가 먼저 탈락되고 'd'는 다시 뒤에 오는 'duru(<n)-si'의 'd'와 충돌되어 앞의 'd'가 탈락된 것이다.

55) 어웡키어의 인칭대명사 뒤에 항상 한정 대격이 결합된다.

할 수 있다. 그러나 어웡키어는 (85ㄴ)과 같이 도구격만을 취한다.56)

## 5.3.5. 대격 중출 구문

다음으로 대격 중출 구문을 살펴보자. 한국어의 대격은 부분 관계, 수량 관계, 하의 관계 등 다양한 종류의 대격 중출 구문에서 쓰일 수 있다.57) 그러나 어웡키어는 수량 관계와 하의 관계에서만 쓰일 수 있다. 이때 대격 중출 구문에는 비한정 대격만 쓰인다. 예는 아래와 같다.

(86) ㄱ. 쌀을 두 말을 샀다.
ㄴ. jəəttə-**i** jʉʉr uluŋki-**(i)** ga-saa-mun.
rice-INACC two pocket-INACC buy-PST-1PL.EXCL
쌀을 두 말을 샀다. (lit. 우리 쌀을 두 말을 샀다.)

(87) ㄱ. 내일 외투를 빨간 색을 입는대.
ㄴ. timaasin xantasa-**i** ularin-**(a)** titə-rən gʉnə-n.
tomorrow coat-INACC red-INACC put.on-3 say-3
내일 외투를 빨간색을 입는대. (lit. 내일 외투를 빨강을 입는다 한다.)

(86), (87)은 각각 수량 관계와 하의 관계의 대격 중출 구문의 예이다. 어웡키어의 대격 중출 구문은 (86), (87)과 같이 목적어 뒤에 수사나 형용사가 와서 수량 관계나 하의 관계를 나타낼 때에만 쓰인다. 이때 비한정 대격만 결합할 수 있다.

56) 'baxalda-n'은 '우연히 만나다; 마주치다'의 의미를 나타내고 'baxaldii-ran'은 공동태 접사 '-ldii-'가 결합되어 '약속해서 서로 만나다'의 의미를 나타낸다. 공동태 접사는 상호태 기능으로도 쓰인다. 'baxalda-n'과 'baxaldii-ran'은 모두 도구격을 취한다.

57) 결합 관계에 대해서는 박성미(2014) 참조.

한국어에서는 대격 중출 구문으로 나타날 수 있는 부분 관계와, 처격 논항이 대격으로 나타나는 경우를 살펴보자.

(88) ㄱ. 철수가 영희를 손목을 잡았다.

ㄴ. Colsʉ Yoŋxi-**ni** bagalja-**wa-n** jau(<jawa)-saa-ø.
Chulsoo Yonghee-GEN wrist-ACC-3POSS take-PST-3
철수가 영희를 손목을 잡았다. (lit. 철수 영희의 손목-을-그 사람 잡았다.)

(89) ㄱ. 영희가 딸을 미국을 보냈다.

ㄴ. Yoŋxi unaji-**wi** Amerika-**d(u)**
Yonghee girl/daughter-SG.REFL America-DATL
ʉlii-xəən-cəə-ø.
go(from.here)-CAUS-PST-3
영희가 딸을 미국을 보냈다. (lit. 영희 딸-그 사람 미국에 가게 했다.)

부분 관계의 경우, 한국어는 '영희의 손목을'처럼 속격도 가능하고 (88ㄱ)과 같이 '영희를 손목을'처럼 대격도 가능하다. 그러나 어웡키어는 (88ㄴ)과 같이 'Yoŋxi-ni bagalja-wa-n'(영희의 손목을)처럼 'Yoŋxi'는 속격 '-ni'와 결합하고 'bagalja'(손목)는 한정 대격 '-wa'와 3인칭 소유인칭표지 '-n'과 결합하여 차이를 보인다. 이때 'Yoŋxi-wo'(영희를)처럼 속격 대신에 한정 대격이 쓰이지 못한다. 처격 논항의 대격 중출 구문의 경우, 한국어는 '딸을 미국에 보냈다'와 같이 '미국' 뒤에 '-에'도 올 수 있고 (89ㄱ)과 같이 대격도 올 수 있다. 그러나 어웡키어에서는 'unaji'(딸/여자) 뒤에는 단수 재귀소유인칭표지 '-wi'가 결합하고 'Amerika'(미국) 뒤에는 여처격 표지가 결합한다. 요컨대, 어웡키어의 대격은 수량 관계와 하의 관계일 때만 대격 중출 구문으로 쓰일 수 있다. 이와 달리 한국어의 대격은 다양한 대격 중출 구문에서 쓰일 수 있어 차이를 보인다.

### 5.3.6. 생략 현상

다음으로 대격 표지의 생략 가능성에 대하여 살펴보겠다. 한국어는 대격의 생략이 빈번하다. 한국어 구어에서의 대격의 생략과 비한정 대격과의 관계에 대해 5.2.2에서 논의한 바 있다. 어웡키어는 어말 모음 탈락 현상이 있으므로 '-i', '-a' 등 단모음의 형식으로 나타나는 비한정 대격은 생략될 수 있을 것이라고 여길 수도 있다. 그러나 '-a' 뒤에 단어가 오면 '-a'가 아예 들리지 않을 때가 있지만 비한정 대격이 쓰이지 않는다고 생각해서는 안 된다. 예를 들면 'aagun-a'(모자를)만으로 문장을 끝낼 때는 '-a'가 뚜렷하게 들리지만 'aagun-a aagu(<n)-laa-ran'(모자를 쓰다)과 같이 'aagun-a' 뒤에 'aagu(<n)-laa-ran'과 같은 단어가 오면 비한정 대격이 없다고 생각하기가 쉽다. '-i'도 마찬가지로 'təggəcci'(옷)처럼 'i'로 끝나는 명사 뒤에 비한정 대격이 쓰이지 않는다고 생각하기가 쉽지만 사실 '-i'가 선행하는 어간 말음 'i'의 영향을 받은 것이다. 요컨대, 어웡키어의 비한정 대격은 생략 현상이 없다. 예를 들면 아래와 같다.

(90) ㄱ. si　əsxʉn　uxun-**(a)**　ga-saa-si?
you(SG)　a.minute.ago　what-INACC　buy-PST-2SG
너, 아까 뭐/무엇을 샀어? (lit. 너 아까 무엇을 샀어?)

ㄴ. si　əsxʉn　mʉʉ-**i**　ga-saa-si?
you(SG)　a.minute.ago　water-INACC　buy-PST-2SG
너, 아까 물(을) 샀어? (lit. 너 아까 물을 샀어?)

빠른 발화에서 (90ㄱ)과 같이 'uxun' 뒤에 오는 비한정 대격 '-a'가 탈락되어 대격 표지가 쓰이지 않는 것처럼 느껴질 수 있다. 그러나 (90ㄴ)과 같이 목적어를 'mʉʉ'(물)로 바꾸면 알 수 있다. 비한정 대격의 이러한 현상은 주로 'n'으로 끝나는 명사와 'i'로 끝나는 명사에서 발생

한다. 朝克(2017b)에서는 'i'나 'n'으로 끝나는 명사 뒤에 비한정 대격이 누락된 예가 종종 발견된다. 뿐만 아니라 'ə'나 'ʉ'로 끝나는 명사 뒤에도 비한정 대격이 누락된 예가 발견된다. 아래는 朝克(2017b:153)에서의 예이다.58)

(91) ㄱ. mini əhiŋbi attaddi-sala <u>bɵɵs</u> gasa.
I(1SG)-GEN elder.sister-1SG.POSS dark-CLT fabric buy-PST-3
내 언니/누나가 좀 짙은 색 천 샀다.

ㄴ. ahiŋbi əmʉŋ irəəttə-sələ <u>ʤʉʉ</u> ʉniim
elder.brother-1SG.POSS one old-CLT house/home sell-CVB
gasa.
buy-PST-3
내 형/오빠가 비교적 낡은 집 샀다.

(91ㄱ)의 'bɵɵs', (91ㄴ)의 'ʤʉʉ'는 대격이 생략된 것이 아니라 기술에서 누락된 것이라고 볼 수 있다. 따라서 어웡키어의 대격 표지는 생략 현상이 존재하지 않는다.

## 5.4. 소결

이 장에서는 한국어와 어웡키어의 대격 표지를 대조 분석하였다. 한국어의 대격 표지는 '-을/를' 하나뿐인 데 비해 어웡키어의 대격 표지는 한정성에 따라 한정 대격 '-wa/-ba'와 비한정 대격 '-i; -ya/-a'의 대립이 있어 차이가 난다. 어웡키어의 대격은 두 가지로 나누어질 뿐 주된 용법은 한국어의 대격과 같다고 할 수 있다. 즉, 한국어와 어웡키어의 대격은 주로 타동사문의 목적어일 때 쓰인다.

한국어의 '잠을 자다, 꿈을 꾸다', '춤을 추다'와 같이 어웡키어도 동

58) 형태소 분석은 필자가 한 것이다.

족목적어가 행위의 목적이 됨을 나타낼 때 대격이 쓰인다. '잠을 자다', '꿈을 꾸다'는 어웡키어에서는 각각 'aasin-an', 'tuŋkasii-ran'과 같이 자동사로만 표현된다. 한국어의 '춤을 추다', '그림을 그리다'와 어웡키어의 'taansa-i taans(a)-laa-ran', 'jurugu-i juri-ran'은 동족목적어를 취하는 점이 같다. 한국어의 '모자를 쓰다', '안경을 쓰다', '허리띠를 매다' 등은 동족목적어로 나타나지 않지만 어웡키어는 'aagun-(a) aagu(<n)-laa-ran', 'saracci-(i) saracci-laa-ran', 'təlgi-(i) təlgii-ləə-rən'과 같이 모두 동족목적어로 나타난다. 주로 착용 동사에서 이러한 쓰임이 나타난다.

한국어의 대격 표지가 쓰일 수 있는 표현인 '동생을 주어라', '학교를 가다', '열 시간을 자다', '고향을 떠나다', '친구를 만나다' 등은 어웡키어에서는 대격이 아닌 다른 격으로 표현되어 한국어의 대격 표지의 의미와 용법이 다양하다는 것을 알 수 있다.

또한, 한국어의 대격 표지는 부분 관계, 수량 관계, 하의 관계 등 다양한 종류의 대격 중출 구문에서 쓰일 수 있지만 어웡키어는 수량 관계와 하의 관계에서만 쓰일 수 있어 차이를 보인다. 이때 비한정 대격만 대격 중출 구문으로 쓰일 수 있다.

대격 표지의 생략 가능성에 대하여 한국어는 대격의 생략이 빈번하다. 반면에 어웡키어의 한정 대격은 생략이 아예 불가능하다. 또한 비한정 대격의 경우 어웡키어는 모음탈락 현상이 빈번하기 때문에 'i'나 'n'으로 끝나는 명사 뒤에 비한정 대격이 생략될 수 있다고 여길 수도 있다. 그러나 본서는 비한정 대격의 생략 역시 불가능하다고 본다.

# 6. 부사격 대조

이 장에서는 한국어와 어웡키어의 부사격 표지를 대조 분석한다. 부사격은 의미 기능에 따라 방향, 위치, 시간, 도구 등 매우 다양하게 나누어진다. 본서에서는 두 언어의 부사격을 형태를 중심으로 나누어 살펴보겠다. 어웡키어의 부사격 표지에 해당하는 한국어 격표지는 아래와 같이 주로 '-에', '-에서', '-로'[59], '-로부터'로 나타난다.

(1) 여처격 -에, -에서, -에게/-한테
　방향처격 -에, -에서, -(쪽)에, -(쪽)에서
　방향격 -로, -을 향해, -쪽을 향해
　탈격 -로부터, -부터, -에서, -에게서/-한테서, -로, -한테
　방위탈격 -에서, -(쪽)에서
　방면탈격 -에서, -로부터, -부터
　경로격 -로, -을 통과해서; -에 (들르다); -을 따라, -쯤, -쯤에, -군데에

(1)에서 보듯이 어웡키어는 7가지의 부사격이 각각 다른 표지로 나타나지만 한국어에서는 '-에', '-에서', '-로', '-로부터'가 다의적으로 쓰이고 있다. 본서에서는 부사격 표지 중 공간과 관련된 격표지에 중심을 둔다. 따라서 '-에게/-한테', '-와/과' 등은 논의에서 제외한다. 6.1에서는 한국어의 부사격에 대하여 '-에', '-에서', '-로', '-로부터'를 중심으로 그 의미와 용법을 살펴본다. 6.2에서는 어웡키어의 공간과 관련된

59) '-로', '-으로' 이형태 중 '-로'를 사용하겠다.

7가지 부사격을 각각 살펴본다. 6.3에서는 두 언어의 부사격 표지를 대조 분석하는데, 공간과 관련된 의미 용법과 기타 의미 용법으로 나누어 살펴본다.

## 6.1. 한국어의 부사격 표지

### 6.1.1. '-에'

한국어의 '-에'는 방향, 위치 외에 시간, 단위, 이유나 원인, 대상, 도구나 수단 등 다양한 의미로 쓰인다. 우선 방향을 나타내는 '-에'를 살펴보자.60)

(2) ㄱ. 오늘 아침 일찍 학교에 갔어요.
ㄴ. 영희도 도서관에 와요.
ㄷ. 조금 있으면 런던에 도착합니다.
ㄹ. 큰 마을 가까이에 이르러 좀 쉬기로 했다.

(2ㄱ)과 (2ㄴ)은 각각 목적지인 '학교'와 '도서관' 뒤에 방향을 나타내는 '-에'가 결합된 예이다. (2ㄱ)에서 행동주가 간 곳은 '학교'이고 (2ㄴ)에서 영희가 온 곳은 '도서관'이다. (2ㄷ)과 (2ㄹ)은 각각 목적지인 '런던'과 '큰 마을 가까이' 뒤에 방향을 나타내는 '-에'가 결합한 예이다. (2ㄷ)에서 행동주가 도착한 곳은 '런던'이고 (2ㄹ)에서 쉬기로 한 목적지는 '큰 마을 가까이'이다. 이처럼 '-에'는 동작행위의 목적지가 되는 명사 뒤에 붙어 방향을 나타낸다. 서술어로는 주로 '가다', '오다', '도착하다', '이르다' 등이 쓰인다.

---

60) '-에', '-에서', '-로', '-로부터'의 의미 분류와 예는 모두 이희자·이종희(2014) 참조.

방향을 나타내는 '-에'는 아래와 같이 어떤 목적을 가지고 반복적으로 드나드는 곳을 나타내는 말에 붙어 쓰일 때도 있다. 이때 서술어로는 '다니다', '가다'가 쓰인다.

(3) ㄱ. 누나는 회사에 다니게 되었다.
ㄴ. 우리 딸은 아직도 학교에 다녀요.

(3)에서의 서술어가 '다니다'인데 반복적으로 드나드는 곳인 '회사'와 '학교' 뒤에 '-에'가 쓰인 것이다.

다음으로는 위치를 나타내는 '-에'를 살펴보자.

(4) ㄱ. 지금 우리 아이는 집에 없어요.
ㄴ. 우리 학교는 관악구에 있다.
ㄷ. 이곳에 늘 안개가 심하다.
ㄹ. 모두 바닥에 앉으세요.
ㅁ. 아이는 벽에 그림을 그렸다.

(4ㄱ), (4ㄴ), (4ㄷ)은 각각 '집', '관악구', '이곳' 뒤에 위치를 나타내는 '-에'가 결합하고 '있다', '없다' 등의 서술어가 쓰인 예이다. (4ㄹ)과 (4ㅁ)은 각각 '바닥'과 '벽' 뒤에 위치를 나타내는 '-에'가 결합하고 서술어로는 자동사와 타동사가 쓰인 예이다. 임동훈(2017:109)에서는 '-에'가 비내부 위치를 표시한다고 하였다.

'-에'는 아래와 같이 시간을 나타낼 때도 쓰인다.

(5) ㄱ. 한 시에 만나자.
ㄴ. 한국은 겨울에 몹시 춥다.
ㄷ. 그 일을 한 시간에 다 끝내라.
ㄹ. 그가 3년 만에 다시 이곳에 돌아왔다.
ㅁ. 이 기숙사는 어두워진 뒤에 밖으로 나가는 게 금지되어 있다.

(5)에서의 예는 각각 '한 시', '겨울', '한 시간', '3년 만', '어두워진 뒤' 뒤에 시간을 나타내는 '-에'가 결합한 것이다.

'-에'는 아래와 같이 단위를 나타낼 때도 쓰인다.

(6) ㄱ. 이 가방을 남대문 시장에서 만 원에 샀어.
ㄴ. 이삿짐이 너무 많아서 한 번에 나르지 못 했다.

다음은 이유나 원인, 대상, 도구나 수단, 자격을 나타내는 '-에'의 예이다.

(7) ㄱ. 소녀가 추위에 떨고 있다.
ㄴ. 어머니는 아침마다 꽃에 물을 주었다.
ㄷ. 철수는 연필을 깎다가 칼에 손가락을 베었다.
ㄹ. 영희가 오늘 반장에 임명되었다. ('-로'로 바꾸어 쓸 수 있다.)

(7ㄱ)에서의 '-에'는 이유나 원인, (7ㄴ)에서의 '-에'는 대상, (7ㄷ)에서의 '-에'는 도구나 수단, (7ㄹ)에서의 '-에'는 자격을 나타낸다.

### 6.1.2. '-에서'

'-에서'는 출발점과 위치를 나타내는 표지이다. 우선 출발점을 나타내는 '-에서'를 살펴보자.

(8) ㄱ. 저는 지금 부산에서 오는 길입니다.
ㄴ. 그는 말에서 훌떡 뛰어내렸다.
ㄷ. 김 교수의 강의에서 많은 지식을 얻었다.

(8ㄱ)과 (8ㄴ)에서의 '부산에서 오다', '말에서 뛰어내리다'와 같이 '-에

서'가 동작행위의 출발점을 나타낼 때 '가다', '오다', '출발하다', '흘러내리다', '떨어지다', '떨어뜨리다', '뛰어내리다', '일어나다' 등의 동사와 함께 쓰인다. (8ㄷ)의 '강의에서'는 '강의를 출처로 하여'의 뜻으로 쓰인 예이다.

다음으로는, 위치를 나타내는 '-에서'를 살펴보자.

(9) ㄱ. 우리는 학교에서 만나기로 했다.
ㄴ. 그는 안방에서 춤을 추고 있다.
ㄷ. 어머니는 주방에서 요리를 하신다.

(9)의 '-에서'는 '만나다', '춤을 추다', '요리를 하다'와 같은 동태 동사와 함께 쓰인다. 이때의 '-에서'는 내부 위치를 가리킨다. 임동훈(2017:109)에서는 공간 내부와 관련된 위상 개념을 바탕으로 설명하고 있는데 '-에'는 무표적 위치를 표시하고, '-에서'는 경계 내부에 초점을 두어 위치를 표시하는 것으로 보았다. 즉, '-에서'를 '-에'가 나타내는 위치 개념에 내부라는 위상 개념이 결부되는 것으로 이해하면 내부를 표시하는 '-에서'와 비내부를 표시하는 '-에'로 구분할 수 있다고 하였다. 또한 임동훈(2017:113)에서 '-에서'의 '서'는 내부의 위상 표지 역할을 수행하여 '-에서'가 가리키는 위치는 일정한 경계를 지닌 공간의 내부를, 서술어는 이러한 공간 내부에서 발생하는 활동을 가리키므로 그 뒤에 정태 서술어가 쓰이기 어렵다고 하였다.

'-에'와 '-에서'는 아래와 같이 동일한 문장에서 쓰이는 경우가 있다.

(10) ㄱ. 그 여자는 마루에/에서 앉았다.
ㄴ. 저는 서울에/에서 살아요.

이희자·이종희(2014:879)에서는 '-에'는 동작이나 상태가 나타나는 지점을 가리키는 데 반해, '-에서'는 동작이 벌어지는 자리를 나타낸다고 하였다. (10ㄱ)에서의 '-에'는 위치 부사어, '-에서'는 처소 부사어라고 하기도 한다고 하였다. (10ㄴ)에서의 '서울에'는 서울에 거주하거나 존재한다는 사실을 나타내고 '서울에서'는 서울에서 생활한다는 동작을 나타낸다고 설명하고 있다.

### 6.1.3. '-로'

'-로'는 방향과 경로를 나타낸다. 우선 방향의 '-로'를 살펴보자.

(11) ㄱ. 우리는 학교로 갔다.
ㄴ. 저녁에 집으로 갔다.

'-로'는 방향을 나타내지만 '-에'와는 달리 도착점/목적지의 함의가 없다. (11ㄱ)에서 행동주가 향해 가는 곳은 '학교'이지만 그곳에 도달하였는지 불확실하다. (11ㄴ)도 마찬가지로 행동주가 향해 가는 곳은 '집'이지만 그곳에 도달하였는지 불확실하다. 이희자·이종희(2014:701)에서는 (11)에서의 '-로'는 '-을 목적지가 되게 하여'의 뜻을 나타내고 '-에'로 바꾸어 쓸 수 있다고 하였다. 임동훈(2017:110)에서는 '-에'와 '-로'는 목표를 표시하는데 '-에'는 경계 닿음을 함의하므로 목적지로서의 종착점을 표시하지만 '-로'는 경계 닿음을 함의하지 않으므로 방향을 표시하게 된다고 하였다.

'-로'는 '떠나다', '돌다', '향하다' 등의 서술어와 함께 쓰일 때는 '-에'로 바꾸어 쓸 수 없다. 여기서는 '걸어가다'와 '떠나다'의 예를 들어보자.

(12) ㄱ. 철수는 문 쪽으로 걸어갔다.
ㄴ. 영희는 이제 새로운 곳으로 떠난다.

(12)에서의 '-로'는 '-을 향하여'와 같이 방향을 나타낸다. '-에'로 바꾸

면 '-에'는 위치를 나타내게 되어 '걸어가다'와 '떠나다'와 함께 쓰이지 못한다.

'-로'는 방향 외에 아래와 같이 경로를 나타낼 때도 있다.

(13) ㄱ. 우리는 뒷문으로 빠져나갔다.
ㄴ. 아파트 단지 안으로 셔틀버스가 다닌다.

(13ㄱ)에서의 '-로'는 '뒷문'과 결합하여 '…을 통하여'의 의미로 쓰이고 있고 (13ㄴ)에서의 '-로'는 구체적인 경로를 나타내는 '아파트 단지 안'과 결합하여 '…을 통과하여'의 의미로 쓰이고 있다. 임동훈(2017:111)에서는 '-로'는 '-에'와 달리 이동의 종착지를 함의하지 않으므로 방향을 표시하는 용법이 쉽게 이동 과정에서 거쳐야 하는 경로를 표시하기도 한다고 하였다. '-로'가 경로를 가리키면 목표를 나타내는 '-에'와 영역이 겹치지 않는다고 하여 아래와 같은 예를 들고 있다.

(14) ㄱ. 약속 장소에 도착한 사람들도 있고 이제 약속 장소로 출발한 사람들도 있다.
ㄴ. 철수는 지름길로 약속 장소에 갔다.

'-로'는 방향, 경로 외에 재료, 도구나 수단, 선택, 시간, 이유나 원인 등 다양한 의미로 쓰인다.

(15) ㄱ. 나무로 된 지팡이
ㄴ. 문을 열쇠로 잠갔다.
ㄷ. 이걸로 주세요.
ㄹ. 봄가을로 포도를 재배하고 수확한다.
ㅁ. 감기로 발생한 폐렴

(15ㄱ)에서의 '-로'는 재료, (15ㄴ)에서의 '-로'는 도구, (15ㄷ)에서의 '-

로'는 선택, (15ㄹ)에서의 '-로'는 시간, (15ㅁ)에서의 '-로'는 원인의 의미로 쓰였다.

### 6.1.4. '-로부터'

'-로부터'는 출발점을 나타낸다. 예는 아래와 같다.

(16) ㄱ. 거문고는 고구려로부터 유래한다.
ㄴ. 로마는 각지로부터 관광객이 많이 온다.
ㄷ. 나뭇잎이 가지로부터 떨어진다.

(16)에서의 '-로부터'는 일이 시작되는 데를 나타내는 말에 붙어 '-에서'의 의미로 쓰인 것이다.

'-로부터'는 아래와 같이 '-에게서', '-한테서'의 의미로 쓰이기도 한다.

(17) ㄱ. 가정교사로부터 불어를 배운다.
ㄴ. 경찰로부터 여러 가지 질문을 받았다.
ㄷ. 삼촌으로부터 초청을 받아 미국으로 갑니다.

(17)에서의 '-로부터'는 각각 '가정교사', '경찰', '삼촌'에 결합되어 있다.

'-로부터'는 아래와 같이 '-로부터 -에 이르기까지'와 '-로부터 -까지' 구성으로 쓰이기도 한다.

(18) ㄱ. 어린이로부터 노인에 이르기까지 열심히 돌과 흙을 날라다 둑을 쌓았다.
ㄴ. 그 곳엔 점잖은 사람으로부터 무식한 사람까지, 서울 사람으로부터 촌사람까지, 별별 사람이 다 있었다.

(18ㄱ)은 '-로부터 -에 이르기까지' 구성으로 쓰인 예이고 (18ㄴ)은 '-로부터 -까지' 구성이 쓰인 예이다.

## 6.2. 어웡키어의 부사격 표지

어웡키어의 부사격에는 아래와 같은 7가지가 있다. 여기서도 한국어의 부사격과 마찬가지로 형태를 중심으로 나누어 다루고자 한다. 어웡키어의 도구격은 방향을 나타내지 않으므로 여기서는 다루지 않는다. 이 절에서 다루는 어웡키어 부사격 표지의 목록은 다음과 같다.

| | | |
|---|---|---|
| (19) | 여처격(dative-locative) | -du |
| | 방향처격(directional-locative) | -la/-dula |
| | 방향격(directional) | -txaaxi |
| | 탈격(ablative) | -txi |
| | 방위탈격(delative) | -laxi/-dulaxi |
| | 방면탈격(elative) | -giiji |
| | 경로격(prolative) | -li/-duli |

### 6.2.1. '-du'

'-du'는 여처격(dative-locative) 표지이다.[61] 이는 명사와 결합하여 방향과 위치를 가리킨다. 그 외에 시간, 원인, 단위 등 다양한 의미로 쓰인다. 한국어의 '-에; -에서, -에게/-한테'에 해당한다. 아래의 예를

61) 朝克(1995, 2009, 2017b)에서는 '-du'를 여격으로 설정하였다. '-du'는 여격과 처격의 기능을 다 담당하기 때문에 본서에서는 권재일·김주원(2000)과 성백인 외(2010)과 같이 여처격이라고 부르겠다.

살펴보자.

(20) ㄱ. Mandi-ni elan ʉrəl-nin surgul-**d(u)** ʉl(i)-ji-rən.
Mandi-GEN three child-3POSS school-DATL go(from.here)-PROG-3
만디의 세 아이는 학교에 다니고 있다.
(lit. 만디의 세 아이-그 사람 학교에 다니고 있다.)

ㄴ. miti ər oroi mʉʉ-**d(ʉ)**
we(INCL) this evening/late water-DATL
ii-nəə-gəri.
come.in/spend-PURP.MOTION-HORT
우리(가) 오늘 저녁에 목욕하러 가자.
(lit. 우리 오늘 저녁 물에 들어가러 가자.)

(21) ㄱ. Bəəjin-**dʉ** udun tukka(<tukku)-saa-ø gʉnə-n.
Beijing-DATL rain fall-PST-3 say-3
베이징에 비(가) 내렸대. (lit. 베이징에 비 내렸대.)

ㄴ. mit(i)-ni jʉʉ-**ddʉ**-ti xulx(a)
we(INCL)-GEN home/house-DATL-1PL.INCL.POSS thief
ii-səə-ø.
come.in/spend-PST-3
우리 집에 도둑(이) 들었다. (lit. 우리의 집에-우리 도둑 들었다.)

(22) ㄱ. timaasin əddə jaan sag(a)-**d(u)** əmə-xə.
tomorrow morning ten hour/watch-DATL come-2SG.IMP
내일 아침 열 시에 와라. (lit. 내일 아침 열 시에 와라.)

ㄴ. si-ni lox(o)-soo ʉʉŋkʉ-səl-ci ədin-**d(ʉ)**
you(SG)-GEN hang-PTCP.PST towel-PL-2SG.POSS wind-DATL
ədi-mʉʉ-səə-ø.
blow-PASS-PST-3
네가 널어놓은 수건들이 바람에 날아갔다.
(lit. 너의 널어놓은 수건-들-너 바람에 날아갔다.)

ㄷ. gurul xəəm(ə) jʉʉr taŋgur-di(<-**du**-wi) urin yon.
flour meal two bowl-DATL-SG.REFL twenty yuan
칼국수 두 그릇에 이십 위안이다. (lit. 칼국수 두 그릇-에-그 이십 위안.)

(20)은 방향을 가리키고 있고 (21)은 위치를 가리키고 있으며 (22ㄱ)은 시간, (22ㄴ)은 원인, (22ㄷ)은 단위의 의미로 쓰인 예이다.

여처격은 'bʉʉ-rən'(주다), 'ga-m buu-ran'(사 주다), 'ʉʉŋii-rən'(보내다)과 같은 수여 동사와 어울려 쓰이기도 한다. 한국어의 '-에; -에게/-한테'와 중국어의 '給'에 해당한다. 예는 아래와 같다.

(23) ㄱ. si ilga(~igga)-**d(u)** mʉʉ-i bʉʉ-xə.
you(SG) flower-DATL water-INACC give-2SG.IMP
네가 꽃에 물(을) 줘라. (lit. 너 꽃에게 물을 줘라.)

ㄴ. aba min-**dʉ** baran bitəgə-i ga-m buu-saa-ø.
father I(1SG)-DATL many book-INACC buy-CVB give-PST-3
아버지가 나에게 많은 책을 사 주셨다.
(lit. 아버지 나에게 많은 책을 사 주었다.)

ㄷ. bi Mandi-**du** tʉgʉ-ri təggəcci-(i) ga-cci
I(1SG) Mandi-DATL winter-REL clothes-INACC buy-CVB
ʉʉŋii-sʉʉ.
send-PST.1SG
나/내가 만디에게 겨울옷(을) 사서 보냈다.
(lit. 나 만디에게 겨울의 옷을 사서 보냈다.)

(23ㄱ)은 'bʉʉ-rən'(주다)의 예이고 (23ㄴ)은 'ga-m buu-ran'(사 주다)의 예이며 (23ㄷ)은 'ʉʉŋii-rən'(보내다)의 예인데 수혜자(recipient)인 무정물 'ilga(~ igga)'(꽃), 유정물 'bi'(나)와 'Mandi'(만디)에 여처격 표지가 결합된 것이다.

피동구문과 사동구문에서 여처격 표지가 행동주와 피사동주를 나타낼 수 있다. 예는 아래와 같다.

(24) Ilga nenxin-**d(u)** bəldiir-wi ammaa-wu-saa-ø.
Ilga dog-DATL leg/foot-SG.REFL bite-PASS-PST-3
일가(가) 개에게 다리를 물렸다. (lit. 일가 개에게 다리를-그 사람 물렸다.)

(25) ㄱ. bi nenxin-**d(u)** geranda-i ammaan-kaan-cuu.
I(1SG) dog-DATL bone/prickle-INACC bite-CAUS-PST.1SG
나(는) 개에게 뼈를 물게 했다. (lit. 나 개에게 뼈를 물게 했다.)

ㄴ. miti xəəxə-**d(ʉ)** mʉʉ-i im-uu(<ima-wu)-gari.
we(INCL) cat-DATL water-INACC drink-CAUS-HORT
우리(는) 고양이에게 물(을) 먹이자. (lit. 우리 고양이에게 물을 먹이자.)

(24)는 피동구문이고 (25)는 사동구문이며 여처격 표지와 결합된 것은 모두 피사동주를 나타낸다.

지시대명사와 결합된 'ə-dʉ'(여기에)와 'ta-du'(거기에/저기에)는 아래와 같이 구체적이고 정확한 위치 '(바로) 여기에', '(바로) 거기에/저기에'라는 의미로 쓰인다.

(26) ㄱ. si-ni suubala-si ə-**dʉ** bi-ji-rən.
you(SG)-GEN bag-2SG.POSS this-DATL be-PROG-3
너의 가방(이) 여기(에) 있다. (lit. 너의 가방-너 여기에 있고 있다.)

ㄴ. ta-**du** awu təg(ə)-səə-ø?
that-DATL who sit/live-PST-3
거기에/저기에 누가 앉았느냐? (lit. 거기에/저기에 누구 앉았느냐?)

(26ㄱ)은 'ə-dʉ'(여기에)의 예이고 (26ㄴ)은 'ta-du'(거기에/저기에)의 예이다. 6.2.2에서 다룰 방향처격과 결합한 'ə-lə', 'ta-la'와 비교된다.

### 6.2.2. '-la/-dula'

'-la/-dula'[62]는 방향처격(directional-locative) 표지이다.[63] 이는 명사, 친족용어, 인명, 대명사 뒤에 결합하여 동작행위가 일어나는 방향과 위치를 가리킨다. 여처격과 비슷하지만 방향처격은 말 그대로 방향과 위치만을 가리킨다. 한국어의 '-에; -에서', '-쪽에; -쪽에서', '주변에; 주변에서', '-에게'와 중국어의 '…這儿/那儿', '…這邊/那邊'. '在…這儿/那儿', '在…這邊/那邊'에 해당한다.

방향처격이 장소 명사와 결합한 예를 보이면 아래와 같다.

(27) ㄱ. surgul-**dula** tog(o) təŋkə-səə-ø.
school-DIRL fire burn-PST-3
학교 쪽에서 불(이) 났다. (lit. 학교 쪽에서 불 났다.)

ㄴ. si-ni ʉsxən-ci law soon-**dulo** bisi-n.
you(SG)-GEN knife-2SG.POSS certainly boat-DIRL be-3
너의 칼(이) 틀림없이 배 쪽에 있을 것이다.
(lit. 너의 칼-너 틀림없이 배 쪽에 있다.)

(27ㄱ)과 (27ㄴ)은 각각 'surgul'(학교), 'soon'(배)에 방향처격 표지가

62) 모음으로 끝나는 명사 뒤에는 '-la', 자음으로 끝나는 명사 뒤에는 '-dula'가 결합한다. '-dula'는 여처격의 '-du' 뒤에 '-la'가 결합한 것이 아니다. 6.2.5에서 다룰 '-laxi/-dulaxi'도 마찬가지이다.

63) 방향처격에 대하여 胡增益·朝克(1986)에서는 방위격(方位格)으로 설정하였고 朝克(1995; 2009; 2017b)에서는 위격(位格)으로 설정하였다. 朝克(2017b:105-110)에서는 위격 표지가 '-la, -lə, -lo, -lɵ, -dala, -dələ, -dolo, -dɵlɵ'로 표기되어 있다. '-dala, -dələ, -dolo, -dɵlɵ'의 '-da, -də, -do, -dɵ'의 기원에 대해서 두 가지로 설명하고 있다. 하나는 이 '-da, -də, -do, -dɵ'는 초기 어웡키어 위격 표기이다. 다른 하나는 이 '-da, -də; -do, -dɵ'가 여격의 '-du, -dʉ'에서 온 것이다. 다시 말하면 '-dala, -dələ, -dolo, -dɵlɵ'의 원래 표기는 '-dula, -dʉlə, -dulo, -dʉlɵ'이고 후에 후행 모음의 모음조화 규칙의 영향을 받아 '-du, -dʉ'의 'u, ʉ'가 'a, o', 'ə, ɵ'로 동화된 것이다. 결국 '-dula, -dʉlə, -dulo, -dʉlɵ'가 '-dala, -dələ; -dolo, -dɵlɵ'로 변한 것으로 보고 있다. 또한, 현대 어웡키어 화자 중에서 '-dala, -dələ; -dolo, -dɵlɵ'를 '-dula, -dʉlə, -dulo, -dʉlɵ'로 발음하는 경우가 많다고 하고 있다.

결합된 예이다.

방향처격이 지시대명사와 결합한 예를 보이면 아래와 같다.

(28) ta-**la** baran bəi urac(<t)-caa-ø.
that-DIRL many person gather-PST-3
그쪽에/저쪽에 많은 사람들이 모였다. (lit. 그쪽에/저쪽에 많은 사람 모였다.)

(28)은 지시대명사 'ta-' 뒤에 방향처격의 '-la'가 결합된 'ta-la'(그쪽에/저쪽에)의 예인데 (26)에서 살펴본 여처격의 '-du'가 결합한 'ta-du'(거기에/저기에)에 비해 가리키는 범위가 넓다.

방향처격 표지는 아래와 같이 친족용어나 인명과 결합하여 쓰일 수 있다.

(29) ㄱ. bi əsi addi-**la** nin(ə)-ji-mi.
I(1SG) now grandmother-DIRL go(to.destination)-PROG-1SG
나는 지금 할머니 쪽에/집에 가고 있다.
(lit. 나 지금 할머니 쪽에/집에 가고 있다.)

ㄴ. ənixən-**dʉlə** xəəmə-i jik(<t)-kʉʉ-sʉʉ.
aunt-DIRL meal-INACC eat-PURP.MOTION-PST.1SG
나/내가 큰어머니 쪽에/집에 밥(을) 먹으러 왔다.
(lit. 나 큰어머니 쪽에/집에 밥을 먹으러 왔다.)

(30) Mandi-**la** awu bisi-n?
Mandi-DIRL who be-3
만디 쪽에/집에 누가/누구 있어? (lit. 만디 쪽에/집에 누구 있어?)

(29ㄱ)과 (29ㄴ)은 친족용어 뒤에 방향처격 표지가 결합된 예이고 (30)은 인명 뒤에 방향처격 표지가 결합된 예이다. 방향처격은 '-쪽에; 주변에'라는 의미를 나타내지만 친족용어나 인명 뒤에는 문맥에 따라

'(-가 있는) 쪽에'도 되고 '… 집에'도 된다.

방향처격 표지가 인칭대명사와 결합할 때도 친족용어나 인명 뒤에 결합할 때와 만찬가지로 '(-가 있는) 쪽에'와 '… 집에'의 의미를 나타낸다. 예는 아래와 같다.

(31) ㄱ. si-ni anuxu-si <u>min-**dʉlə**</u> bi-ji-rən.
you(SG)-GEN key-2SG.POSS I(1SG)-DIRL be-PROG-3
너의 열쇠가 <u>나에게/내 집에</u> 있다.
(lit. 너의 열쇠-너 <u>내 쪽에/집에</u> 있고 있다.)

ㄴ. <u>mʉn-**dʉlə**</u> əmə-xə.
we(EXCL)-DIRL come-2SG.IMP
우리 <u>쪽에</u>/우리 <u>집에</u> 와라. (lit. 우리 <u>쪽에/집에</u> 와라.)

(31ㄱ)과 (31ㄴ)도 맥락에 따라 '나에게; 내가 있는 쪽에', '우리한테; 우리(가 있는) 쪽에'일 수도 있고 '내 집에', '우리 집에'일 수도 있다.

여처격과 방향처격은 방향과 위치를 나타낸다는 공통점을 보인다. 그러나 여처격은 여격의 '-에게', 처격의 방향과 위치를 가리키는 것 외에 시간, 단위, 원인 등 다양한 의미로도 쓰이는 반면에 방향처격은 방향과 위치의 의미로만 쓰인다.

〈표 15〉 여처격과 방향처격의 구별

| 여처격 | | 방향처격 | |
|---|---|---|---|
| ə-dʉ<br>ta-du | 여기에<br>거기에/저기에 | ə-lə<br>ta-la | 이쪽에/이 주변에<br>저쪽에/저 주변에 |
| min-dʉ<br>sin-dʉ | 나에게<br>너에게 | min-dʉlə,<br>sin-dʉlə | 내 쪽에, 내 집에, 나에게<br>너 쪽에, 너의 집에, 너에게 |
| suubal(a)-du | 가방에, 가방에서 | suubal(a)-dula | × |

<표 15>에서 보듯이 지시대명사와 결합된 'ə-dʉ/ta-du'는 구체적이고

정확한 위치 '(바로) 여기에, (바로) 거기에/저기에'를 가리키지만 'ə-lə/ta-la'는 구체적이지 않고 범위는 'ə-dʉ/ta-du'보다 넓은 '이쪽에/저쪽에; 이/저 주변에'를 가리킨다. 인칭대명사와 결합하여 쓰일 때 여처격은 여격 기능으로만 쓰이고 방향처격은 방향과 위치의 의미로 쓰인다. 'suubala'(가방)과 같은 일반 명사와 쓰일 때는 여처격만 쓰인다.

여처격과 방향처격이 구별되는 예를 좀 더 들어보자. 'bəi'(사람)의 경우 아래와 같이 여처격 표지와 결합할 때는 여격인 '사람에게'의 의미로 쓰이지만 방향처격 표지와 결합할 때는 위치를 나타낸다.

(32) ㄱ. Ilga bəi-**d(ʉ)** nin-cəə-ø.
Ilga person-DATL go(to.destination)-PST-3
일가가 시집갔다. (lit. 일가 사람에게 갔다.)
ㄴ. Mandi bəi-**lə** nin-tən əsi-n
Mandi person-DIRL go(to.destination)-CVB NEG-3
nənʉʉ-rə.
go.back-PTCP.NPST
만디가 남의 집에 가서 안 돌아간다.
(lit. 만디 남의 집에 가 있어 안 돌아간다.)

(32ㄱ)은 'bəi' 뒤에 여처격 표지가 결합한 예이고 (32ㄴ)은 'bəi' 뒤에 방향처격 표지가 결합한 예이다. 이 격표지들은 똑같은 명사 'bəi'와 결합한다고 하더라도 의미가 다르게 나타난다. (32ㄱ)은 '사람에게'의 의미를 나타내는데 서술어가 'ninə-rən'(가다)이면 '시집가다'의 의미로 쓰인다. (32ㄴ)은 '남의 집에'와 같은 위치의 의미로 쓰인 것이다.

### 6.2.3. '-txaaxi'

'-txaaxi'는 방향격(directional) 표지이다. 이 표지는 동작행위가 향해 가는 방향을 가리킨다. 한국어의 '-로; -쪽으로; -쪽을 향해; -을 향해'와 중국어의 '向; 往; 朝'에 해당한다. 예를 들면 아래와 같다.

(33) ㄱ. əsxʉn Mandi <u>otor(o)-**txooxi**</u>
a.minute.ago Mandi a.flock.of.sheep-DIR
nin(ə)-ji-səə-ø.
go(to.destination)-PROG-PST-3
아까 만디가 <u>양떼 쪽으로</u> 가고 있었다.
(lit. 아까 만디 <u>양떼 쪽을 향해</u> 가고 있었다.)

ㄴ. nisxʉn unaji <u>xəəxə-**txəəxi**</u> algasii(~aggasii)-ji-ran.
small girl/daughter cat-DIR walk-PROG-3
어린 여자 아이가 <u>고양이를 향해</u> 걷고 있다.
(lit. 어린 여자 아이 <u>고양이를 향해</u> 걷고 있다.)

ㄷ. sotto bəi <u>miti-**txəəxi**</u> əm(ə)-ji-rən.
drunken person we(INCL)-DIR come-PROG-3
술에 취한 사람이 <u>우리를 향해</u> 오고 있다.
(lit. 술취한 사람 <u>우리를 향해</u> 오고 있다.)

(33ㄱ)의 'otor(o)-txooxi'(양떼 쪽을 향해)는 행동주가 'otoro'(양떼)가 있는 곳을 향해 가고 있었던 것이고, (33ㄴ)의 'xəəxə-txəəxi'(고양이를 향해)는 행동주가 'xəəxə'(고양이)를 향해 걷고 있는 것이며 (33ㄷ)의 'miti-txəəxi'(우리를 향해)는 행동주가 'miti'(우리)를 향해 오고 있는 것이다.

### 6.2.4. '-txi'

'-txi'는 탈격(ablative) 표지이다.[64] 주로 동작행위의 출발점을 나타

64) 朝克(2017b:113-115; 119)에서는 종격(從格)(본서에서의 탈격)은 '-dihi', 비교격은 '-thi'와 같이 두 가지 격으로 따로 분류하였다. 그러나 본서에서는

낸다. 동작행위의 출발점에는 어떤 위치에서의 출발점과 어떤 시간에서의 출발점이 포함된다. 한국어의 '-로부터; -에서; -부터; -에게서/-한테서'와 중국어의 '從'에 해당한다. 그 외에 '-로', '-한테'의 의미로 동작행위의 도착점을 나타내기도 하고 비교격 용법과 부분격 용법으로 쓰이기도 한다.

출발점의 의미로 쓰이는 '-txi'의 예를 살펴보자.

(34) ㄱ. aba timaasin Xui-**txi** əmə-ggii-rən.
father tomorrow Hoi-ABL come-back-3
아버지가 내일 호이로부터 돌아오신다.
(lit. 아버지 내일 호이에서 돌아온다.)

ㄴ. nʉxʉn-bi or-**txi** tix(ə)-səə-ø.
younger.brother/sister-1SG.POSS bed-ABL fall-PST-3
동생이 침대에서 떨어졌다. (lit. 동생-나 침대에서 떨어졌다.)

ㄷ. si-ni iittə-**txi**-si səəcc(i) yʉʉ-ji-rən.
you(SG)-GEN tooth-ABL-2SG.POSS blood go.out/get.up-PROG-3
너의 이에서 피(가) 난다. (lit. 너의 이-에서-너 피 나오고 있다.)

(35) ㄱ. jʉʉr sag(a)-**txi** elan sag(a) jakka əmən
two hour/clock-ABL three hour/clock edge/till one
sag(a) aasin-gari.
hour/clock sleep-HORT
두 시부터 세 시까지 한 시간 자자.
(lit. 두 시부터 세 시까지 한 시간 자자.)

ㄴ. bi timaasin-**txi** ədd(ə) yʉʉ-mi.
I(1SG) tomorrow-ABL early/morning go.out/get.up-1SG
나(는) 내일부터 일찍 일어난다. (lit. 나 내일부터 일찍 일어난다.)

---

'-dixi ~ -tixi > -txi'의 세 가지 형태가 동일한 기능을 한다고 본다. 개인에 따라서 '-dixi', '-tixi', '-txi' 각기 다르게 발음하는 경우가 많아 본서에서는 '-txi'로 표기하고자 한다. 또한 'ə-dʉ'와 'ta-du'의 경우 '-xi'가 결합되고 'ama-', 'jʉləə-'와 같은 방위사의 경우 '-sixi'가 결합된다.

(34ㄱ), (34ㄴ), (34ㄷ)은 각각 'Xui'(호이), 'or'(침대), 'iittə'(이/이빨) 뒤에 탈격 표지가 결합하여 어떤 위치에서의 출발점을 나타내고 있고 (35ㄱ)과 (35ㄴ)은 각각 'jʉʉr saga'(두 시), 'timaasin'(내일) 뒤에 탈격 표지가 결합하여 어떤 시간에서의 출발점을 나타내고 있다.

탈격을 취하는 서술어로는 'jəələ-rən'(빌리다), 'baxa-ran'(얻다), 'dooldo-n'(hear), 'dooldii-ron'(listen), 'gada-n'(사다/가지다), 'əmməə-wʉ-rən'(버림받다) 등이 있다. 이때 탈격의 의미는 한국어의 '-에게서/-한테서'에 해당한다.

(36) ㄱ. bi Mandi-**txi** jʉʉr əkki-(i) bax(a)-suu.
I(1SG) Mandi-ABL two pants-INACC get-PST.1SG
나/내가 만디한테서 바지 두 벌(을) 받았다.
(lit. 나 만디한테서 두 바지를 얻었다.)

ㄴ. si tar bitəgə-wə Ilga-**txi** jəəl(ə)-səə-si gi?
you(SG) that book-ACC Ilga-ABL borrow-PST-2SG Q
너(는) 그 책을 일가한테서 빌렸느냐?
(lit. 너 그 책을 일가한테서 빌렸느냐?)

ㄷ. miti tar simə-wə naxsu-**txi** dool-coo-tti
we(INCL) that news-ACC uncle-ABL hear-PST-1PL.INCL
bi-səə-ø.
be-PST-3
우리(가) 그 소식을 외삼촌한테서 들었었다.
(lit. 우리 그 소식을 외삼촌한테서 들었었다.)

(36ㄱ)은 서술어가 'jəələ-rən'(빌리다)의 예이고, (36ㄴ)은 'baxa-ran'(얻다)의 예이며 (36ㄷ)은 'dooldo-n'(hear)의 예이다. 이 서술어들의 앞에 오는 성분은 모두 탈격을 취하고 있다.

어웡키어에서는 '매점에서 우유를 사다'에서의 '매점에서', '차를 놓치다'에서의 '차를', '수업에 지각하다'에서의 '수업에'는 어웡키어에서는 모두 탈격을 취한다. 이에 대해서는 6.3.2.2에서 다루겠다.

'-txi'는 아래와 같은 경우 출발점이 아닌 도착점을 나타낸다는 점에서 매우 특이하다.

(37) ㄱ. si ta-laxi ə-**txi** əmə-xə.
you(SG) that-DEL this-ABL come-2SG.IMP
너(는) 저쪽에서 이리로 와라. (lit. 너 저쪽에서 이리로 와라.)

ㄴ. si aba-**txi** nin-kə.
you(SG) father-ABL go(to.destination)-2SG.IMP
너(는) 아버지한테 가거라. (lit. 너 아버지한테 가거라.)

ㄷ. Mandi sʉn-**txi** nin-cəə-ø.
Mandi you(PL)-ABL go(to.destination)-PST-3
만디(가) 너희들한테 갔다. (lit. 만디 너희한테 갔다.)

(37)은 한국어의 '-로'와 '-한테'에 해당하는 예이다. (37ㄱ)의 'ə-txi'(이리로)는 출발점이 아닌 도착점을 나타내고 (37ㄴ)과 (37ㄷ)은 각각 '아버지가 있는 곳으로', '너희들이 있는 곳으로'라는 도착점을 나타내며 주로 서술어가 'əmə-rən'(오다)과 'ninə-rən'(가다)의 경우에 쓰이는 듯하다.

어웡키어의 탈격은 비교격 용법으로도 쓰인다. 이때 명사, 대명사뿐만 아니라 수사, 형용사, 방위사와도 결합할 수 있다. 예를 들면 아래와 같다.

(38) ㄱ. ərnig tiinʉg-**txi** namaddi.
today yesterday-ABL warm
오늘은 어제보다 따뜻하다. (lit. 오늘 어제보다 따뜻하다.)

ㄴ. tan(<tar)-ni xuni(<n)-nin mit(i)-ni-**txi** baran.
(S)he-GEN sheep-3POSS we(INCL)-GEN-ABL many
그의 양은 우리 것보다 많다. (lit. 그의 양 우리의-보다 많다.)

ㄷ. Mandi min-**txi** jʉʉr-ji axin.

Mandi I(1SG)-ABL two-INST elder(man)
만디는 나보다 두 살 위/연상이다. (lit. 만디 나보다 둘로 위/연상.)

ㄹ. tuŋ nadan-**txi** nisxʉn.
five seven-ABL small
오는 칠보다 작다. (lit. 오 칠보다 작다.)

ㅁ. min-dʉ geltari(<n)-nin ularin-**txi** nandaxan.
I(1SG)-DATL white-3POSS red-ABL beautiful
나에게 하얀 것이 빨간 것보다 좋다.
(lit. 나에게 하양-그 중에서 빨강보다 좋다.)

(38)은 비교격 용법으로 쓰이는 '-txi'의 예이다. (38ㄱ)은 시간 명사 'tiinʉg'(어제) 뒤에, (38ㄴ)과 (38ㄷ)은 인칭대명사 'miti'(우리, 포함형)와 'min-'(나) 뒤에, (38ㄹ)은 수사 'nadan'(칠) 뒤에, (38ㅁ)은 형용사 'ularin'(빨간) 뒤에 탈격 표지 '-txi'가 결합된 예이다.

탈격 '-txi'는 비교격 용법 외에 아래와 같이 부분격 용법으로도 쓰인다.

(39) ㄱ. bi si-ni satan-**txi**-si anta-m
I(1SG) you(SG)-GEN sugar/candy-ABL-2SG.POSS taste-CVB
isi-gədi.
look-1SG.VOL
내가 너의 사탕의 일부를 맛볼게. (lit. 나 너의 사탕-에서-너 맛봐 볼게.)

ㄴ. ər bitəg(ə)-səl-**txi** əlbʉʉ(~əbbʉʉ)-xəldʉn.
this book-PL-ABL take-2PL.IMP
이 책들의 일부를 가져가라. (lit. 이 책들에서 가져가라.)

(39ㄱ)의 'si-ni satan-txi-si'와 (39ㄴ)의 'bitəg(ə)-səl-txi'에서의 '-txi'는 부분격 용법으로 쓰인 것이다. 한국어의 '너의 사탕의 일부를', '책들의 일부를'을 한정 대격과 3인칭 소유인칭표지가 결합한 'si-ni sata(<n)-ni-si əmən xəsəg(ə)-wə-n’, ‘bitəg(ə)-səl-ni əmən xəsəg(ə)-wə-n’이라고도 할 수 있다.

### 6.2.5. ‘-laxi/-dulaxi’

‘-laxi/-dulaxi’는 방위탈격(delative) 표지이다.[65] 이는 방향처격의 ‘-la/-dula’ 뒤에 탈격 표지 ‘-txi’의 ‘-xi’가 결합된 듯하다. 명사, 친족용어, 인명, 대명사와 결합하여 출발점/출발점 방향 ‘-에서; -쪽에서; (-가 있는) 쪽에서’라는 의미를 나타낸다. 탈격의 ‘-txi’는 어떤 위치에서의 출발점과 어떤 시간에서의 출발점 등을 가리키지만 방위탈격은 시간에는 쓰이지 못하고 어떤 위치에서의 출발점만을 가리킨다. 예를 들면 아래와 같다.

(40) ㄱ. bi surgul-**dulaxi** baran bitəgə-i jəəl(ə)-sʉʉ.
I(1SG) school-DEL many book-INACC borrow-PST.1SG
나(는) 학교 쪽에서 많은 책을 빌렸다.
(lit. 나 학교 쪽에서 많은 책을 빌렸다.)

ㄴ. ər beenci-wa bi ada-**laxi** əmʉʉ-sʉʉ.
this dumpling-ACC I(1SG) elder.sister-DEL bring-PST.1SG
이 만두를 내가 언니/누나 집에서/쪽에서 가져왔다.
(lit. 이 만두를 나 언니/누나 집에서/쪽에서 가져왔다.)

(41) ㄱ. Mandi min-**dʉləxi** əm(ə)-sʉʉ gʉnə-n.
Mandi I(1SG)-DEL come-PST.1SG say-3
만디(는) 내 집에서/쪽에서 왔대. (lit. 만디 나 집에서/쪽에서 왔대.)

ㄴ. ta-**laxi** əmən bəi əm(ə)-ji-rən.
that-DEL one person come-PROG-3

65) 胡增益·朝克(1986)에서는 방위종격(方位從格)으로 설정하였다.

저 쪽에서 한 사람이 오고 있다. (lit. 저 쪽에서 한 사람 오고 있다.)

ㄷ. ər xəəxə-wə awu-**laxi** əmʉʉ-səə-si?
this cat-ACC who-DEL bring-PST-2SG
이 고양이를 누구 집에서 가져왔어?
(lit. 이 고양이를 누구 집에서/쪽에서 가져왔어?)

ㄹ. bi məən-**dʉləxi**-wi gee-d(u)
I(1SG) oneself-DEL-SG.REFL city-DATL
nin(ə)-ji-mi.
go(to.destination)-PROG-1SG
나(는) 자신의 집에서 시내로 가고 있다.
(lit. 나 자신 집/쪽-에서-나 시내에 가고 있다.)

(40ㄱ)과 (40ㄴ)은 각각 장소 명사와 친족용어 뒤에 방위탈격 표지가 결합된 예이고 (41ㄱ), (41ㄴ), (41ㄷ), (41ㄹ)은 각각 인칭대명사, 지시대명사, 의문대명사, 재귀대명사 뒤에 방위탈격 표지가 결합된 예이다. 이때 방위탈격 표지는 모두 출발점을 가리키고 있다.

### 6.2.6. '-giiji'

'-giiji'는 방면탈격(elative) 표지이다.[66] 이는 동작행위의 출발점을 나타낸다. 장소 명사, 대명사, 방위사와 결합하여 쓰이지만 시간 명사와 친족용어 뒤에는 쓰이지 못한다. 한국어의 '-에서; -로부터; -부터'와 중국어의 '從 … 面/方面'에 해당한다. 'jʉʉ'(집), 'ə-'(이), 'ta-'(그/저)의 경우 '-ggiiji'와 결합한다. 예는 아래와 같다.

---

66) 胡增益·朝克(1986)에서는 방면종격(方面從格), 朝克(1995, 2009, 2017b)에서는 방면격(方面格)으로 설정하였다. 권재일·김주원(2000:1), 성백인 외(2010:126) 등에서는 사마지에(薩馬街) 지역의 어웡키어에서의 '방향격, 종격, 방면종격, 목표격'이 모두 탈격 '-txi'로 표시된다고 하였다.

(42) ㄱ. Mandi jʉʉ-**ggiiji**-wi surgul-d(u)
Mandi home/house-ELAT-SG.REFL school-DATL
ʉl(i)-ji-rən.
go(from.here)-PROG-3
만디(는) 집에서 학교에 다닌다. (lit. 만디 집-에서-그 사람 학교에 다닌다.)

ㄴ. timaasin sum(u)-**giiji** adi bəi əmə-rən gʉnə-n.
tomorrow village-ELAT how.many person come-3 say-3
내일 마을로부터 몇 명이 온대. (lit. 내일 마을에서 몇 사람 온다 했다.)

(43) ㄱ. jʉlii-**giiji** ədin-ji-rən.
south-ELAT blow-PROG-3
남쪽으로부터 바람(이) 불고 있다. (lit. 남쪽에서 바람불고 있다.)

ㄴ. mʉ-ni amii-**giiji**-mun əmən
we(EXCL)-GEN behind-ELAT-1PL.EXCL.POSS one
muc-ci[67] bəi əm(ə)-ji-rən.
horse-PROP person come-PROG-3
우리 뒤에서 말을 탄 한 사람이 오고 있다.
(lit. 우리의 뒤-에서-우리 한 말 탄 사람 오고 있다.)

(44) doo-wol təlin-**giiji** əəkkəə-gəri.
song-PL.REFL just.before-ELAT start-HORT
노래를 처음부터 시작하자. (lit. 노래-우리 처음부터 시작하자.)

(42ㄱ)과 (42ㄴ)은 'jʉʉ'(집)와 'sumu'(마을) 뒤에 방면탈격 표지가 결합된 예이고 (43ㄱ)과 (43ㄴ)은 각각 방위사 'jʉlii-'(남; 남쪽)와 'amii-'(뒤; 북쪽) 뒤에 방면탈격 표지가 결합된 예이다. '-giiji'는 (44)와 같이 'təlin'(아까/처음)과 같은 시간과 관련된 명사 뒤에 결합하여 '처음부터'라는 의미를 나타내기도 한다.

---

67) murin-ci > mur-ci > muc-ci(말 있는; 말을 탄 …)

앞에서 세 가지 탈격, 즉 탈격, 방위탈격, 방면탈격의 의미와 용법을 다루었지만 이들은 비슷한 부분이 있다. 탈격은 출발점, 도착점, 비교격 용법, 부분격 용법 등 다양하게 쓰이지만 방위탈격과 방면탈격은 출발점의 의미로만 쓰인다. 이 세 가지 탈격의 명사, 대명사와의 결합 가능 여부와 일부 동사와의 어울림 관계를 정리하면 아래 표와 같다.

〈표 16〉 세 가지 탈격의 용법 차이

| | | 탈격 | 방위탈격 | 방면탈격 |
|---|---|---|---|---|
| 명사 | 친족용어(ada; 언니/누나) | ○ | ○ | × |
| | 인명(Mandi; 만디) | ○ | ○ | × |
| | 지명(Xui; 호이) | ○ | × | ○ |
| | 시간(timaasin; 내일) | ○ | × | × |
| | təlin(아까; 처음) | × | × | ○ |
| 대명사 | 인칭대명사(min-; 나) | ○ | ○ | × |
| | 의문대명사(awu; 누구) | ○ | ○ | × |
| | 지시대명사(ta-; 그쪽/저쪽) | ○ | ○ | ○ |
| | 재귀대명사(məən-) | ○ | ○ | ○ |
| 동사 | əmə-rən(오다) | ○ | ○ | ○ |
| | ninə-rən(가다) | ○ | ○ | ○ |
| | yʉʉ-rən(나다; 나가다) | ○ | ○ | ○ |
| | əmməə-wʉ-rən(버림받다) | ○ | × | × |
| | əmʉʉ-rən(가져오다) | ○ | ○ | ○ |
| | tixə-rən(떨어지다) | ○ | × | × |
| | jəələ-rən(빌리다) | ○ | × | × |
| | dooldo-n/dooldii-ron(듣다) | ○ | × | × |
| | baxa-ran(얻다) | ○ | × | × |

### 6.2.7. '-li/-duli'

'-li/-duli'[68]는 경로격(prolative) 표지이다. 이는 '-을 통과해서'와 '-을 따라'라는 의미 외에 '-쯤', '-군데에'의 의미로 쓰이기도 한다. 우선

68) 모음으로 끝나는 명사 뒤에는 '-li', 자음으로 끝나는 명사 뒤에는 '-duli'가 결합한다.

'-을 통과해서'의 의미로 쓰인 '-li/-duli'의 예를 살펴보자.

(45) Mandi jʉʉ-ni anuxu-wi əmi baxa-r
Mandi home/house-GEN key-SG.REFL NEG.CVB find-PTCP.NPST
soŋko-**li** ii-səə-ø.
window-PROL come.in/spend-PST-3
만디가 자기 집 열쇠를 못 찾아서 창문으로 들어왔다.
(lit. 만디 자기의 집의 열쇠-그 사람 못 찾고 창문으로 들어왔다.)

(46) bʉ Ulan-Bulag(a)-**li**-sun əmə-ggii-səə-mʉn.
we(EXCL) Olan.Bolaga-PROL-2PL.POSS come-back-PST-1PL.EXCL
우리가 (너희들이 살고 있는) 올란뿔락을 통과해서 돌아왔다.
(lit. 우리 올란뿔락-을 통과해서-너희 돌아왔다.)

(47) tar udun-**duli** pəcci-m mʉn-dʉlə əm(ə)-səə-ø.
(S)he rain-PROL go.busily-CVB we(EXCL)-DIRL come-PST-3
그 사람은 비를 통과해서/비를 무릅쓰고 우리 쪽에/집에 왔다.
(lit. 그 사람 비를 통과해서 우리 쪽에/집에 왔다.)

(48) sʉn-**dʉli** xiir daari-gadi.
you(PL)-PROL a.moment stop.by-1SG.VOL
내가 너희들 집에 잠깐 들를게. (lit. 나 너희 집에 잠깐 들를게.)

(49) bi si-ni yəəm(ə)-wə-si naxsu-**li**-si
I(1SG) you(SG)-GEN thing-ACC-2SG.POSS uncle-PROL-2SG.POSS
ʉlii-xəən-gədi.
go(from.here)-CAUS-1SG.VOL
내가 너의 물건을 외삼촌을 통해 보낼게.
(lit. 나 너의 물건을-너 외삼촌을 통해-너 보낼게.)

(45)의 '-li'는 '창문을 통과해서'라는 뜻으로 쓰인 것이다. (46)은 지명

'Ulan-Bulaga'(올란뿔락) 뒤에 경로격 '-li'가 결합된 것인데 '올란뿔락을 거쳐서'라는 의미를 나타낸다. (47)은 (45), (46)과는 달리 경로격 표지가 'udun'(비) 뒤에 결합되어 있다. 이때는 '비를 맞는 힘든 일을 거쳐서 왔다'는 의미를 나타낸다. (48)의 서술어는 'daari-ran'(들르다)인데 '너희들 집에 잠깐 들를게'라는 의미를 나타낼 때 'sʉn-'(너희들) 뒤에 경로격 표지가 결합한다. (49)에서 물건을 누구를 통해 보낼 때도 경로격의 '-li'가 쓰인다.

다음은 '-을 따라'의 의미로 쓰인 '-li'의 예이다.

(50) bʉ Xui doo-**li** əmə-ggii-səə-mʉn.
we(EXCL) Hoi river-PROL come-back-PST-1PL.EXCL
우리(가) 호이 강을 따라 돌아왔다. (lit. 우리 호이 강을 따라 돌아왔다.)

(50)의 '-li'는 '강을 통과해서'가 아니라 '강을 따라'의 의미로 쓰인 것이다.

'-쯤'의 의미로 쓰이는 '-li'의 예는 아래와 같다.

(51) ㄱ. bi jʉʉr sag(a)-**li** dootod(<dootor)-(du)[69]
I(1SG) two hour/watch-PROL hospital-DATL
ninə-mi.
go(to.destination)-1SG
나/내가 두 시쁨에 병원에 간다. (lit. 나 두 시쯤 병원에 간다.)

ㄴ. imanda tukka(<tukku)-cci bulcidda-**li** es(a)-saa-ø.
snow fall-CVB calf-PROL arrive-PST-3
눈이 내려서 종아리쯤 됐다. (lit. 눈 내려서 종아리쯤 도착했다.)

(51ㄱ)은 'jʉʉr saga'(두 시) 뒤에 '-li'가 결합하여 '두 시가 아닌 두 시쯤'이라는 의미를 나타내고 '딱 두 시에'라면 여처격의 '-du'가 결합해

69) 자음 충돌 때문에 여처격 '-du'의 '-d'도 탈락된다.

야 한다. (51ㄴ)은 눈이 온 정도를 나타내는 것인데 'bulcidda'(종아리)에 '-li'가 결합하여 '종아리쯤'이라는 의미를 나타낸다.

마지막으로 '-군데에'의 의미로 쓰이는 예를 들어보자.

(52) təggə(<n)-ni xʉddə <u>jʉʉr bug(u)-**li**</u> soppoggo-soo-ø.
car-GEN wheel two place-PROL a.hole.is.made-PST-3
차 바퀴가 <u>두 군데에</u> 구멍(이) 났다. (lit. 차의 바퀴 <u>두 곳에/군데에</u> 구멍났다.)

(52)는 차 바퀴가 두 군데에 구멍이 난 것인데 'jʉʉr bugu'(두 곳/두 군데)에 경로격의 '-li'가 결합하여 특이한 용법을 보이고 있다.

경로격의 '-li/-duli'는 위치를 나타낼 때도 있다. '-li/-duli'에 대해서 胡增益·朝克(1986)에서는 경격(經格), 朝克(1995)에서는 不定方位格, 朝克(2009; 2017b)에서는 不定位格으로 보고 있다. 朝克(2017b:110-111)에서는 '사람이나 사물이 있는 위치/장소가 명확하지 않거나 대략 범위'를 나타낼 때 쓰이며 '好象在×××位置', '似乎在×××地方' 등과 같은 부정위(不定位) 개념을 나타낸다고 하고 있다. 그리고 '-duli'는 여격(본서에서의 여처격)의 '-du'에 부정위격의 '-li'가 결합된 것으로 보고 모호성을 따르면 '-li'는 '-duli'보다 더 명확하지 않다고 보고 있다. 그러나 본서는 '-li'와 '-duli'는 단지 변이형태일 뿐 모호성과 관련이 없다고 본다.

## 6.3. 두 언어의 부사격 표지 대조 분석

이 절에서는 6.1과 6.2에서 살펴본 한국어와 어웡키어의 부사격 표지를 대조 분석한다. 논의의 편의를 위하여 우선 공간과 관련된 의미 용법을 중심으로 살펴본 후 기타 의미 용법의 경우를 살펴보도록 하겠다.

## 6.3.1. 공간과 관련된 의미 용법의 대조 분석

### 6.3.1.1. '-에'

앞서 한국어의 '-에'는 방향과 위치를 나타내는 용법이 있음을 확인하였다. 먼저 방향을 나타내는 '-에'에 대응되는 어웡키어를 살펴보자.

(53) ㄱ. 오늘 아침 학교에 갔다.
ㄴ. ərnig əddə surgul-**d(u)** nin-cəə-ø.
today morning/early school-DATL go(to.destination)-PST-3
오늘 아침 학교에 갔다. (lit. (그 사람) 오늘 아침 학교에 갔다.)
ㄴ′. ərnig əddə surgul-**dula** nin-cəə-ø.
today morning/early school-DIRL go(to.destination)-PST-3
오늘 아침 학교에 갔다. (lit. (그 사람) 오늘 아침 학교에 갔다.)

(53ㄱ)은 방향을 나타내는 '-에'가 목적지인 '학교'에 결합된 예이다. 이에 대응되는 어웡키어의 격표지는 (53ㄴ)의 여처격과 (53ㄴ′)의 방향처격이다. '학교에 가다'의 경우 어웡키어는 두 가지로 표현되지만 아래와 같은 '런던에 도착하다', '미국에/미국으로 가다'는 여처격으로만 표현된다.

(54) ㄱ. 조금 있으면 런던에 도착합니다.
ㄴ. amasxan bi-kki Lʉndʉn-**d(ʉ)** esa-tti.
a.little be-COND London-DATL arrive-1PL.INCL
조금 있으면 런던에 도착합니다. (lit. 조금 있으면 우리 런던에 도착한다.)

(55) ㄱ. 철수는 미국에/미국으로 갔다.
ㄴ. Colsʉ Amerika-**d(u)** nin-cəə-ø.

Chulsoo America-DATL go(to.destination)-PST-3
철수 미국에/미국으로 갔다. (lit. 철수 미국에 갔다.)

서술어가 '도착하다'일 때 한국어는 (54ㄱ)과 같이 목적지에 '-에'가 붙고 어웡키어는 (54ㄴ)과 같이 여처격이 붙는다. 그러나 서술어가 '가다'일 때 한국어는 (55ㄱ)과 같이 '미국에 갔다.', '미국으로 갔다.'와 같이 '-에'가 쓰일 수도 있고 '-로'가 쓰일 수도 있는데 '-에'가 쓰이면 '목적지인 미국에 갔다'는 의미가 함의되고 '-로'가 쓰이면 '목적지인 미국을 향해 갔다'는 의미가 함의된다. '미국으로'일 때 어웡키어는 방향격의 '-txaaxi'가 쓰일 것 같지만 방향격은 쓰이지 못하고 (55ㄴ)과 같이 여처격만 쓰인다.

다음으로 위치를 나타내는 '-에'에 대응되는 어웡키어를 살펴보자.

(56) ㄱ. 너의 가방(이) 여기에 있다.
ㄴ. si-ni suubal-ci ə-**dʉ** bi-ji-rən.
you(SG)-GEN bag-2SG.POSS this-DATL be-PROG-3
너의 가방(이) 여기에 있다. (lit. 너의 가방-너 여기에 있고 있다.)
ㄴ′. si-ni suubal-ci ə-**lə** bi-ji-rən.
you(SG)-GEN bag-2SG.POSS this-DIRL be-PROG-3
너의 가방(이) 여기에 있다. (lit. 너의 가방-너 여기에 있고 있다.)

(56ㄱ)의 '여기에'는 어웡키어에서는 두 가지로 표현된다. 하나는 (56ㄴ)과 같이 지시대명사 'ə-' 뒤에 여처격이 결합하고 다른 하나는 (56ㄴ′)과 같이 'ə-' 뒤에 방향처격이 결합한다. (56ㄴ)의 'ə-dʉ'는 '(바로) 여기에'라는 구체적이고 정확한 위치를 가리키고 (56ㄴ′)의 'ə-lə'는 'ə-dʉ'보다 범위가 넓은 '여기에, 이쪽에'를 가리킨다.

아래와 같은 '벽에', '바지에'의 '-에'는 어웡키어에서는 여처격으로만 표현된다.

(57) ㄱ. 아이는 벽에 그림을 그렸다.
ㄴ. ʉrəl xərən-**d(ʉ)** jurugu-i jur(i)-saa-ø.
child wall-DATL picture-INACC draw-PST-3
아이는 벽에 그림을 그렸다. (lit. 아이 벽에 그림을 그렸다.)

(58) ㄱ. 흙이 바지에 묻었다.
ㄴ. sirtan(~sirattan) əkki-**d(ʉ)** latta-saa-ø.
earth pants-DATL be.stained.with-PST-3
흙이 바지에 묻었다. (lit. 흙 바지에 묻었다.)

'벽에', '바지에'의 '-에'에 대응되는 어웡키어의 격표지는 (57ㄴ)과 (58ㄴ)에서 보듯이 여처격만 가능하다.

#### 6.3.1.2. '-에서'

앞서 한국어의 '-에서'는 출발점과 위치를 나타내는 용법이 있음을 확인하였다. 먼저 한국어의 출발점을 나타내는 '-에서'에 대응되는 어웡키어 격표지로는 탈격의 '-txi', 방위탈격의 '-laxi/-dulaxi', 방면탈격의 '-giiji'가 있다.

(59) ㄱ. 만디는 집에서 학교에 다닌다.
ㄴ. Mandi jʉʉ-**txi**-wi surgul-d(u)
Mandi home/house-ABL-SG.REFL school-DATL
ʉl(i)-ji-rən.
go(from.here)-PROG-3
만디는 집에서 학교에 다닌다.
(lit. 만디 집-에서-그 사람 학교에 다니고 있다.)
ㄴ'. Mandi jʉʉ-**ddʉləxi**-wi surgul-d(u)
Mandi home/house-DEL-SG.REFL school-DATL
ʉl(i)-ji-rən.

go(from.here)-PROG-3
만디는 집에서 학교에 다닌다.
(lit. 만디 집-에서-그 사람 학교에 다니고 있다.)

ㄴ″. Mandi jʉʉ-**ggiiji**-wi surgul-d(u)
Mandi home/house-ELAT-SG.REFL school-DATL
ʉl(i)-ji-rən.
go(from.here)-PROG-3
만디는 집에서 학교에 다닌다.
(lit. 만디 집-에서-그 사람 학교에 다니고 있다.)

그러나 '-에서'의 모든 용법이 탈격, 방위탈격, 방면탈격 세 가지로 표현될 수 있는 것은 아니다. 아래와 같이 서술어가 '뛰어내리다'일 때는 탈격만 사용된다.

(60) ㄱ. 그 사람은 말에서 뛰어내렸다.
ㄴ. tar bəi murin-**txi** tuccaan-ci əʉ(<əwə)-səə-ø.
that person horse-ABL jump-CVB go.down-PST-3
그 사람은 말에서 뛰어내렸다. (lit. 그 사람 말에서 뛰어내렸다.)

(60ㄱ)의 '말에서'는 어웡키어에서는 탈격의 '-txi'에 대응된다.
아래와 같은 예에서의 '-에서'는 방위탈격과 방면탈격에 대응된다.

(61) ㄱ. 남쪽에서 사람 한 명이 오고 있다.
ㄴ. jʉlii-**ləxi** əmən bəi əm(ə)-ji-rən.
south-DEL one person come-PROG-3
남쪽에서 사람 한 명이 오고 있다. (lit. 남쪽에서 한 사람 오고 있다.)
ㄴ′. jʉlii-**giiji** əmən bəi əm(ə)-ji-rən.
south-ELAT one person come-PROG-3
남쪽에서 사람 한 명이 오고 있다. (lit. 남쪽에서 한 사람 오고 있다.)

그러나 아래 (62ㄱ)의 ‘남쪽에서 바람이 불고 있다’와 같은 경우 (62ㄴ)과 같이 방면탈격만 가능하다.

(62) ㄱ. 남쪽에서 바람이 불고 있다.
　　ㄴ. jʉlii-**giiji**　(ədin)　ədin-ji-rən.
　　　south-ELAT　wind　blow-PROG-3
　　　남쪽에서 바람이 불고 있다. (lit. 남쪽에서 바람 불고 있다.)

다음으로는 위치를 나타내는 ‘-에서’에 대응되는 어웡키어의 예를 살펴보자.

(63) ㄱ. 나는 할머니 집에서 밥을 먹었다.
　　ㄴ. bi　addi-ni　jʉʉ-**ddʉ**-n　xəəmə-i
　　　I(1SG)　grandmother-GEN　house/home-DATL-3POSS　meal-INACC
　　　jic(<t)-cʉʉ.
　　　eat-PST.1SG
　　　나는 할머니 집에서 밥을 먹었다.
　　　(lit. 나 할머니의 집-에서-그 사람 밥을 먹었다.)
　　ㄴ′. bi　addi-**la**　xəəmə-i　jic(<t)-cʉʉ.
　　　I(1SG)　grandmother-DIRL　meal-INACC　eat-PST.1SG
　　　나는 할머니 집에서 밥을 먹었다.
　　　(lit. 나 할머니(가 있는) 쪽에서/할머니 집에서 밥을 먹었다.)

(63ㄱ)의 ‘-에서’는 어웡키어에서는 (63ㄴ)과 (63ㄴ′)과 같이 여처격과 방향처격에 대응된다. 그러나 ‘주방에서’일 경우 아래와 같이 여처격으로만 표현된다.

(64) ㄱ. 어머니는 주방에서 요리를 하신다.
　　ㄴ. əmmə　iixə　jʉʉ-**d(dʉ)**　xəəmə-i　oo-ji-ron.

mother pot house/home-DATL meal-INACC do/become-PROG-3
어머니는 주방에서 요리를 하신다. (lit. 어머니 주방에서 밥을 하고 있다.)

아래와 같은 경우는 조금 다르다.

(65) ㄱ. 우리 반에서 내가 제일 크다.
ㄴ. mʉ-ni aŋgi doo-**lo** bi miin gudda-nin
we(EXCL)-GEN class inside-DIRL I(1SG) most tall-3POSS
oo-mi.
do/become-1SG
우리 반에서 내가 제일 크다.
(lit. 우리의 반 안에서 나 제일 키 큰-그 중에서 된다.)

내부 위치를 가리킬 때는 한국어는 (65ㄱ)과 같이 '-에서'만으로 표현될 수 있지만 어웡키어는 (65ㄴ)과 같이 방위사 'doo-'(안)에 방향처격이 결합된 'doo-lo'(안에서)를 사용한다.

한국어의 '길에서'는 어웡키어에서는 두 가지로 표현된다.

(66) ㄱ. 길에서 영희를 만났다.
ㄴ. tәggʉ-**d(ʉ)** Yoŋxi-ji baxal-cuu.
road-DATL Yonghee-INST meet-PST.1SG
길에서 영희를 만났다. (lit. 길에서 영희와 마주쳤다.)
ㄴ'. tәggʉ-**li** Yoŋxi-ji baxal-cuu.
road-PROL Yonghee-INST meet-PST.1SG
길에서 영희를 만났다. (lit. 길에서/길을 가다가 영희와 마주쳤다.)

하나는 (66ㄴ)의 여처격의 '-dʉ'가 결합한 'tәggʉ-dʉ'이고 다른 하나는 (66ㄴ')의 경로격의 '-li'가 결합한 'tәggʉ-li'이다. 그러나 (66ㄴ')보다는 (66ㄴ)이 많이 쓰인다.

### 6.3.1.3. '-로'

한국어의 '-로'는 방향과 경로를 나타낸다. 우선 방향을 나타내는 '-로'와 그에 대응되는 어웡키어를 살펴보자.

(67) ㄱ. 학교로 갔다.
ㄴ. surgul-**d(u)** nin-cəə-ø.
school-DATL go(to.destination)-PST-3
학교로 갔다. (lit. 학교에 갔다.)
ㄴ′. surgul-**dula** nin-cəə-ø.
school-DIRL go(to.destination)-PST-3
학교로 갔다. (lit. 학교 쪽에 갔다.)
ㄴ″. surgul-**txaaxi** nin-cəə-ø.
school-DIR go(to.destination)-PST-3
학교로 갔다. (lit. 학교 쪽으로/학교를 향해 갔다.)
ㄴ‴. surgul-**txi** nin-cəə-ø.
school-ABL go(to.destination)-PST-3
학교로 갔다. (lit. 학교로 갔다.)

한국어의 '학교로 갔다.'는 '학교에 갔다.', '학교 쪽에 갔다.', '학교 쪽으로 갔다.'로 해석되는데 어웡키어에서는 이를 네 가지 격표지로 표현할 수 있다. 즉 (67ㄴ)은 여처격, (67ㄴ′)은 방향처격, (67ㄴ″)은 방향격, (67ㄴ‴)은 탈격으로 표현된다.

다음으로는 '집으로 와.'와 그에 대응되는 어웡키어를 살펴보자.

(68) ㄱ. 집으로 와.
ㄴ. jʉʉ-**dd(ʉ)** əmə-xə.
home/house-DATL come-2SG.IMP
집으로 와. (lit. 집에 와라.)
ㄴ′. jʉʉ-**ddʉlə** əmə-xə.

home/house-DIRL come-2SG.IMP
<u>집으로</u> 와. (lit. <u>집 쪽에</u> 와라.)

(68ㄱ)의 '집으로 와.'는 '집에 와.'로 해석할 수도 있고 '집 쪽으로 와.'로 해석할 수도 있다. 어웡키어에서는 여처격(68ㄴ)과 방향처격(68ㄴ')으로 표현된다.

동작행위나 상태의 방향을 나타낼 때 한국어에서는 '-로'에 의해 표현되는데 이는 어웡키어의 방향격과 탈격으로 표현된다. 아래의 예를 살펴보자.

(69) ㄱ. 철수는 <u>문 쪽으로</u> 걸어갔다.
ㄴ. Colsʉ <u>ʉkkə-**txəəxi**</u> algasii(~aggasii)-ci nin-cəə-ø.
Chulsoo door-DIR walk-CVB go(to.destination)-PST-3
철수는 <u>문 쪽으로</u> 걸어갔다. (lit. 철수 <u>문 쪽으로</u> 걸어갔다.)

'-로'와 '-txəəxi'는 모두 방향을 가리킬 때 쓰인다. (69ㄱ)에서의 '문 쪽으로'는 방향을 가리키고 있고 (69ㄴ)에서의 'ʉkkə-txəəxi'(문 쪽으로; 문을 향해)도 방향을 가리키고 있다. 그러나 (69ㄴ)의 '-txəəxi'는 탈격의 '-txi'로 바꾸어 쓸 수 없다.

아래의 (70ㄴ)은 탈격은 쓰일 수 있지만 방향격은 쓰이지 못한다.

(70) ㄱ. 할머니의 허리가 <u>앞으로</u> 굽어 있다.
ㄴ. addi-ni daram(a)-nin <u>jʉləə-**sixi**</u> bʉxtii-tən
grandmother-GEN waist-3POSS south-ABL stoop-CVB
bi-ji-rən.
be-PROG-3
할머니의 허리가 <u>앞으로</u> 굽어 있다.
(lit. 할머니의 허리-그 사람 <u>앞으로</u> 굽어 있다.)

아래와 같은 일정한 지점을 기준으로 한 방향을 나타내는 예를 살펴보자.

(71) ㄱ. 마당 쪽으로 소나무가 있다.
ㄴ. xurgan-**dula** jadda bisi-n.
yard-DIRL pine be-3
마당 쪽으로 소나무가 있다.
(lit. 마당에/마당 쪽에/마당 주변에 소나무 있다.)
ㄴ′. xurgan-**duli** jadda bisi-n.
yard-PROL pine be-3
마당 쪽으로 소나무가 있다. (lit. 마당 가까이에 소나무 있다.)
ㄴ″. xurgan-**txaaxi** nin-ki jadda bisi-n.
yard-DIR go(to.destination)-COND pine be-3
마당 쪽으로 소나무가 있다. (lit. 마당 쪽을 향해 가면 소나무 있다.)

(71ㄱ)의 '마당 쪽으로'는 '마당에', '마당 가까이에'라는 위치를 가리킬 수도 있고 방향을 가리킬 수도 있다. 이는 어웡키어에서는 위치를 가리킬 때는 방향처격과 경로격으로 표현되고 방향을 가리킬 때는 방향격으로 표현된다. '마당에; 마당 쪽에; 마당 주변에'일 때는 (71ㄴ)과 같이 방향처격으로 표현된다. (71ㄴ′)의 경로격 표지는 '쯤; 가까이'의 의미로 쓰여 위치를 나타내고 있다. '마당 쪽으로 가다 보면 소나무가 있다'처럼 방향을 나타낼 때는 어웡키어는 (71ㄴ″)과 같이 방향격으로 표현된다.

경로를 나타내는 '-로'는 어웡키어에서는 경로격에 의해 표현된다. 아래의 예를 살펴보자.

(72) ㄱ. 우리는 창문으로 들어왔다.
ㄴ. bʉ soŋko-**li** ii-səə-mʉn.
we(EXCL) window-PROL come.in/spend-PST-1PL.EXCL
우리는 창문으로 들어왔다. (lit. 우리 창문으로 들어왔다.)

(72ㄱ)에서의 '-을 통하여'의 의미로 쓰인 '-로'는 어웡키어에서는 '-li'에 의해 표현된다.

#### 6.3.1.4. '-로부터'

'-로부터'에 대응되는 어웡키어의 예를 살펴보자.

(73) ㄱ. 아버지는 내일 호이로부터 돌아오신다.
ㄴ. aba timaasin Xui-**txi** əmə-ggii-rən.
father tomorrow Hoi-ABL come-back-3
아버지는 내일 호이로부터 돌아오신다.
(lit. 아버지 내일 호이에서 돌아온다.)
ㄴ′. aba timaasin Xui-**laxi** əmə-ggii-rən.
father tomorrow Hoi-DEL come-back-3
아버지는 내일 호이로부터 돌아오신다.
(lit. 아버지 내일 호이 쪽에서 돌아온다.)
ㄴ″. aba timaasin Xui-**giiji** əmə-ggii-rən.
father tomorrow Hoi-ELAT come-back-3
아버지는 내일 호이로부터 돌아오신다.
(lit. 아버지 내일 호이 방면에서 돌아온다.)

(73ㄴ), (73ㄴ′), (73ㄴ″)은 (73ㄱ)에 대응되는 것인데 '-로부터'는 탈격의 '-txi', 방위탈격의 '-laxi', 방면탈격의 '-giiji'에 대응되고 있다. '-laxi'와 '-giiji'는 '-txi'보다 넓은 범위를 나타내는 듯하다. 그러나 '-로부터'가 모든 경우에 이 세 가지 격표지로 표현될 수 있는 것은 아니다. 아래와 같이 탈격만 쓰이는 경우도 있다.

(74) ㄱ. 나뭇잎이 가지로부터 떨어진다.
ㄴ. moo-ni nacci sala-**txi**-wi tixə-rən.
tree-GEN leaf branch-ABL-SG.REFL fall-3

나뭇잎이 가지로부터 떨어진다. (lit. 나뭇잎 가지-에서-그 떨어진다.)

(74)는 서술어가 '떨어지다'와 'tixə-rən'의 예이다. 어웡키어는 (74ㄴ)의 경우 앞서 6.2.4에서 살펴본 바와 같이 'tixə-rən'이 탈격을 취하는 동사이므로 탈격 '-txi'만 가능하다. 그러나 '위(쪽)에서 떨어지다'일 경우 탈격은 쓰이지 못하고 방위탈격과 방면탈격이 쓰일 수 있다. 장소, 방면 등이 넓은 범위일 때는 방위탈격과 방면탈격이 쓰이는 듯하다.

'-에게서/-한테서'의 의미로 쓰이는 '-로부터'는 어웡키어에서는 아래와 같이 탈격으로 표현된다.

(75) ㄱ. 삼촌으로부터 초청을 받아 미국으로 갑니다.
ㄴ. əsxə-**txi** urilaga-i baxa-cci Amerika-d(u)
uncle-ABL invitation-INACC get-CVB America-DATL
ninə-mi.
go(to.destination)-1SG
삼촌으로부터 초청을 받아 미국으로 갑니다.
(lit. 나 삼촌에게서 초청을 받아 미국에 갑니다.)

어웡키어의 '-txi'는 한국어의 '-에게서/-한테서'의 의미로 쓰이는 '-로부터'에 대응된다. (75ㄱ)과 (75ㄴ)은 그러한 예이다.

### 6.3.2. 기타 의미 용법의 대조 분석

#### 6.3.2.1. '-에'

여기에서는 지금까지 살펴본 공간을 나타내는 부사격 표지들의 다른 의미 용법, 즉 시간, 단위, 원인, 대상, 도구, 수단 등을 나타내는 경우를 살펴보겠다. 우선 한국어의 '-에'와 어웡키어의 여처격 '-du'는 공통적으로 시간의 용법을 가지고 있다. 그러나 시간을 가리킬 때 아래와 같이 차이를 보인다.

(76) ㄱ. 진달래는 봄에 핀다.
ㄴ. jindalle nəlki(~nəkki) ilgaalaa(~iggaalaa)-ran
azalea spring bloom-3
진달래는 봄에 핀다. (lit. 진달래 봄 핀다.)

(77) ㄱ. 어머니는 새벽에 물을 길어 오시곤 하셨다.
ㄴ. əmmə dolbo mʉʉ-i danjilaa-ci əmʉʉ-xisi (bi-səə-ø).
mother dawn water-INACC fetch-CVB bring-HAB be-PST-3
어머니는 새벽에 물을 길어 오시곤 하셨다.
(lit. 어머니 새벽 물을 길어 오곤 했다.)

(78) ㄱ. 우리가 오늘 저녁에 목욕하러 가자.
ㄴ. miti ər oroi mʉʉ-d(ʉ)
we(INCL) this evening/late water-DATL
ii-nəə-gəri.
come.in/spend-PURP.MOTION-HORT
우리가 오늘 저녁에 목욕하러 가자. (lit. 우리 이 저녁 물에 들어가러 가자.)

한국어는 (76ㄱ), (77ㄱ), (78ㄱ)과 같이 '봄', '새벽', '오늘 저녁' 뒤에 '-에'가 결합하지만 어웡키어는 (76ㄴ), (77ㄴ), (78ㄴ)과 같이 'nəlki(~nəkki)'(봄), 'dolbo'(새벽), 'ər oroi'(오늘 저녁) 뒤에 여처격 표지가 결합하지 않는다.

그러나 어웡키어에서 시간 명사가 여처격 표지와 아예 결합하지 못하는 것은 아니다. 아래와 같이 시간 명사 뒤에 여처격 표지가 결합할 뿐만 아니라 재귀소유인칭표지도 결합하는 용법이 있다. 이때의 여처격 표지는 '매일; -마다; 보통; 한 번이 아닌 여러 번'과 같은 반복의 의미를 나타낸다.

(79) ㄱ. 나는 아침에 밀크티를 마신다.

ㄴ. bi əddən-**di(<-dʉ-wi)** əxʉ(<n)-si sai-(i) ima-mi.
I(1SG) moring-DATL-SG.REFL milk-PROP tea-INACC drink-1SG
나는 아침에 밀크티를 마신다. (lit. 나 아침-에-나 (매일) 밀크티를 마신다.)

(80) ㄱ. 너희들은 저녁에 공부해라/책을 읽어라.

ㄴ. sʉ oroi-**du-wol** bitəgə-i isi-xəldʉn.
you(PL) evening-DATL-PL.REFL book-INACC look-2PL.IMP
너희들은 저녁에 공부해라/책을 읽어라.
(lit. 너희, 저녁-에-너희 (매일) 책을 읽어라.)

(79ㄴ)과 (80ㄴ)에서의 'əddə'(아침), 'oroi'(저녁) 뒤에 여처격 표지와 재귀소유인칭표지가 결합하여 '아침마다', '매일 저녁'과 같은 '한 번이 아닌 여러 번'의 의미를 나타낸다.[70] 여기서의 재귀소유인칭표지는 문장의 주어와 일치하고 그 시간적인 범위(와 동작행위)가 주어와 관련되어 있음을 의미한다. 한국어는 '아침으로', '저녁으로'와 같이 표현할 수도 있다.[71]

'몇 시에', '열 시에'일 때는 어웡키어는 아래와 같이 여처격 표지만 결합하고 재귀소유인칭표지는 결합하지 않는다. 시간이 개인의 소유가 아니기 때문이다.

(81) ㄱ. 너는 아침(에) 몇 시에 일어나?

ㄴ. si əddə /ədden-di(<-dʉ-wi) adi

70) 아래와 같은 시간이나 계절과 관련된 일부 명사들이 '여처격-재귀소유인칭표지'와 결합할 때 음절 말에 'n'이 첨가되는 현상이 있다.

ㄱ. əddə(아침) → əddən-dʉ-wəl
ㄴ. dolbo(새벽) → dolbon-du-wol
ㄷ. nəlki(~nəkki)(봄) → nəlkin(~nəkkin)-dʉ-wəl

71) 중세 한국어의 '-로'가 시간 명사와 결합하여 이와 같은 시간 반복의 의미를 나타내기도 하였다. 김한결·장고은(2019) 참조.

you(SG) morning/morning-DATL-SG.REFL how.many
sag(a)-**d(u)** yʉʉ-ndi?
hour/watch-DATL get.up/go.out-2SG
너는 아침(에) 몇 시에 일어나?
(lit. 너 아침/아침-에-너 (보통) 몇 시에 일어나?)

(82) ㄱ. 내일 아침 열 시에 와라.
ㄴ. timaasin əddə jaan sag(a)-**d(u)** əmə-xə.
tomorrow morning/early ten hour/watch-DATL come-2SG.IMP
내일 아침 열 시에 와라. (lit. 내일 아침 열 시에 와라.)

'몇 시에', '열 시에'와 같은 경우, 두 언어 모두 (81), (82)와 같이 '-에'와 '-du'가 쓰인다.[72]

단위를 가리키는 데에도 아래와 같이 차이를 보인다.

(83) ㄱ. 쌀 한 말에 얼마지요?
ㄴ. jəəttə əmən uluŋki-**di(<-du-wi)** adi yon?
rise one pocket-DATL-SG.REFL how.many yuan
쌀 한 말에 얼마지요? (lit. 쌀 한 말-에-그 얼마 위안?)

(84) ㄱ. 칼국수 두 그릇에 이십 위안이다.
ㄴ. gurul xəəm(ə) jʉʉr taŋgur-**di(<-du-wi)** urin yon.
flour meal two bowl-DATL-SG.REFL twenty yuan
칼국수 두 그릇에 이십 위안이다. (lit. 칼국수 두 그릇-에-그 이십 위안.)

(85) ㄱ. 이 가방을 백 위안에 샀어.
ㄴ. ər suubala-wa namaaji yon-**ji** ga-suu.
this bag-ACC one.hundred yuan-INST buy-PST.1SG
이 가방을 백 위안에 샀어. (lit. 나 이 가방을 백 위안에 샀어.)

---

72) 朝克(2017b:106-107)에서는 'inig-lə'(낮에), 'delle-dələ'(저녁에)와 같은 예를 들고 있다.

(83ㄱ), (84ㄱ)과 같이 '한 말에', '두 그릇에', (83ㄴ), (84ㄴ)과 같이 'jʉʉr uluŋki-di(<-du-wi)', 'jʉʉr taŋgur-di(<-du-wi)'와 같이 단위를 가리킬 때는 두 언어는 각각 '-에'와 '-du'를 사용한다. 이때 어웡키어는 '-du' 뒤에는 재귀소유인칭표지가 결합한다. (85ㄱ)의 '백 위안에 샀어.'는 어웡키어에서는 (85ㄴ)과 같이 도구격에 의해 표현된다. 아래와 같은 예도 살펴보자.

(86) ㄱ. 이 약은 하루(에) 한 번 먹는다.
ㄴ. ər əən-bə əmən inig**(-dʉ)** əmə(<n)-rə ima-ran.
this medicine-ACC one day-DATL one-time drink-3
이 약은 하루(에) 한 번 먹는다. (lit. 이 약을 하루(에) 한 번 마신다.)

(86ㄴ)과 같은 경우 'əmən inig-dʉ əmə(<n)-rə'(하루에 한 번)도 가능하지만 여처격 표지가 없는 'əmən inig əmə(<n)-rə'(하루 한 번)도 가능하다. 한국어도 (86ㄱ)과 같이 '하루 한 번'과 '하루에 한 번'이 모두 가능하다.

횟수 뒤에 배분성을 나타내는 '-씩', '-təl'이 오면 두 언어가 차이를 보인다. (87ㄴ)처럼 어웡키어는 여처격이 나타나지 않는다.

(87) ㄱ. 한 번에 두 개씩 먹어라.
ㄴ. əmə(<n)-rə jʉʉr-təl jik(<t)-kə.
one-time two-each eat-2SG.IMP
한 번에 두 개씩 먹어라. (lit. 한 번 둘씩 먹어라.)

한국어는 (87ㄱ)과 같이 '한 번'이 '두 개씩' 앞에 오면 '-에'가 결합해야 한다. 반면에 어웡키어는 (87ㄴ)과 같이 'əmə(<n)-rə'(한 번)가 'jʉʉr-təl'(두 개씩) 앞에 오면 여처격 표지가 나타나지 않는다.

원인을 나타낼 때 두 언어는 차이를 보이지 않는다.

(88) ㄱ. 네가 널어놓은 수건들이 바람에 날아갔다.
ㄴ. si-ni lox(o)-soo ʉʉŋkʉ-səl-ci ədin-**d(ʉ)**
you(SG)-GEN hang-PTCP.PST towel-PL-2SG.POSS wind-DATL
ədi-mʉʉ-səə-ø.
blow-PASS-PST-3
네가 널어놓은 수건들이 바람에 날아갔다.
(lit. 너의 널어놓은 수건-들-너 바람에 날아갔다.)

(89) ㄱ. 소녀가 추위에 떨고 있다.
ㄴ. unaji inəgəddə-**d(ʉ)** siggəsii(~sigsii)-ji-rən.
girl/daughter cold-DATL shake-PROG-3
소녀가 추위에 떨고 있다. (lit. 여자 추위에 떨고 있다.)

(88)과 (89)에서의 '-에'와 '-dʉ'는 모두 원인을 나타내고 있다. 대상을 나타내는 경우를 살펴보자.

(90) ㄱ. 어머니는 아침마다 꽃에(게) 물을 주었다.
ㄴ. əmmə əddən taŋin /əddən-di(<-dʉ-wi) ilga(~igga)-**d(u)**
mother morning every /morning-DATL-SG.REFL flower-DATL
mʉʉ-i bʉʉ-səə-ø.
water-INACC give-PST-3
어머니는 아침마다 꽃에(게) 물을 주었다.
(lit. 어머니 아침마다/아침-에-그 사람 (매일) 꽃에게 물을 주었다.)

(91) ㄱ. 그 사람은 경찰에(게) 쫓기고 있었다.
ㄴ. tar bəi sagda-**d(u)** nansii(~nannasii)-wu-ji-saa-ø.
that person police-DATL pursue-PASS-PROG-PST-3
그 사람은 경찰에(게) 쫓기고 있었다.
(lit. 그 사람 경찰에게 쫓기고 있었다.)

(90ㄱ)의 '-에'와 (90ㄴ)의 '-du'는 여격 기능을 하는 예이다. 한국어의 경우 '-에'를 '-에게'로 바꾸어 쓸 수 있고 어웡키어의 '-du'는 처격뿐만 아니라 여격 기능도 함께 한다. (91ㄱ)의 '-에(게)'와 (91ㄴ)의 '-du'는 피동문에서 행동주를 나타내고 있다.

다음으로는 도구나 수단을 나타내는 예를 살펴보자.

(92) ㄱ. 철수는 연필을 깎다가 칼에 손가락을 베었다.
ㄴ. Colsʉ xaranda-i xuugu-ji-ci ʉsxən-**d(ʉ)**
Chulsoo pencil-INACC peel-PROG-CVB knife-DATL
unxun-bi mii-wʉ-səə-ø.
finger-SG.REFL cut-PASS-PST-3
철수는 연필을 깎다가 칼에 손가락을 베었다.
(lit. 철수 연필을 깎다가 칼에 손가락-그 사람 베었다.)

(93) ㄱ. 연탄난로에 계란을 삶아 먹었다.
ㄴ. biddan-**d(u)** umatta-i əələə-c(ci) jic(<t)-cʉʉ.
a.briquet.stove-DATL egg-INACC boil-CVB eat-PST.1SG
연탄난로에 계란을 삶아 먹었다. (lit. 나 연탄난로에 계란을 삶아 먹었다.)

(92)와 (93)에서 보듯이 도구나 수단을 나타낼 때 두 언어 모두 '-에'와 '-du'를 사용하여 공통점을 보인다.

#### 6.3.2.2. '-에서'

한국어의 출발 또는 시작 지점을 나타내는 '-에서'는 어웡키어에서는 탈격 '-txi'에 의해 실현된다.

(94) ㄱ. 열 시에서 한 시까지 일했다.
ㄴ. 서울에서 대전까지 다섯 시간이나 걸렸다.

한국어의 '-에서 ~ -까지'는 어웡키어에서는 탈격 '-txi'와 가장자리를 나타내는 'jakka'에 의해 실현된다. 우선, '가장자리'의 의미로 쓰이는 'jakka'를 살펴보자.

(95) ㄱ. bi amasxan bi-cci ʉli-mi. jakka-**d(u)**
I(1SG) a.little be-CVB go(from.here)-1SG edge-DATL
təg(ə)-gədi.
sit/live-1SG.VOL
나(는) 좀 있다가 갈 거니까 가장자리에 앉을게.
(lit. 나 좀 있다가 간다. 가장자리에 앉을게.)

ㄴ. əkki-wə-si xugga-ni jakka-**d(u)** nəə-sʉʉ
pants-ACC-2SG.POSS wardrobe-GEN edge-DATL put-PST.1SG
bi-səə-ø. jakka-**li**-n gələə-m isi-xə.
be-PST-3 edge-PROL-3POSS search-CVB look-2SG.IMP
내가 너의 바지를 옷장 가에 두었었어. 가장자리 쪽에서 찾아봐라.
(lit. 나 바지-를-너 옷장의 가장자리에 두었었다. 가장자리-쪽에서-그 찾아봐라.)

위의 예에서 보듯이 'jakka'는 '가장자리'의 의미로 (95ㄱ)에서는 여처격 표지와 결합하여 쓰이고 있고 (95ㄴ)에서는 여처격 표지와 경로격 표지와 결합하여 쓰이고 있다. 그러나 'jakka'(가장자리)는 한국어의 '가장자리'와는 달리 '힘껏', '마음껏'의 의미로 쓰이지 않는다. 'xʉsʉn'(힘) 뒤에 도구격의 '-ji'가 결합한 'xʉsʉn-ji(<-ji-wi)'(힘으로, 온 힘으로)는 '힘껏'의 의미로 쓰인다.

'jakka'는 '-까지'의 의미로 쓰일 때는 아래와 같이 시간 명사와 장소 명사와 어울려 쓰인다. '-txi ~ jakka' 구성으로 쓰여 '-에서/-에서부터 ~ -까지'의 의미를 나타낸다.

(96) ㄱ. gee-**txi** Xui **jakka** jʉʉr sag(a) ʉli-rən.
city-ABL Hoi till two hour/watch go(from.here)-3
시내에서 호이까지 두 시간 걸린다. (lit. 시내에서 호이까지 두 시간 간다.)

ㄴ. bi　　　ədda　　　　　　nadan　sag(a)-**txi**　　　yəgin　sag(a)
I(1SG)　morning/early　seven　hour/watch-ABL　nine　hour/watch
**jakka**　ʉttəlii-sʉʉ.
till　　run-PST.1SG
나(는) 아침 일곱 시부터 아홉 시까지 달렸다.
(lit. 나 아침 일곱 시부터 아홉 시까지 달렸다.)

(96ㄱ)은 장소 명사와 결합한 '-txi ~ jakka'의 예이고 (96ㄴ)은 시간 명사와 결합한 '-txi ~ jakka'의 예이다.

어웡키어 탈격의 다음과 같은 용법은 쉽게 예측하기 어렵다. '매점에서 우유를 사다'에서의 '매점에서', '차를 놓치다'에서의 '차를', '수업에 지각하다'에서의 '수업에'는 어웡키어에서는 모두 탈격에 의해 실현된다.

(97) bi　　　xocco-**txi**　jʉʉr　gʉʉn　　　　əxʉn-(ə)　　ga-suu.
I(1SG)　shop-ABL　two　bottle/glass　milk-INACC　buy-PST.1SG
나(는) 매점에서 우유 두 병(을) 샀다. (lit. 나 매점에서 두 병 우유를 샀다.)

(98) ㄱ. Mandi　təggən-**txi**　əmməə-wʉ-səə-ø.
Mandi　car-ABL　　lose-PASS-PST-3
만디(가) 차를 놓쳤다. (lit. 만디 차에게서 버림당했다.)

ㄴ. si　　　　add(ə)　　　　əsi-kki　　　yʉʉ-r
you(SG)　early/morning　NEG-COND　go.out/get.up-PTCP.NPST
xicəəl-**txi**-wi　　　　əmməə-wʉ-ndi.
lesson-ABL-SG.REFL　lose-PASS-2SG
너(는) 일찍 일어나지 않으면 수업에 지각할 것이다.
(lit. 너 일찍 안 일어나면 수업-에게서-너 버림받는다.)

(97)의 'gada-n'의 경우 한국어에서는 '매점에서 샀다'와 같이 내부위치의 '-에서'를 쓰지만 어웡키어에서는 탈격을 쓴다. 그리고 (98ㄱ)과

(98ㄴ)은 한국어에는 없는 표현인데 'əmməən-'(잃-)에 피동태 접사 '-wʉ-'가 결합된 'əmməə-wʉ-'(버림당하-/버림받-)의 앞에 오는 명사는 항상 탈격을 요구한다.[73] 한국어에서는 '차를 놓치다', '수업에 지각하다'로 표현된다.

### 6.3.2.3. '-로'

한국어의 재료와 도구나 수단을 나타내는 '-로'는 어웡키어에서는 도구격 '-ji'에 의해 실현된다.

(99) ㄱ. 나무로 만든 지팡이
ㄴ. moo-**ji** oo-soo baldaar
tree-INST do/become-PTCP.PST walking.stick
나무로 만든 지팡이 (lit. 나무로 만든 지팡이)

(100) ㄱ. 문을 열쇠로 잠갔다.
ㄴ. ʉkkə-wə anuxu-**ji** guldi-saa-ø.
door-ACC key-INST lock-PST-3
문을 열쇠로 잠갔다. (lit. (그 사람) 문을 열쇠로 잠갔다.)

(99ㄱ)과 (99ㄴ)은 각각 재료를 나타내는 '-로'와 '-ji'의 예이고 (100ㄱ)과 (100ㄴ)은 각각 도구를 나타내는 '-로'와 '-ji'의 예이다.

한국어의 '-로'는 선택을 나타낼 때에도 쓰인다. 그러나 어웡키어는 이러한 경우 서술어에 따라 한정 대격이 쓰이거나 도구격이 쓰인다. 예는 아래와 같다.

(101) ㄱ. 이것을 주세요.
ㄴ. əyyə-**wə** bʉʉ-xə.

---

73) 어웡키어의 탈격은 비교격 용법과 부분격 용법으로도 쓰인다. (6.2.4 참조)

this-ACC give-2SG.IMP
이것을 주세요. (lit. 이것을 줘.)

(102) ㄱ. 이걸로 주세요.
ㄴ. əyyə-**wə**-**n** buu-xə.
this-ACC-3POSS give-2SG.IMP
이걸로 주세요. (lit. 이것-을-그 중에서 줘.)

(103) ㄱ. 아이(의) 이름을 뭘로 정했어?
ㄴ. noono-ni gəbbi-wə-n iiyə-**ji**-**n** totto-soo-sun?
child-GEN name-ACC-3POSS which-INST-3POSS decide-PST-2PL
아이(의) 이름을 뭘로 정했어?
(lit. 아이의 이름-을-그 사람 어느 것-으로-그 중에서 정했어?)

(104) ㄱ. 만디는 마을 대표로 뽑혔다.
ㄴ. Mandi sumu-da-**ji** suŋgu-wu-saa-ø.
Mandi village-delegate-INST select-PASS-PST-3
만디는 마을 대표로 뽑혔다. (lit. 만디 마을 대표로 뽑혔다.)

한국어의 선택의 의미로 쓰이는 '-로'는 어웡키어에서는 한정 대격 혹은 한정 대격 뒤에 3인칭 소유인칭표지가 결합한 'ACC-3POSS', 도구격 혹은 도구격 뒤에 3인칭 소유인칭표지가 결합한 'INST-3POSS'로 나타난다. 5.2.2에서도 다루었듯이 어웡키어에서는 '전체-부분'의 의미 관계를 형성할 때는 3인칭 소유인칭표지를 사용한다. 이러한 격표지의 사용은 서술어에 따라 달라지는데, 'buu-rən'(주다)의 경우, (101ㄴ)과 (102ㄴ)과 같이 한정 대격 혹은 한정 대격 뒤에 3인칭 소유인칭표지가 결합한 'ACC-3POSS'가 쓰인다. 'totto-ron'(정하다), 'suŋgu-wu-ron'(뽑히다)의 경우, (103ㄴ)과 (104ㄴ)과 같이 도구격 혹은 도구격 뒤에 3인칭 소유인칭표지가 결합한 'INST-3POSS'가 쓰인다.

어웡키어의 도구격 표지 '-ji'는 아래와 같이 형용사나 명사와 결합하여 부사를 파생시킨다.

(105) ai(좋은) + -ji → ai-ji(잘)
bolgon(큰) + -ji → bolgon-ji(크게)
arukkun(깨끗한) + -ji → arukkun-ji(깨끗하게)
gʉjəəmtxən(예쁜; 귀여운) + -ji → gʉjəəmtxən-ji(예쁘게; 귀엽게)
xulxa(도둑) + -ji → xulxa-ji(몰래)

이희자·이종희(2014:706)에서는 '통째로'의 '-로'를 강조 용법으로 보고 있다. 그러나 어웡키어에서도 '통째로'라는 말이 있는데 이는 도구격의 '-ji'와 인칭표지와 결합한 'bʉxʉl-ji-n', 'bʉxʉl-ji-wi/wəl'로 표현된다. 'bʉxʉl'은 '마다', '모두'의 의미 외에 '통째', '옹글다'의 의미를 나타낸다. 아래의 예를 살펴보자.

(106) ㄱ. 지은이가 피자를 통째로 다 먹어 버렸다.
ㄴ. Jiən piisa-wa bʉxʉl-**ji-n** xokku jic(<t)-ci nəə-səə-ø.
Jieun pizza-ACC whole-INST-3POSS all eat-CVB put-PST-3
지은이가 피자를 통째로 다 먹어 버렸다.
(lit. 지은 피자를 통째-로-그 다 먹어 버렸다.)

(107) ㄱ. 철수는 옷을 벗지 않은 채 잤다.
ㄴ. Colsʉ təggəcci-wi əmi luxu-r
Chulsoo clothes-SG.REFL NEG.CVB take.off-PTCP.NPST
bʉxʉl-**ji(<-ji-wi)** aasin-caa-ø.
whole-INST-SG.REFL sleep-PST-3
철수는 옷을 벗지 않은 채 잤다.
(lit. 철수 옷-그 사람 벗지 않고 통째-로-그 사람 잤다.)

어웡키어의 경우, (106ㄴ)과 같이 어떤 물건을 통째로 먹을 경우에는 도구격의 '-ji' 뒤에 3인칭 소유인칭표지가 결합한 'bʉxʉl-ji-n'을 사용하거나 (107ㄴ)과 같이 한국어의 '옷을 벗지 않은 채 잤다'는 '옷을 벗지 않고 통째로 잤다.'로 표현된다. 여기서의 '통째로'는 도구격의 '-ji' 뒤에 재귀소유인칭표지가 결합한 'bʉxʉl-ji-wi'에 의해 표현된다. 여기서의 재귀소유인칭표지는 주어의 수와 일치한다.

한국어의 '-로'는 시간을 나타낼 때도 쓰인다. 예는 아래와 같다.

(108) ㄱ. 아침저녁으로는 벌써 쌀쌀해졌다.
ㄴ. əddə(ə) oroi**(-du-wi)** xiid(dʉ) sərʉn oo-soo-ø.
morning evening-DATL-SG.REFL already chilly become/do-PST-3
아침저녁으로는 벌써 쌀쌀해졌다.
(lit. 아침저녁/아침저녁-에-그 벌써 쌀쌀해졌다.)

(109) ㄱ. 봄가을로 포도를 재배하고 수확한다.
ㄴ. nəlki(~nəkki) bolon-**du-wol** pʉtou-i tari-cc(i)
spring autumn-DATL-PL.REFL grape-INACC grow-CVB
uruu-ran.
gather-3
봄·가을로 포도를 재배하고 수확한다.
(lit. (사람들) 봄가을-에-그들 (보통) 포도를 재배하고 모은다.)

(108ㄱ)과 (109ㄱ)에서의 '-로'는 이희자·이종희(2014:705)에서는 '그러한 때에'의 뜻으로 설명하고 있다. (108ㄱ)의 '아침저녁으로'는 어웡키어에서는 (108ㄴ)과 같이 두 가지로 표현된다. 하나는 'ədd(ə) oroi' 뒤에 여처격 표지가 붙지 않는 것이고 다른 하나는 'ədd(ə) oroi' 뒤에 여처격과 재귀소유인칭표지가 결합한 것이다. (109ㄱ)의 '봄가을로'는 (109ㄴ)과 같이 'nəlki(~nəkki) bolo'(봄가을) 뒤에 여처격과 재귀소유인칭표지가 결합하여 표현된다. 여기서의 재귀소유인칭표지는 주어의 수와 일치한다.

'그 이후로'의 '-로'를 살펴보자.

(110) ㄱ. <u>그 이후로</u> 빌려간 사람이 없어요.
ㄴ. <u>tadu-**xi** **amasixi**</u> jəələ-ci əlbʉʉ(~əbbʉʉ)-səə bəi-(i)
there-ABL after borrow-CVB take-PTCP.PST person-INACC
aasin.
no
<u>그 이후로</u> 빌려간 사람이 없어요.
(lit. <u>그 후부터</u> 빌려서 가져간 사람을 없다.)

한국어의 '이후로'는 어웡키어에서는 방위사 'amida'(뒤쪽, 북쪽) 뒤에 탈격의 '-sixi'가 결합한 'NP-txi amasixi' 구성으로 표현된다. '-은 후에; -은 후부터; -은 후로'는 동사 어근에 완료의 동명사어미가 결합한 'V-saa-txi amasixi' 구성으로 표현된다.

한국어의 '-로'는 아래와 같이 이유나 원인의 의미로 쓰일 수 있지만 어웡키어는 'jaarin'과 'baita-si'로 표현된다.

(111) ㄱ. 무슨 <u>일로</u> 오셨어요?
ㄴ. uxu(<n)-ni <u>jaarin</u> əm(ə)-səə-si?
what-GEN for come-PST-2SG
무슨 <u>일로</u> 오셨어요? (lit. 너 무엇의 <u>위해</u> 왔어?)
ㄴ'. oondi <u>baita-si</u> əm(ə)-səə-si?
what.kind.of matter-PROP come-PST-2SG
무슨 <u>일로</u> 오셨어요? (lit. 너 어떤 <u>일 있음</u> 왔어?)

(111ㄴ)은 '무엇 때문에 왔느냐?'이고 (111ㄴ')은 '어떤 일이 있어서 왔느냐?'이다.

한국어의 '-로'는 '-라고'의 의미로 쓰일 때도 있는데 어웡키어에서는 도구격이 쓰이지 못하고 인용의 'gʉnkən'이 쓰인다.

(112) ㄱ. 저도 당신을 <u>형님으로</u> 부르겠습니다.
ㄴ. bi nan sin-əwə <u>axa **gʉnkən**</u>

I(1SG) also you(SG)-ACC elder.brother QUOT
əəri-gədi.
call/read.aloud-1SG.VOL
저도 당신을 형님으로 부르겠습니다. (lit. 나도 너를 형/오빠라고 부를게.)

한국어의 경우 '형님으로'와 '형님이라고' 모두 가능하지만 어웡키어는 (112ㄴ)과 같이 'axa gʉnkən'(형/오빠라고)만 가능하다.

한국어의 '-로'는 위에서 제시한 재료, 도구나 수단, 선택, 시간, 이유나 원인의 의미 외에 설명, 변화, 자격, 신분, 판단 등 다양한 의미로 쓰인다. 그러나 어웡키어의 '-ji'는 한국어의 '-로'만큼 의미와 용법이 다양하지 않다. 어웡키어의 '-ji'는 재료, 도구나 수단 외에 아래와 같이 공동격 용법, 나이 차이를 말할 때, 배분적인 의미로 쓰인다.

(113) ㄱ. bi Mandi-**ji** baxaldii-naa-mi.
I(1SG) Mandi-INST meet-PURP.MOTION-1SG
나는 만디와/만디를 만나러 간다. (lit. 나 만디와 만나러 간다.)

ㄴ. Mandi min-txi jʉʉr-**ji** axin.
Mandi I(1SG)-ABL two-INST elder(man)
만디는 나보다 두 살 위/연상이다. (lit. 만디 나보다 둘로 위/연상.)

ㄷ. sʉ tuŋ tuŋ-**ji**-wol ii-xəldʉn.
you(PL) five five-INST-PL.REFL come.in/spend-2PL.IMP
너희들, 다섯 명씩 들어와라. (lit. 너희, 다섯 다섯-씩-너희 들어와라.)

(113ㄱ)은 공동격 용법으로 쓰인 '-ji'의 예이고 (113ㄴ)은 나이 차이를 말할 때 쓰이는 '-ji'의 예이며 (113ㄷ)은 배분적인 의미로 쓰이는 '-ji'의 예이다. 배분적인 의미로 쓰일 때는 (113ㄷ)과 같이 기수사가 반복되어 두 번째 기수사에 '-ji'가 결합한다.

## 6.4. 소결

지금까지 한국어와 어웡키어의 부사격 표지를 형태를 중심으로 나누어 살펴보았다. 어웡키어의 7가지 부사격 표지(여처격, 방향처격, 방향격, 탈격, 방위탈격, 방면탈격, 경로격)에 해당하는 한국어 격표지는 주로 '-에', '-에서', '-로', '-로부터'로 나타나므로 한국어의 부사격 '-에', '-에서', '-로', '-로부터'를 중심으로 다루었다. 한국어의 부사격 표지들은 어웡키어에 비하여 하나의 격표지가 다양한 의미와 용법을 담당하고 있다. 이 장의 내용을 표로 정리하면 아래와 같다.

〈표 17〉 두 언어의 부사격 표지 대응 양상

| 한국어의 부사격 표지 | 의미 | 어웡키어의 부사격 표지 |
|---|---|---|
| '-에' | 방향 | 여처격 '-du';<br>방향처격 '-la/-dula';<br>방향격 '-txaaxi' |
| | 위치 | 여처격 '-du';<br>방향처격 '-la/-dula' |
| | 시간, 단위, 이유나 원인, 대상, 도구나 수단 | 여처격 '-du' |
| '-에서' | 출발점 | 탈격 '-txi';<br>방위탈격 '-laxi/-dulaxi';<br>방면탈격 '-giiji' |
| | 위치 | 여처격 '-du';<br>방향처격 '-la/-dula' |
| '-로' | 방향 | 여처격 '-du';<br>방향처격 '-la/-dula';<br>방향격 '-txaaxi';<br>탈격 '-txi' |
| | 경로 | 경로격 '-li/-duli' |
| | 재료, 도구나 수단, 선택, 시간, 이유나 원인 | 도구격 '-ji';<br>여처격-재귀 '-du-wi';<br>다른 방법 |

| | | |
|---|---|---|
| '-로부터' | 출발점 | 탈격 '-txi';<br>방위탈격 '-laxi/-dulaxi';<br>방면탈격 '-giiji' |
| | '-에게서/-한테서' | 탈격 '-txi' |

# 7. 복합문에서의 격과 인칭 대조

이 장에서는 한국어와 어웡키어의 복합문을 내포문과 접속문으로 나누어 그 주어가 어떤 격표지로 표시되는지, 그리고 주어 인칭 제약이 있는지 살펴본다. 많은 언어에서 종속절의 주어는 주절의 주어와는 다른 방식으로 격표시된다. 특히 관형절과 명사절의 주어는 속격으로 표시되는 일이 여러 언어에서 나타나며 어웡키어도 그러하다. 한국어도 이전 시기에는 그런 일이 흔히 있었으나, 현대 한국어에서는 종속절의 주어가 속격으로 표시되는 일이 거의 없다.

이 장의 논의는 다음과 같이 진행된다. 7.1에서는 내포문에서의 주어 표시를 살펴본다. 7.2에서는 한국어와 어웡키어의 접속어미를 11개의 부류로 나누어 접속문에 나타나는 인칭 현상을 살펴본다.

## 7.1. 내포문

### 7.1.1. 어웡키어의 동명사어미

논의에 앞서 어웡키어의 내포문의 문법적 구성을 간략히 짚고 가도록 하겠다. 왜냐하면 어웡키어의 내포문은 동명사어미에 의해 실현되고 한국어와 다른 체계를 보이기 때문이다.

어웡키어의 동명사어미에는 미완료의 '-r'과 완료의 '-saa/-caa'[74]가

74) '-saa/-caa'가 동명사어미로 쓰일 때는 선행 어근에 따라 모음조화 규칙을 따라야 한다. 과거 시제 표지의 형태와는 같지만 동사 인칭표지가 결합할 수 없

있다.[75] 이 어미들은 관형적 기능, 명사적 기능, 서술적 기능으로 쓰여 관형절과 명사절을 구성하고 인칭표지와 자유롭게 결합한다.[76]

#### 7.1.1.1. 관형적 기능

동명사어미가 피수식어를 수식하는 관형적 기능을 할 때 피수식 명사에는 복수표지, 격표지, 인칭표지 순으로 문법표지들이 결합된다. 피수식 명사에 인칭표지가 결합되는 경우도 있고 그렇지 않는 경우도 있는데 피수식 명사가 소유인칭표지와 결합하는 경우 관형절의 주어는 속격으로 나타난다. 인칭표지는 관형절의 주어와 일치한다.[77]

〈표 18〉 소유인칭표지와 결합하는 관형절의 주어 표시

| | |
|---|---|
| I | [**$S_i$-GEN** V-PTCP] NP-(PL)-POSS$_i$ N<br>[**$S_i$-GEN** V-PTCP] NP-(PL)-POSS$_i$ Adj<br>[**$S_i$-GEN** V-PTCP] NP-(PL)-POSS$_i$ V(자동사)<br>ər/tar bi-kki [**$S_i$-GEN** V-PTCP] NP-POSS$_i$ |
| II | [**$S_1$-GEN** V-PTCP] NP-(PL)-CASE-POSS$_{S1i}$ $S_2$ V<br>[**$S_1$-GEN** V-PTCP V-PTCP] NP-(PL)-CASE-POSS$_{S1i}$ $S_2$ V |

<표 18>에서 ‘I’의 경우, 관형절의 수식을 받는 명사나 명사의 복수표지 뒤에 소유인칭표지가 결합하며, 이 피수식 명사는 주절에서 자동사문의 주어나 문장의 서술어 역할을 한다. 이때 관형절 주어는 속격표지로 나타난다. <표 18>에서 ‘II’의 경우, 관형절의 피수식어가 주절의 사격어로 쓰일 때에는 관형절 주어와 일치하는 소유인칭표지가 관형절 피수식 명사의 격표지 뒤에 나타난다. 이때 관형절 주어는 속

다.

75) 신라어, 고려어의 동명사어미 ‘-ㄴ, -ㄹ’은 관형절, 명사절뿐만 아니라 접속절과 주절에 사용되는 현상이 흔히 있었다. (박진호, 2016b:89)

76) 어웡키어의 동명사어미는 ‘V-PTCP V-PTCP’와 같이 병렬구성으로 쓰일 수 있다.

77) 아래 표에서 S는 주어를 의미한다.

격 표지로 나타나고 주절 주어는 주격으로 나타난다. 예를 들면 아래와 같다.

(1) ㄱ. mi-**ni** taadda-**r** bəi-**wi** baxsi bəyə.
I(1SG)-GEN know-PTCP.NPST person-1SG.POSS teacher person
내가 아는 사람이 선생님이시다. (lit. 나의 아는 사람-나 선생님.)

ㄴ. tan(<tar)-**ni** ga-**saa** bitəg(ə)-**nin** yəənʉ-si.
(S)he-GEN buy-PTCP.PST book-1SG.POSS interest-PROP
그 사람이 산 책이 재미있다. (lit. 그 사람의 산 책-그 사람 재미있다.)

ㄷ. ər bi-kki mʉ-**ni** təg(ə)-ji-**r**
this be-TOP we(EXCL)-GEN sit/live-PROG-PTCP.NPST
jʉʉ-**mʉn**.
home/house-1PL.EXCL.POSS
이것은 우리가 살고 있는/눌러앉아 있는 집이다.
(lit. 이것은 우리의 살고 있는/눌러앉아 있는 집-우리.)

(2) ㄱ. bi aba-**ni** ga-m buu-**saa** gagga-wa-**n**
I(1SG) father-GEN buy-CVB give-PTCP.PST earring-ACC-3POSS
əmməən-cʉʉ.
lose-PST.1SG
내가 아버지가 사 주신 귀걸이를 잃어버렸다.
(lit. 나 아버지의 사 준 귀걸이-를-그 사람 잃어버렸다.)

ㄴ. bi sʉ-**ni** jittə-**r** ima-**r**
I(1SG) you(PL)-GEN eat-PTCP.NPST drink-PTCP.NPST
yəəm(ə)-wə-**sʉn** əmʉʉ-sʉʉ.
thing-ACC-2PL.POSS bring-PST.1SG
나는 너희들이 먹을 것과 마실 것을 가져왔다.
(lit. 나 너희의 먹을 마실 물건-을-너희 가져왔다.)

(1ㄱ)에서의 'mi-ni taadda-r bəi-wi'(내가 아는 사람)와 (1ㄴ)에서의 'tan(<tar)-ni ga-saa bitəg(ə)-nin'(그 사람이 산 책)은 주절에서 자동

사문의 주어로 쓰인 것이고 (1ㄷ)에서의 'mʉ-ni təg(ə)-ji-r jʉʉ-mʉn'(우리가 살고 있는/눌러앉아 있는 집)은 문장의 서술어로 쓰인 예이다. (2ㄱ)에서의 'aba-ni ga-m buu-saa gagga-wa-n'(아버지가 사 주신 귀걸이를)은 주절의 목적어로 쓰인 것이다. (2ㄴ)에서의 동명사어미 '-r'이 병렬구성으로 쓰인 예인데 'sʉ-ni jittə-r ima-r yəəm(ə)-wə-sʉn'(너희들이 먹을 것과 마실 것을)은 주절의 목적어로 쓰인 것이다. 위의 예들에서 관형절 주어는 모두 속격으로 나타난다.

다음은 피수식 명사에 재귀소유인칭표지가 결합되는 경우이다. 주절 주어와 관형절 주어가 같을 때에는, 주절 주어는 주격으로 나타나고 관형절 주어는 따로 나타나지 않고 피수식 명사에 재귀소유인칭표지가 결합된다.[78] 또한, 피수식 명사는 타동사문의 사격어로 쓰인다. 예는 아래와 같다.

〈표 19〉 재귀소유인칭표지와 결합하는 관형절의 주어 표시

| |
|---|
| $\mathbf{S_i}$ [(məə-ni) V-PTCP] NP-(PL)-CASE-REFL$_i$ V |
| $\mathbf{S_i}$ [(məə-ni) V-PTCP V-PTCP] NP-(PL)-REFL$_i$ V |

(3) ㄱ. Mandi təg(ə)-ji-**s**əə jʉʉ-**wi** ʉʉnii-səə-ø.
Mandi sit/live-PROG-PTCP.PST home/house-SG.REFL sell-PST-3
만디가 살고 있던/살던 집을 팔았다.
(lit. 만디 살고 있던/살던 집-그 사람 팔았다.)

ㄴ. sʉ məə-ni jic(<t)-**c**əə im(a)-**saa** taŋgur
you(PL) oneself-GEN eat-PTCP.PST drink-PTCP.PST bowl
tigə-**wəl** uruu-xuldun.
etc-PL.REFL gather-2PL.IMP
너희들은 자기들이 먹고 마신 그릇 등을 모아놓아라.
(lit. 너희 자기들의 먹은 마신 그릇 등-너희 모아놓아라.)

78) 재귀소유인칭표지는 주로 'məən-GEN NP-REFL'와 같은 구성으로 쓰인다. 재귀대명사 'məən-'에 속격이 결합된 'məə-ni'(자신의)가 재귀소유인칭표지와 의미가 중복되기 때문에 대부분의 경우 생략된다.

(3ㄱ)은 'təg(ə)-ji-səə jʉʉ'(살고 있던/살던 집)에 단수 재귀소유인칭표지 '-wi'가 결합된 예이다. (3ㄴ)은 완료의 동명사어미가 병렬구성으로 된 관형절인데 피수식 명사 'taŋgur tigə'(그릇 등)에 복수 재귀소유인칭표지 '-wəl'이 결합된 예이다. 재귀소유인칭표지는 주절 주어의 수와 일치하며 주절 주어는 주격으로 나타난다.

#### 7.1.1.2. 명사적 기능

동명사어미가 명사적 기능으로 쓰인 명사절은 주로 동작행위, 사건, 사건과 관련된 사물을 가리킨다. 동명사어미 '-r; -saa/-caa' 바로 뒤에는 격표지, 인칭표지가 결합되지만 복수표지는 결합되지 못한다.79)

---

79) 朝克(2017a:183-204)에서는 동명사어미 뒤에 복수표지가 결합된 예가 제시되어 있다. 예문의 형태소 분석은 필자가 한 것이다.

ㄱ. sʉni ʤawa-r-sal moriŋsʉŋ sʉt ədʉ biʃiŋ.
you(PL)-GEN take-PTCP-PL horse-2PL.POSS all this-DATL be-3
너희들이 (현재·미래 여러 번) 잡을 말들이 모두 여기에 있다.

ㄴ. uʤidu mʉni ədʉ əmə-r-səl bəjsəl paas
in.future we(EXCL)-GEN this-DATL come-PTCP-PL person-PL bus
təggəəŋdʉ təgərəŋ.
car-DATL sit/live-3
앞으로 우리 여기에 (미래 여러 번) 올 사람들은 버스를 탈 것이다.

ㄷ. ʉrʉlsʉlni oo-so-sol dashalniŋ mandi baraaŋ.
child-PL-GEN do/become-PTCP-PL homework-3POSS very many
아이들이 (여러 번) 한 숙제가 너무 많다.

朝克(2017a:183-204)에서는 'ʤawa-r', 'əmə-r', 'oo-so'에 복수표지 '-sal', '-səl', '-sol'이 결합되어 각각 '현재·미래에 여러 번 잡을' 동작 행위, '미래에 여러 번 올' 동작 행위, '과거에 여러 번 한' 동작행위의 의미로 쓰였다고 보고 있다. 즉 'V-PTCP-PL NP'에서의 동명사어미 뒤에 결합된 복수표지 '-sal', '-səl', '-sol'은 동작 행위의 복수/반복을 나타내게 된다는 것이다. 그러나 필자의 직관으로는 위와 같이 동명사어미 뒤에 복수표지가 결합되는 것이 매우 부자연스러우므로, 본서에서는 동명사어미가 명사적 기능으로 쓰일 때는 복수표지가 결합되지 못하고 격표지와 인칭표지가 결합된다고 보고자 한다.

이때의 인칭표지는 속격으로 나타나는 명사절 주어와 일치한다. 여기에서 인칭표지는 소유 관계를 나타낸다기보다는 동작행위가 해당 절의 주어와 관련되어 있음을 나타낸다. 명사절의 동명사어미에 인칭표지와 결합하는 경우도 있고 그렇지 않는 경우도 있는데 동명사어미에 소유인칭표지가 결합하면 아래의 표와 같이 명사절 주어는 속격으로 나타난다.

〈표 20〉 소유인칭표지와 결합하는 명사절의 주어 표시

| | |
|---|---|
| I | [**S$_i$-GEN** V-PTCP]-POSS$_i$ Adj |
| Ⅱ | S$_1$ [**S$_2$-GEN** V-PTCP]-CASE-POSS$_{S2i}$ V<br>S$_1$ [**S$_2$-GEN** V-PTCP V-PTCP]-CASE-POSS$_{S2i}$ V |

소유인칭표지와 결합한 명사절은 ‘Ⅰ’과 같이 자동사문의 주어로 쓰이거나 ‘Ⅱ’와 같이 타동사문의 사격어로 쓰인다. 자동사문의 서술어는 주로 형용사이다. 예를 들면 아래와 같다.

(4) tan(<tar)-**ni** xəəmə-i oo-**r**-**nin**-ki
(S)he-GEN meal-INACC do/become-PTCP.NPST-3POSS-TOP
sunin tʉlgə.
very slow
그 사람이 밥을 하는 것은 너무 느리다.
(lit. 그 사람의 밥을 하-는-그 사람-은 너무 느리다.)

(5) ㄱ. bi tan(<tar)-**ni** əm(ə)-**səə**-dʉ-**n** adda-suu.
I(1SG) (S)he-GEN come-PTCP.PST-DATL-3POSS glad-PST.1SG
나는 그 사람이 온 것을 기뻐했다.
(lit. 나 그 사람의 오-ㄴ-에-그 사람 기뻐했다.)

ㄴ. bi sʉ-**ni** jic(<t)-**cəə**
I(1SG) you(PL)-GEN eat-PTCP.PST
im(a)-**saa**-wa-**sun** arakkaa-suu.

drink-PTCP.PST-ACC-2PL.POSS clean-PST.1SG
내가 너희들이 먹은 것과 마신 것을 치웠다. (그릇, 접시 등 사물을 치웠다.)
(lit. 나 너희의 먹-ㄴ 마시-ㄴ-을-너희 치웠다.)

ㄷ. si əmmə-**ni**-wi janji-**saa**-ji-**n**
you(SG) mother-GEN-SG.REFL say-PTCP.PST-INST-3POSS
oo-xo.
do/become-2SG.IMP
너는 너의 어머니가 말씀하신 대로 해라.
(lit. 너 어머니-의-너 말씀하시-ㄴ-으로-그 사람 해라.)

(4)는 자동사문의 주어로 쓰인 예이고 (5ㄱ), (5ㄴ), (5ㄷ)은 타동사문의 사격어로 쓰인 예이다. (5ㄷ)에서 'əmmə-ni-wi'에서의 단수 재귀소유인칭표지 '-wi'는 2인칭 주어 'si'(너)와 일치하고 'janji-saa-ji-n'에서의 3인칭 소유인칭표지 '-n'은 'əmmə'(어머니)와 일치한다. 위의 예에서 주절 주어는 주격으로, 명사절 주어는 속격으로 표시되어 있다.

명사절 주어와 주절 주어가 같을 때에는, 주절 주어는 주격으로 나타나고 명사절 주어는 따로 나타나지 않고 동명사어미에 재귀소유인칭표지가 붙는다. 명사절은 주절의 사격어로 쓰인다.

〈표 21〉 재귀소유인칭표지와 결합하는 명사절의 주어 표시

| |
|---|
| $\mathbf{S_i}$ [(məə-ni) V-PTCP]-(CASE)-$\text{REFL}_\text{i}$ V |
| $\mathbf{S_i}$ [(məə-ni) V-PTCP V-PTCP]-$\text{REFL}_\text{i}$ V |

(6) ㄱ. bʉ sʉn-ji baxaldii-saa-du-**wal**
we(EXCL) you(PL)-INST meet-PTCP.PST-DATL-PL.REFL
adda-ji-mun.
glad-PROG-1PL.EXCL
우리는 너희들과 만나서 기쁘다/반갑다.
(lit. 우리 너희와 만나-ㄴ-에-우리 기뻐하고 있다.)

ㄴ. bi məə-ni bod(o)-soo-ji-**wi**

I(1SG) oneself-GEN think-PTCP.PST-INST-SG.REFL
oo-suu.
do/become-PST.1SG
나는 자신이 생각한 대로 했다. (lit. 나 자신의 생각하-ㄴ-으로-나 했다.)

(6ㄱ)의 서술어 'adda-ran'(기뻐하다)은 'V-PTCP-POSS/REFL adda-ran'처럼 사격어가 소유인칭표지와 재귀소유인칭표지와 모두 결합할 수 있는데 (6ㄱ)의 경우 기쁜 사람이 'bʉ'(우리, 배제형), 즉 주절 주어와 명사절 주어가 같기 때문에 재귀소유인칭표지 '-wal'이 쓰인 것이다.[80] (6ㄴ)은 'bod(o)-soo-ji' 뒤에 재귀소유인칭표지 '-wi'가 결합된 예이다. 주절 주어는 모두 주격으로 나타난다.

#### 7.1.1.3. 서술적 기능

완료의 동명사어미 '-saa/-caa'는 서술적 기능으로 쓰이기도 한다. 그러나 미완료의 동명사어미 '-r'은 이러한 쓰임이 불가능하다. 예를 들면 아래와 같다.

(7) ㄱ. ər bitəgə mi-**ni** tiinʉg ga-**saa**-wi.
this book I(1SG)-GEN yesterday buy-PTCP.PST-1SG.POSS
이 책은 내가 어제 산 것이다. (lit. 이 책 나의 어제 사-ㄴ-나.)

ㄴ. ər bitəgə Mandi-**ni** min-dʉ jəələ-m
this book Mandi-GEN I(1SG)-DATL borrow-CVB
bʉʉ-**s**əə-nin.
give-PTCP.PST-3POSS
이 책은 만디가 나에게 빌려준 것이다.
(lit. 이 책 만디의 나에게 빌려주-ㄴ-그 사람.)

80) 앞에서 제시된 (5ㄱ)은 소유인칭표지가 쓰인 예문이다.

(8) ㄱ. *ər bitəgə mi-ni timaasin gada-**r**-wi.
this book I(1SG)-GEN tomorrow buy-PTCP.NPST-1SG.POSS
이 책은 내가 내일 살 것이다. (lit. *이 책 나의 내일 사-ㄹ-나.)
ㄴ. *ər bitəgə Mandi-ni min-dʉ timaasin jəələ-m
this book Mandi-GEN I(1SG)-DATL tomorrow borrow-CVB
bʉʉ-**r**-nin.
give-PTCP.NPST-3POSS
이 책은 만디가 나에게 내일 빌려줄 것이다.
(lit. *이 책 만디의 나에게 빌려주-ㄹ-그 사람.)

(7)과 같이 완료의 동명사어미 '-saa'는 서술적 기능으로 쓰일 수 있고 주어는 속격으로 나타난다. 그러나 (8)과 같이 미완료의 동명사어미 '-r'은 서술적 기능으로 쓰일 수 없다.

### 7.1.2. 두 언어의 내포문 대조 분석

지금까지 어웡키어 동명사어미의 관형적 기능, 명사적 기능, 서술적 기능을 살펴보았다. 어웡키어의 동명사어미의 쓰임은 한국어의 관형절과 명사절과 다른 점이 많다. 여기에서는 대조 분석을 위하여 한국어의 관형절과 명사절의 구성을 기준으로 살펴보고자 한다.

먼저, 관형절의 주어 표시를 살펴보자. 일반적으로 한국어의 내포문에서 주절 주어는 '-은/는'과 결합하지만 내포문 주어는 '-이/가'와 결합한다. 반면에 어웡키어의 내포문에서 주절 주어는 주격으로 나타나지만 내포문 주어는 항상 속격으로 나타난다.

(9) ㄱ. 내가 아는 사람이 선생님이시다.
ㄴ. mi-**ni** taadda-r bəi-**wi** baxsi bəyə.
I(1SG)-GEN know-PTCP.NPST person-1SG.POSS teacher person

내가 아는 사람이 선생님이시다. (lit. 나의 아는 사람-나 선생님.)

(10) ㄱ. 그 사람이 산 책이 책상 위에 있다.
ㄴ. tar bəi-**ni** ga-saa bitəg(ə)-**nin** sirə oroon-d(u)
that person-GEN buy-PTCP.PST book-3POSS table above-DATL
bi-ji-rən.
be-PROG-3
그 사람이 산 책이 책상 위에 있다.
(lit. 그 사람의 산 책-그 사람 책상 위에 있고 있다.)

(11) ㄱ. 네가 보고 있는 영화(가) 재미있다.
ㄴ. si-**ni** isi-ji-r xinu-**si**
you(SG)-GEN look-PROG-PTCP.NPST film-2SG.POSS
yəənʉ-si.
interest-PROP
네가 보고 있는 영화(가) 재미있다. (lit. 너의 보고 있는 영화-너 재미있다.)

(9), (10), (11)은 내포문 구성이 자동사문의 주어로 쓰인 예이다. 위의 예에서 보듯이 한국어의 관형절 주어인 '나', '그 사람', '너'는 주격 '-이/가'로 나타나지만 어웡키어의 관형절 주어는 모두 속격 '-ni'로 나타나 차이를 보인다. 또한, 어웡키어의 경우 피수식 명사 'bəi'(사람), 'bitəgə'(책), 'xinu'(영화) 뒤에 관형절 주어의 수와 인칭과 일치한 소유인칭표지 '-wi', '-nin', '-si'가 결합됨을 확인할 수 있다.

아래는 내포문 구성이 문장의 목적어로 쓰인 예이다.

(12) ㄱ. 철수는 내가 떠난 것을 모른다.
ㄴ. Colsʉ mi-**ni** ʉl-cəə-**wəyə** əsi-n
Chulsoo I(1SG)-GEN go(from.here)-PTCP.PST-1SG.POSS NEG-3
saa-ra.
know-PTCP.NPST
철수는 내가 떠난 것을 모른다. (lit. 철수 나의 떠나-ㄴ-나 알지 못한다.)

(13) ㄱ. 철수는 경찰이 도둑을 잡는 것을 보았다.

ㄴ. Colsʉ sagda-**ni** xulxa-i
Chulsoo police-GEN thief-INACC
jau(<jawa)-ji-saa-wa-**n** isi-m bax(a)-saa-ø.
take-PROG-PTCP.PST-ACC-3POSS look-CVB get-PST-3
철수는 경찰이 도둑을 잡는 것을 보았다.
(lit. 철수 경찰의 도둑을 잡-고 있-ㄴ-을-그 사람 보았다.)

(12), (13)은 내포문 구성이 문장의 목적어로 쓰인 예이다. 한국어의 경우 (12ㄱ), (13ㄱ)과 같이 '것'을 사용하며 내포문 주어는 '-이/가'로 나타나고 주절 주어는 '-은/는'으로 나타난다. 그러나 어웡키어는 (12ㄴ), (13ㄴ)과 같이 동명사 구성이 그대로 명사적으로 쓰일 수 있는데, 이때 내포문 주어는 속격으로 나타나 차이를 보인다. 또한, 어웡키어의 경우 'ʉl-cəə'(떠난)와 'jau(<jawa)-ji-saa-wa'(잡는 것을) 뒤에는 인칭표지가 결합됨을 확인할 수 있다. 즉, (12ㄴ)의 내포문 구성은 사격어로 쓰였기 때문에 'ʉl-cəə'(떠난) 뒤에 1인칭 단수 소유인칭표지 '-wəyə'가 결합된 것이다. (13ㄴ)에서의 내포문 주어는 3인칭이기 때문에 한정 대격 '-wa' 뒤에 3인칭 소유인칭표지 '-n'이 결합된 것이다. 주절 주어는 주격으로 나타난다.

그런데 한국어의 경우에도 관형 구성이 '-이다'와 결합하여 서술어로 쓰일 때에는 조금 차이를 보인다.

(14) ㄱ. 불고기는 우리 어머니가 좋아하시는 음식이다.

ㄱ'. 불고기는 우리 어머니의 좋아하시는 음식이다.

ㄴ. Bʉlgugi-ki mʉ-ni əmmə-**ni**-mʉn
Bulgogi-TOP we(EXCL)-GEN mother-GEN-1PL.EXCL.POSS
duru(<n)-si xəəm(ə)-**nin**.
wish-PROP meal-3POSS
불고기는 우리 어머니가/우리 어머니의 좋아하시는 음식이다.

(lit. 불고기는 우리의 어머니-의-우리 좋음 있는 음식-그 사람.)

(15) ㄱ. 이 노래는 영희가 즐겨듣던 곡이다.
ㄱ′. 이 노래는 영희의 즐겨듣던 곡이다.
ㄴ. ər doo bi-kki Yoŋxi-**ni** dooldii-r
this song be-TOP Yonghee-GEN listen-PTCP.NPST
duru(<n)-si doo-**nin**.
wish-PROP song-3POSS
이 노래는 영희가/영희의 즐겨듣던 곡이다.
(lit. 이 노래는 영희의 듣는 좋음 있는 노래-그 사람.)

(14), (15)에서 보듯이 한국어의 관형절 주어가 속격과의 결합이 아예 불가능한 것은 아니다. (14ㄱ′), (15ㄱ′)에서 관형절 주어가 속격과 결합하여도 어색하지 않다. 어웡키어는 (14ㄴ), (15ㄴ)과 같이 관형 구성이 그대로 문장의 서술어로 쓰일 수 있는데, 이때에도 마찬가지로 관형절 주어는 속격으로 나타나고 피수식 명사 뒤에는 소유인칭표지가 결합한다.

다음으로 명사절에 나타나는 주어를 살펴보자. 먼저 '-음'에 의한 명사절의 예는 아래와 같다.

(16) ㄱ. 철수가 한국에 왔음이 알려졌다.
ㄱ′. 철수의 한국에 왔음이 알려졌다.
ㄴ. Colsʉ-**ni** Soloŋgos-d(u) əm(ə)-səə-**nin**
Chulsoo-GEN Korea-DATL come-PTCP.PST-3POSS
dooldii-wu-soo-ø.
listen-PASS-PST-3
철수가/철수의 한국에 왔음이 알려졌다.
(lit. 철수의 한국에 오-ㄴ-그 사람 들렸다.)

(16ㄱ), (16ㄱ′)에서 보듯이 한국어의 명사절 주어는 '-이/가'로도 나타

나고 '-의'로도 나타난다. 어웡키어의 해당 표현은 앞서 '것' 구성에서 살펴본 것과 마찬가지로 동명사어미가 명사적 용법으로 쓰이는 것이다. 이 명사절의 주어는 (16ㄴ)과 같이 속격으로만 나타난다. 또한, (16ㄴ)의 명사절 주어는 3인칭이기 때문에 'əm(ə)-səə'(온) 뒤에 문장의 주어로 쓰이는 3인칭 소유인칭표지 '-nin'이 결합된다.

'-기'에 의한 명사절의 예를 살펴보자.

(17) ㄱ. 나는 <u>철수가 돌아오기만을</u> 바랐다.
ㄱ'. 나는 <u>철수의 돌아오기만을</u> 바랐다.
ㄴ. bi <u>Colsʉ-**ni** əmə-ggii-r-wə-**n**-əl</u>
I(1SG) Chulsoo-GEN come-back-PTCP.NPST-ACC-3POSS-only
irəə-sʉʉ.
wish-PST.1SG
나는 <u>철수가/철수의 돌아오기만을</u> 바랐다.
(lit. 나 <u>철수의 돌아오-ㄹ-을-그 사람-만</u> 바랐다.)

한국어는 (17ㄱ), (17ㄱ')과 같은 경우 주격과 속격 모두 가능한 것으로 보인다. 어웡키어는 (17ㄴ)과 같이 명사절 주어는 속격으로만 나타나고 'əmə-ggii-r-wə'(돌아오기를) 뒤에 사격어로 쓰이는 3인칭 소유인칭표지 '-n'이 결합된다.

다음은 어미 '-ㄴ지'가 결합된 구성이 문장의 목적어로 쓰인 예이다.

(18) ㄱ. 나는 <u>아이들이 어디 있는지</u> 모르겠다.
ㄴ. bi <u>ʉrəl-səl-**ni** ilə bi-ji-r-wə-**n**</u>
I(1SG) child-PL-GEN where be-PROG-PTCP.NPST-ACC-3POSS
əsi-m(i) saa-ra.
NEG-1SG know-PTCP.NPST
나는 <u>아이들이 어디 있는지</u> 모르겠다.
(lit. 나 <u>아이들의 어디 있-고 있-는-을-그들</u> 모르겠다.)
ㄴ'. bi <u>ʉrəl-səl ilə bi-ji-r-wə-**n**</u>

I(1SG) child-PL where be-PROG-PTCP.NPST-ACC-3POSS
əsi-m(i) saa-ra.
NEG-1SG know-PTCP.NPST
나는 아이들이 어디 있는지 모르겠다.
(lit. 나 아이들 어디 있-고 있-는-을-그들 모르겠다.)

(18ㄱ)과 같이 '-ㄴ지' 절의 주어인 '아이들'도 '-이'와 결합되어 있다. 이에 해당하는 어웡키어의 표현은 (18ㄴ), (18ㄴ')과 같이 동명사어미 '-r'에 의해 표현된다. 이때 '-ㄴ지' 절의 주어는 앞에서 살펴본 관형절과 명사절의 주어와는 달리 속격뿐 아니라 주격으로도 나타날 수 있어 차이를 보인다.

다음으로 명사구와 관형 구성을 비교하여 살펴보자.

(19) ㄱ. 학생의 책
ㄴ. 학생이 산 책

(20) ㄱ. surugci-**ni** bitəgə
student-GEN book
학생의 책 (lit. 특정 학생의 책이 아닌 '학생의 책')
ㄴ. surugci-**ni** ga-saa bitəgə
student-GEN buy-PTCP.PST book
학생이 산 책 (lit. 특정 학생이 산 책이 아닌 '학생의 산 책')

어웡키어는 (20ㄱ)과 같은 명사구일 때도 (20ㄴ)과 같은 관형 구성일 때도 속격을 쓴다. 그러나 한국어는 (19ㄱ)과 같이 'NP의 NP' 명사구일 때는 속격을 쓰지만 (19ㄴ)과 같이 관형 구성이 될 때는 주격 표지로 바뀐다.

현대 한국어의 내포문에서는 지금까지 살펴본 바와 같이 주어를 주격으로 표시하지만, 중세 한국어 시기에는 어웡키어와 마찬가지로 속격을 사용하였다. 안병희·이광호(1996:175)에서는 중세 한국어, 특히 15

세기 한국어에서는 서술어가 주로 수식어의 용법을 가지는 동사의 관형사형이거나 동명사일 경우, 그 서술어의 의미상 주어는 주격조사와 결합하기보다는 속격조사 '-ᄋᆡ/의, -ㅅ'과 결합하는 것이 보통이라고 하였다. 이 속격조사와 결합된 체언은 실질적으로 동명사나 동사의 관형사형의 행위자(行爲者), 곧 주어로서, 논리적으로 주어인 것이다. 이광호(1976:31)에서는 서술어가 동명사로 끝나는 종속절인 경우에는 표면구조상의 주격어미가 속격어미로 교체된다고 하여 아래와 같은 예를 들고 있다.

(21) ㄱ. 다ᄆᆞᆫ <u>ᄯᅩᇰ이 ᄃᆞᆯ며 ᄡᅮ믈</u> 맛본 거시라(小諺六, 16)
　　 ㄴ. <u>ᄯᅩᇰ의 ᄃᆞᆯ며 ᄡᅳ믈</u> 맏보아(東新三孝四, 62)
(22) ㄱ. 아ᄃᆞᆯᄃᆞᆯ히 <u>아비 죽다</u> 듣고(月釋十八, 21)
　　 ㄴ. 諸子ㅣ <u>아ᄇᆡ 주그믈</u> 듣고(法華五, 158)
(23) ㄱ. 그 아비 <u>그 아ᄃᆞ리 다 ᄒᆞ마 됴타</u> 듣고(月釋十七, 21)
　　 ㄴ. 그 아비 <u>아ᄃᆞ릐 다 ᄒᆞ마 差ᄒᆞᆫ ᄃᆞᆯ</u> 듣고(法華五, 158)

(21ㄱ), (22ㄱ), (23ㄱ)은 모두 주격으로 나타나는 예이고 (21ㄴ), (22ㄴ), (23ㄴ)은 모두 속격으로 나타나는 예이다. 그러나 현대로 오면서 종속절의 주어가 속격으로 표시되는 일이 거의 없어졌다.

한편, 박진호(2016b:89)에서는 15세기의 속격 표지가 '-ᄋᆡ/의'가 아니라 '-이'로 나타나는 일이 간혹 있었고 일본어의 주격 표지 '-が'가 속격에서 온 것을 참고하면, 한국어의 주격 표지 '-이'도 속격에서 왔을 가능성을 제기하였다. 고대 한국어에서 주어는 본래 무표지였으나 속격 표지 '-이'가 주어에도 쓰이게 됨에 따라, 속격에서는 매개모음 '-ᄋᆞ/으'를 첨가하여 '-ᄋᆡ/의'로 변하게 된 듯하다고 하였다.

이희자·이종희(2014:935)에서 '-이/가'가 쓰일 자리에 '-의'를 쓰기도 한다고 하여 아래와 같은 예를 들고 있다.

(24) ㄱ. <u>나의</u> 살던 고향

ㄴ. 민족의 불행한 때
ㄷ. 청춘의 누리는 바 특권
ㄹ. 나는 그의 하는 양만 바라보고 있었다.

(24)는 '-이/가'가 쓰일 자리에 '-의'가 쓰인 예이다. '나의 살던 고향은 꽃피는 산골'처럼 가사에 남아 있지만 현대 한국어로는 '내가 살던 고향'이 더 자연스럽다.

허동진(2006:37)에서는 아래와 같이 주술 관계로 된 관형어의 주어를 나타내는 예를 들고 있다. 이때 '-의'를 '-이'로 바꿀 수 있는데 '-의'를 씀으로써 그 말의 강세를 돕고 있다고 하였다.

(25) ㄱ. 우리들의 나아가는 길은 가장 거룩하고 광활하다.
ㄴ. 근래에 우리나라는 백성들의 요구하는 일용품 생산에 큰 주의를 돌리고 있다.
ㄷ. 젊은이들의 기뻐할 일은 이뿐이 아니었다.
ㄹ. 적들의 발악하는 최후의 진지를 끝내 짓부수고야 말았다.

(25)에서 '-의'를 씀으로써 어떤 강세를 돕고 있는지는 의문이다.

김일환(2011)에서는 개화기 한국어에서 현대 한국어로 올수록 주어적 속격의 사용이 감소되고 있다고 하였다. 더욱이 현대 한국어에서도 명사형 어미의 어기가 자동사와 형용사일 경우에만 주어적 속격이 허가된다는 점을 토대로 명사형 어미의 쓰임이 현대 한국어에서 양적으로뿐만 아니라 사용 범위도 축소되고 있다고 하였다. 또한, 주어적 속격은 명사형 어미는 '-기'에 의해서는 허가되지 않고 '-음'에 의해서만 허가될 수 있다고 하였다. 다음은 김일환(2011:112)에서 명사형 어미가 주어적 속격을 허가하는 양상을 코퍼스에서 추출한 결과이다.

〈표 22〉 주어적 속격을 허가하는 명사형 어미의 전체 사용 양상

| | '-음' | '-기' |
|---|---|---|
| 현대 한국어 | 374 | 0 |
| 개화기 한국어 | 503 | 35 |

<표 22>에 의하면 명사형 어미 '-음'이 주어적 속격을 허가하는 양상은 현대 한국어에 비해 개화기 한국어에서 보다 활발했던 것으로 보인다. 이에 비해 '-기'는 오히려 현대 한국어에서는 발견되지 않던 것이 개화기 한국어에서 발견되었다는 점이 특이하다. 그러나 이필영(1995:1062)에서는 '-기' 명사절의 경우에는 주절의 주어로 쓰일 때에는 주어 속격화가 거의 불가능하고, 다만 주절의 목적어로 쓰일 때에는 가능하다고 하였다. 이필영(1995)에서는 속격화의 가능성은 내포문 서술어에 따라 달라지는데 대체로 상태 동사와 자동사일 때가 타동사일 때보다 자연스럽다고 하였다. 일부 예를 들면 아래와 같다.

(26) ㄱ. 그들은 <u>철수의 영특함</u>을 알고 있다.
ㄴ. 그들은 <u>철수의 도착했음</u>을 확인하였다.
ㄷ. ??그들은 <u>철수의 밥을 먹고 있음</u>을 확인하였다.

(27) ㄱ. 의사는 <u>철수의 아픈 곳</u>을 짚어 보더니 곧 처방을 내렸다.
ㄴ. 그들은 <u>철수의 간 곳</u>을 친절하게 알려주었다.
ㄷ. ?(?)<u>철수의 보았던 영화</u>를 우리도 오늘 보러 간다.

(26ㄱ), (27ㄱ)은 내포문의 서술어가 상태 동사의 예이고 (26ㄴ), (27ㄴ)은 내포문의 서술어가 자동사의 예이며 (26ㄷ), (27ㄷ)은 내포문의 서술어가 타동사의 예이다.

## 7.2. 접속문

이 절에서는 한국어와 어웡키어의 접속어미를 11개의 부류로 나누고, 각각의 주어가 어떤 격표지로 표시되는지, 동일 주어 제약이 있는지 살펴보겠다. 한국어의 주절 주어는 정보구조에 따라 '-은/는'과 '-이/가'로 교체되어 쓰이지만 종속절 주어에는 '-은/는'이 잘 쓰이지 않고 거의 항상 '-이/가'가 쓰인다. 한국어에서 절의 주어를 나타내는 정보는 주로 주격 표지로만 나타난다. 반면에 어웡키어에는 절의 주어를 알려주는 정보가 풍부하다.

어웡키어에서는 서술어뿐만 아니라 상당수의 접속어미에도 인칭표지가 붙는다. 접속어미 중에는 접속어미가 결합하는 선행절과 후행절의 주어가 달라지는 경우가 있다. 이럴 때 어웡키어에서는 접속어미의 인칭표지를 보고 선행절과 후행절의 주어가 같은지 다른지를 알 수 있다. 즉 접속어미에 소유인칭표지가 결합하면 선행절과 후행절의 주어가 다르며, 재귀소유인칭표지가 결합하면 선행절과 후행절의 주어가 같은 것이다. 접속어미 중에는 두 종류의 인칭표지 모두와 결합하는 경우도 있는데, 그럴 경우 접속어미의 의미가 달라진다.

박진호(1995)에서는 논항 공유라는 관점에서 연결어미를 논항의 공유를 필수적으로 요구하는 연결어미 '-러, -려고/-고자, -다가, -면서, -고(서), -어(서)'와 논항의 공유가 수의적인 연결어미 '-고, -거나/-든지, -지만, -는데, -니까, -아서, -면, -아야, -아도, -도록/-게끔, -ㄹ수록, -자(마자)'로 나누고 있다. 논항의 공유를 필수적으로 요구하는 연결어미들은 주어-목적어의 공유를 허용하지 않고 논항의 공유가 수의적인 연결어미들은 주어와 목적어의 공유를 허용한다고 하고 있다. 목정수(2014:382)에서는 연결어미의 성격에 따라 종속절과 주절의 행위자 인칭이 같아야 하는 연결어미 '-고도', '-을지라도', '-을망정', '-을지언정' 등을 들고 있고 각각의 인칭이 달라도 되는 연결어미 '-거늘'을 들고 있다.

### 7.2.1. '-러'와 '-naa-'

한국어의 목적을 나타내는 어미 '-러'는 아래와 같이 동일 주어 제약을 가진다.

(28) ㄱ. 우리 집에 저녁 먹으러 오세요.
　　ㄴ. 나는 영희를 만나러 시내에 가요.
　　ㄴ'. *나는 영희를 만나러 영희가 시내에 가요.

(28ㄱ), (28ㄴ)에서 보듯이 '-러' 절의 주어와 문장 전체의 주어가 같다. (28ㄴ')과 같이 '-러' 절의 주어와 후행절의 주어가 다를 경우 비문법적이다.

한국어의 목적을 나타내는 어미 '-러'와 이동 동사 '가-'는 어웡키어에서는 목적과 이동의 의미가 모두 포함된 접사 '-naa-'에 의해 표현된다.[81] 이를 이동 목적 접사라고 한다. 이 접사도 한국어의 '-러'와 마찬가지로 아래와 같이 동일 주어 제약을 가진다.

(29) ㄱ. bi　Yoŋxi-ji　baxaldii-**naa**-mi.
　　I(1SG)　Yonghee-INST　meet-PURP.MOTION-1SG
　　나(는) 영희(를) 만나러 간다. (lit. 나 영희와 만나러 간다.)
　　ㄴ. sʉ　tʉl-lə　ʉgii-**nəə**-xəldʉn.
　　you(PL)　outside-DIRL　play-PURP.MOTION-2PL.IMP
　　너희들(은) 밖에 놀러 가라. (lit. 너희 밖에 놀러 가라.)

81) 'jittə-n'(먹다)은 '-kʉʉ-'와 결합하고 'aman-an'(똥을 누다)과 'aasin-an'(자다)은 '-muu-'와 결합하며 'səxən-ən'(오줌을 누다)은 '-mʉʉ-'와 결합하는 예외가 있다. 나머지 동사는 '-naa-'와 결합하는데, 이때 '-naa-'는 동사의 모음조화를 따른다. 朝克(2017a:206-207)에서는 부동사어미 '-m'과 결합한 '-nam'으로 제시하였다. 그리고 예외로 쓰이는 '-muu-', '-kʉʉ-'에 대한 언급은 없다.

(29ㄱ), (29ㄴ)에서 접사 '-naa-'가 서술어 'baxaldii-'(만나-)와 'ʉgii-'(놀-)와 결합되어 각각 'baxaldii-naa-'(만나러 가-)와 'ʉgii- nəə-'(놀러 가-)와 같은 이동 목적을 나타내는 동사를 파생시킨 것을 볼 수 있다. 또한, 문장의 서술어에 결합된 동사 인칭표지는 문장의 주어와 일치하며, 문장의 주어는 주격으로 나타난다.

### 7.2.2. '-려고; -고자'와 '-m gʉn-ji-; -m gʉnkən'

다음은 '-려고; -고자'의 예이다.

(30) ㄱ. 철수는 영희한테 주려고 꽃을 샀어요.
ㄱ'. *철수는 영희한테 주려고 민수가 꽃을 샀어요.
ㄴ. 저는 그 일에 관해 의논을 하고자 찾아왔습니다.
ㄴ'. *저는 그 일에 관해 의논을 하고자 영희가 찾아왔습니다.

(30ㄱ), (30ㄴ)에서 보듯이 '-려고'와 '-고자'는 선행절과 후행절의 주어가 같을 때 쓰인다. 그러나 (30ㄱ'), (30ㄴ')에서 선행절과 후행절의 주어가 다를 때는 '-려고'와 '-고자'가 쓰일 수 없다.[82]

어웡키어에서는 어떤 동작을 하려는 주어의 의도를 나타낼 때 'V-m gʉn-ji-'(-려고 하-; -고자 하-)와 '-m gʉnkən'(-려고; -고자)을 쓴다.[83] 'V-m gʉn-ji-'의 '-m' 앞에는 문법표지가 올 수 없고

82) 권재일(1985:108)에서는 '-고자'와 '-러'는 필수적으로 동일 주어를 가지는 접속어미, '-려고'는 수의적으로 동일 주어를 가지는 접속어미로 보아 아래와 같은 예를 제시하였다.

ㄱ. 나는 시험에 붙고자, 열심히 공부했다.
ㄴ. 나는 시험에 붙으려고, 열심히 공부했다.
ㄷ. 내가 시험에 붙으려고, 시험 문제마저 쉬웠다.

83) 'gʉnə-n'(말하다/하다)은 인용문에 쓰이는 인용 동사이다.

'gʉn-ji-' 뒤에는 시제와 인칭표지가 결합한다. 이는 한국어의 '-려고 하-; -고자 하-'에 해당한다. 한국어와는 달리 'gʉn-' 뒤에는 반드시 진행의 '-ji-'가 결합되어야 의도의 의미를 나타낼 수 있다. '-ji-'가 없으면 인용문이 된다. '-m gʉn-ji-' 뒤에는 절이 올 수 없지만 '-m gʉnkən' 뒤에는 절이 올 수 있다. '-m gʉn-ji-'와 '-m gʉnkən'의 예를 들면 아래와 같다.

(31) ㄱ. bi ər ilga(~igga)-wa sin-dʉ bʉʉ-**m**
I(1SG) this flower-ACC you(SG)-DATL give-CVB
**gʉn-ji**-sʉʉ.
say-PROG-PST.1SG
나(는) 이 꽃을 너한테 주려고 했어.
(lit. 나 이 꽃을 너한테 주려고 하고 있었어.)
ㄴ. bi sin-dʉ bʉʉ-**m** **gʉnkən** ər ilga(~igga)-wa
I(1SG) you(SG)-DATL give-CVB QUOT this flower-ACC
ga-suu.
buy-PST.1SG
나(는) 너한테 주려고 이 꽃을 샀어. (lit. 나 너한테 주려고 이 꽃을 샀어.)

(31ㄱ)은 '-m gʉn-ji-'(-려고 하-; -고자 하-)가 쓰인 예이다. 문장의 주어 'bi(나)'와 서술어 'bʉʉ-m gʉn-ji-sʉʉ'(내가 주려고 했어)에 결합된 '-sʉʉ'(1인칭 과거)의 인칭이 일치한다. (31ㄴ)은 '-m gʉnkən'(-려고; -고자)이 쓰인 예이다. '-m gʉnkən' 뒤에 다른 절이 올 수도 있지만 의도를 나타낼 때에는 문장의 주어는 같다. 서술어 'ga-suu'(내가 샀어)에서 볼 수 있다.

두 언어는 공통적으로 아래와 같이 '-러'와 '-려고', '-kʉʉ-'(-러 가-)와 '-m gʉnkən'(-려고)이 같이 쓰일 수 있다.

(32) ㄱ. 저녁(을) 먹으러 가려고 시내버스(를) 탔다.

ㄴ. oroi-ti xəəmə-i <u>jik(<t)-**kʉʉ-m** **gʉnkən**</u>
evening-REL meal-INACC eat-PURP.MOTION-CVB QUOT
gee-ni paasa-d(u) təg(ə)-sʉʉ.
city-GEN bus-DATL sit/live-PST.1SG
저녁(을) 먹으러 가려고 시내버스(를) 탔다.
(lit. 나 저녁의 밥을 <u>먹으러 가려고</u> 시내의 버스에 탔다.)

(32ㄱ)과 (32ㄴ)은 한국어의 '-러'와 '-려고', 어웡키어의 '-kʉʉ-'(-러 가-)와 '-m gʉnkən'(-려고)이 같이 쓰인 예이다.

어웡키어의 의도구문에 쓰이는 '-m'은 주어의 의도를 나타내는 것인데 사실은 1인칭 단수 동사 인칭표지 '-mi'에서 온 것이다. 'surgul-d(u) ʉli-m gʉn-ji-'(학교에 가려고/다니려고 하-)를 인칭별로 예를 들면 아래와 같다.

(33) 1SG: <u>bi</u> surgul-d(u) <u>ʉli-m(i) gʉn-ji-mi</u>.
2SG: <u>si</u> surgul-d(u) <u>ʉli-m(i) gʉn-ji-ndi</u>.
3SG: <u>tar</u> surgul-d(u) <u>ʉli-m(i) gʉn-ji-rən</u>.

(34) 1PL.EXCL: <u>bʉ</u> surgul-d(u) <u>ʉli-mʉn/-m(i) gʉn-ji-mʉn</u>.
1PL.INCL: <u>miti</u> surgul-d(u) <u>ʉli-mʉn/-m(i) gʉn-ji-tti</u>.
2PL: <u>sʉ</u> surgul-d(u) <u>ʉli-mʉn/-m(i) gʉn-ji-ccʉn</u>.
3PL: <u>taccil</u> surgul-d(u) <u>ʉli-mʉn/-m(i) gʉn-ji-rən</u>.

의도구문의 '-m'은 (33)과 같이 주어가 단수일 때는 모두 1인칭 단수의 '-mi'에서 'i'가 탈락된 '-m'으로 나타나고 'gʉn-ji-' 뒤의 인칭표지는 주어와 일치한다. (34)와 같이 주어가 복수일 때는 '-mʉn' 혹은 '-mi'에서 'i'가 탈락된 '-m'으로 나타난다. 하지만 '-mʉn'보다는 '-m'이 많이 사용된다. 또한, 'gʉn-ji-' 뒤의 인칭표지는 주어와 일치한다. 요컨대, 어웡키어의 의도구문 '-m gʉn-ji-'와 '-m gʉnkən'에서의 '-m'은 1인칭 단수 동사 인칭표지 '-mi'에서 온 것이라고 할 수 있다. 아래와 같이 정리할 수 있다.

(35) 단수일 때: -mi(1SG) > -m
　　복수일 때: -mun ~ -mʉn(1PL.EXCL)/-mi(1SG) > -m

두 언어의 의도를 나타내는 '-려고'와 '-m gʉnkən'은 앞으로 어떤 일이 곧 일어날 것 같다는 것을 나타내는 임박상의 의미로 쓰인다는 공통점을 가진다. 이때는 아래와 같이 동일 주어 제약을 가지지 않는다.

(36) ㄱ. 비(가) 오려고 천둥(이) 친 거야.
　　ㄴ. udun tukka(<tukku)-**m gʉnkən** bukkun tʉʉrəə-səə-ø sinjə.
　　　rain fall-CVB QUOT thunder sound-PST-3 SFP
　　　비(가) 오려고 천둥(이) 친 거야. (lit. 비 내리려고 천둥 친 거야.)

(36)에서의 '-려고'와 '-m gʉnkən'은 의도를 나타내는 '-려고'와 '-m gʉnkən'과는 달리 선행절 주어와 후행절 주어가 다르게 나타날 수 있어 동일 주어 제약을 가지지 않는다는 것을 볼 수 있다. 주어는 두 언어 모두 주격으로 나타난다.

### 7.2.3. '-면서'와 '-m bigid'

선행절과 후행절의 동작행위가 동시에 일어날 때 한국어는 '-면서'를 쓰고 어웡키어는 '-m bigid'를 쓴다. '-m bigid'는 다른 접속어미들과는 달리 부동사어미 '-m'과 'bigid'가 결합해 쓰여야 동시동작의 '-면서'의 의미를 나타낼 수 있다. '-m' 앞에는 시제 표지가 올 수 없고, 'bigid' 뒤에는 인칭표지가 올 수 없다. '-m bigid'는 '-meed'로 축약될 수 있다. 몇몇 예를 들어보자.

(37) ㄱ. 철수(는) 노래(를) 부르면서 걷는다./걷고 있다.
ㄴ. Colsʉ jaandaa-**m bigid**(~jaandaa-**meed**) algasii(~aggasii)-ji-ran.
Chulsoo sing.a.song-CVB while walk-PROG-3
철수(는) 노래(를) 부르면서 걷는다./걷고 있다.
(lit. 철수 노래 부르면서 걷고 있다.)

(38) ㄱ. 나는 밥을 먹으면서 책을 읽는다.
ㄴ. bi xəəmə-i ji-**m bigid**(~ji-**mmeed**) bitəgə-i isi-mi.
I(1SG) meal-INACC eat-CVB while book-INACC look-1SG
나는 밥을 먹으면서 책을 읽는다. (lit. 나 밥을 먹으면서 책을 읽는다.)

(39) ㄱ. *영희가 웃으면서 철수가 말했다.
ㄴ. *Yoŋxi nəttə-**m bigid**(~nəttə-**meed**) Colsʉ janji-saa-ø.
Yonghee smile-CVB while Chulsoo say-PST-3
*영희가 웃으면서 철수가 말했다. (lit. *영희 웃으면서 철수 말했다.)

(37)과 (38)은 선행절과 후행절의 동작행위가 동시에 일어날 때 쓰이는 대등 관계를 나타내는 접속어미 '-면서'와 '-m bigid'가 쓰인 예인데 선행절과 후행절의 주어가 같아야 하는 동일 주어 제약을 가진다는 것을 볼 수 있다. 이때 주어는 주격으로 나타난다. (39)에서 보듯이 두 언어의 '-면서'와 '-m bigid'는 선행절 주어와 후행절 주어가 다를 경우 비문법적이다.

박진호(2009)에서는 한국어의 동시성을 나타내는 연결어미 '-면서'의 비대칭적 용법을 다루었다. 어웡키어의 '-m bigid'도 그러한 용법이 있는지 살펴보자.

(40) ㄱ. 철수는 자면서 잠꼬대를 한다.
ㄴ. Colsʉ aasi(~aasina)-**m bigid**(~aasi-**meed**) ʉʉgʉlii-rən.
Chulsoo sleep-CVB while talk.in.sleep-3

철수는 자면서 잠꼬대를 한다. (lit. 철수 자면서 잠꼬대한다.)

(41) ㄱ. 철수는 면도를 하면서 콧노래를 한다.

ㄴ. Colsʉ guggatta-i ga-**m bigid**(~ga-**mmeed**) siiŋəəsi-rən.
Chulsoo mustache-INACC buy/take-CVB while hum-3
철수는 면도를 하면서 콧노래를 한다.
(lit. 철수 면도를 하면서 콧노래 한다.)

박진호(2009)에 따르면 (40ㄱ)과 (41ㄱ)에서는 각각 자는 행위와 면도를 하는 행위가 배경이 되고 잠꼬대를 하는 행위와 콧노래를 부르는 행위가 전경이 된다. 이에 대응되는 어웡키어는 (40ㄴ), (41ㄴ)과 같고 어웡키어의 동시성을 나타내는 접속어미 '-m bigid'도 한국어와 마찬가지로 비대칭적 용법이 있다고 할 수 있다.

### 7.2.4. '-고; -아서/어서'와 '-ci'

여기서는 한국어의 '-고; -아서/어서'와 그에 해당하는 어웡키어의 접속어미 '-ci'를 살펴보고자 한다. '-고'와 '-아서/어서'를 같이 묶은 이유는 어웡키어의 '-ci'가 '-고'로 번역되기도 하고 '-아서/어서'로 번역되기도 하기 때문이다. 먼저, 한국어의 '-고; -아서/어서'부터 살펴보자.

(42) ㄱ. 언니랑 저녁을 먹고 커피를 마셨다.

ㄴ. 철수는 한 시에 왔고 영희는 두 시에 왔다.

(43) ㄱ. 영희가 그림을 그려서 벽에 붙인다.

ㄴ. 숙제가 많아서 늦게 잤어요.

(42), (43)은 각각 '-고'와 '-아서/어서'가 결합된 예이다. '-고'는 (42)에서 보듯이 대등한 사실을 나열할 때 동일 주어 제약을 가지지 않는다. '-아서/어서'는 (43)에서 보듯이 동작행위가 순차적으로 일어날 때는 종속절 주어와 주절 주어가 동일하지만 이유나 원인의 의미로 쓰일 때는 종속절 주어와 주절 주어가 동일하지 않다. 요컨대, 한국어의 '-고'와 '-아서/어서'는 동일 주어 제약을 가지지 않는다. 주어는 모두 주격으로 나타난다.

반면에 어웡키어의 '-ci'는 한국어의 '-고; -아서/어서'와는 달리 동일 주어 제약을 가진다.[84] 예는 아래와 같다.

(44) ㄱ. 내가 밥(을) 먹고 영화(를) 봤다.

ㄴ. bi xəəmə-i jic(<t)-**ci** xinu-i is(i)-sʉʉ.

I(1SG) meal-INACC eat-CVB film-INACC look-PST.1SG

내가 밥(을) 먹고 영화(를) 봤다.

(lit. 나 밥을 먹고 영화를 보았다.)

(45) ㄱ. 도둑이 창문으로 들어와서 돈을 훔쳤다.

ㄴ. xulxa soŋko-li ii-**cci** mʉgʉn-(ɵ)

thief window-PROL come.in/spend-CVB money-INACC

xulxa-saa-ø.

steal-PST-3

도둑이 창문으로 들어와서 돈을 훔쳤다.

(lit. 도둑 창문으로 들어와서 돈을 훔쳤다.)

(46) ㄱ. 철수는 여기서 먹고 마시고 쉬고 갔다.

ㄴ. Colsʉ ə-dʉ jic(<t)-**ci** ima-**cci** amaraa-**ci**

Chulsoo this-DATL eat-CVB drink-CVB rest-CVB

ʉl-cəə-ø.

go(from.here)-PST-3

84) '-ci'는 경우에 따라 '-cci'로 발음될 때가 있다.

철수는 여기서 먹고 마시고 쉬고 갔다.
(lit. 철수 여기서 먹고 마시고 쉬고 갔다.)

'-ci'는 (44ㄴ)과 같이 대등한 사실을 나열할 때 쓰이기도 하고 (45ㄴ)과 같이 동작행위가 순차적으로 일어날 때 쓰이기도 하며 (46ㄴ)과 같이 두 가지 이상의 동작을 나란히 이어 줌을 나타낼 때 쓰이기도 한다. 또한, 위의 예에서 보듯이 '-ci'가 결합된 접속문은 종속절 주어와 주절 주어가 동일한 것으로 나타난다. 이때 주어는 주격으로 나타난다.

한국어의 접속어미 '-고'는 아래와 같이 선행절 주어와 후행절 주어가 다를 때도 쓰일 수 있지만 어웡키어는 두 개의 문장으로 표현해야 한다. 즉, 한국어의 '-고'는 동일 주어 제약을 가지지 않지만 어웡키어의 '-ci'는 동일 주어 제약을 가진다.

(47) ㄱ. 철수는 한 시에 왔고 영희는 두 시에 왔다.
ㄴ. Colsʉ əmən sag(a)-d(u) əm(ə)-səə-ø. Yoŋxi jʉʉr
Chulsoo one hour/watch-DATL come-PST-3 Yonghee two
sag(a)-d(u) əm(ə)-səə-ø.
hour/watch-DATL come-PST-3
철수는 한 시에 왔고 영희는 두 시에 왔다.
(lit. 철수 한 시에 왔다. 영희 두 시에 왔다.)

한국어의 '-고'는 (47ㄱ)과 같이 선행절과 후행절의 주어가 다를 경우에도 쓰일 수 있지만 어웡키어의 '-ci'는 (47ㄴ)과 같이 두 개의 문장으로 표현해야 한다. 또한, 한국어의 '-고' 앞에는 과거 시제의 '-았-'이 올 수 있지만 어웡키어의 '-ci' 앞에는 과거 시제 표지가 올 수 없다는 차이점이 있다.

### 7.2.5. '-다가'와 '-ji-ci; -saaji/-caaji; -gi'

한국어의 '-다가'에 해당하는 어웡키어 접속어미는 '-ji-ci', '-saaji/-caaji', '-gi' 세 가지가 있다. '-ji-ci'는 '-ci' 앞에 진행의 '-ji-'가 결합되어 선행절의 동작행위가 중단되고 후행절의 동작행위로 옮겨간다는 의미를 나타내게 된다. '-ji-ci'의 예를 들면 아래와 같다.

(48) ㄱ. 내가 걸어 가다가 걸려 넘어졌다.
ㄴ. bi algasii(~aggasii)-m ʉl-**ji-ci** bʉdərii-ci
I(1SG) walk-CVB go(from.here)-PROG-CVB stumble-CVB
tix(ə)-sʉʉ.
fall-PST.1SG
내가 걸어 가다가 걸려 넘어졌다. (lit. 나 걸어 가다가 걸려 넘어졌다.)

(49) ㄱ. 아까는 비(가) 오다가 이제는 눈(이) 오고 있다.
ㄴ. əsxʉn udun tukka(<tukku)-**ji-ci** əsi imanda
a.minute.ago rain fall-PROG-CVB now snow
tukka(<tukku)-ji-ran.
fall-PROG-3
아까는 비(가) 오다가 이제는 눈(이) 오고 있다.
(lit. 아까 비 오다가 이제 눈 오고 있다.)

(48)과 (49)에서 보듯이 '-다가'와 '-ji-ci'는 선행절과 후행절의 주어가 같을 때도 쓰이고 선행절과 후행절의 주어가 다를 때도 쓰여 동일 주어 제약을 가지지 않는다는 공통점이 있다. 또한, 주어는 두 언어 모두 주격으로 나타난다.

'-saaji/-caaji'도 '-다가'의 의미로 쓰일 수 있지만 의미는 '-ji-ci'보다 다양하다. '-saaji/-caaji'는 재귀소유인칭표지와만 결합하고 '-다가' 외에 '-은/는 김에'의 의미로 쓰인다. '-다가'의 의미로 쓰일 때는 진행의 '-ji-'와 잘 어울려 쓰이지만 '-은/는 김에'의 의미로 쓰일 때는 진행의 '-ji-'와 어울려 쓰이지 못한다. 예를 들면 아래와 같다.

(50) ㄱ. 그 사람(이) 며칠 술을 마시다가 죽었다.
ㄴ. tar bəi adi inig arixi-(i) im(a)-**saaji-wi**
that person how.many day alcohol-INACC drink-CVB-SG.REFL
bʉ-səə-ø.
die-PST-3
그 사람(이) 며칠 (연속) 술을 마시다가 죽었다.
(lit. 그 사람 며칠 술을 마시-다가-그 사람 죽었다.)

(51) ㄱ. 그 사람(이) 술을 마시다가/마시는 도중에 죽었다.
ㄴ. tar bəi arixi-(i) im(a)-**ji-saaji-wi** bʉ-səə-ø.
that person alcohol-INACC drink-PROG-CVB-SG.REFL die-PST-3
그 사람(이) 술을 마시다가/마시는 도중에 죽었다.
(lit. 그 사람 술을 마시-는 도중에-그 사람 죽었다.)

(50ㄴ)과 (51ㄴ)은 '-다가'의 의미로 쓰이는 '-saaji'의 예인데 모두 재귀소유인칭표지와 결합하여 동일 주어 제약을 가진다. (51ㄴ)은 진행의 '-ji-'와 결합되면 '-는 도중에'라는 의미가 더 두드러진다. 주어는 두 언어 모두 주격으로 나타난다.

다음은 '-saaji/-caaji'가 '-은/는 김에'의 의미로 쓰이는 예이다.

(52) ㄱ. 철수가 홧김에/화난 김에 술병으로 사람의 머리를 때렸다.
ㄴ. Colsʉ alii-**saaji-wi** arixi-ni gʉʉn-ji
Chulsoo get.angry-CVB-SG.REFL alcohol-GEN glass/bottle-INST
bəi-ni dela-wa-n mundaa-saa-ø.
person-GEN head-ACC-3POSS hit/pass.away-PST-3
철수가 홧김에/화난 김에 술병으로 사람의 머리를 때렸다.
(lit. 철수 화나-ㄴ 김에-그 사람 술병으로 사람의 머리-를-그 사람 때렸다.)

(53) ㄱ. (너희들이) 밖에 나간 김에 한 바구니의 소똥을 가져와라.

ㄴ. sʉ tʉl-lə yʉʉ-**səəji-wəl** əmən poolu
you(PL) outside-DIRL go.out/get.up-CVB-PL.REFL one basket
ootto-i əmʉʉ-dəə-sʉn.
cow.dung-INACC bring-IMP-2PL
(너희들이) 밖에 나간 김에 한 바구니의 소똥을 가져와라.
(lit. 너희 밖에 나가-ㄴ 김에-너희 한 바구니 소똥을 가져와라.)

(52ㄱ)과 (53ㄱ)은 한국어의 '-은 김에'의 예이고 (52ㄴ)과 (53ㄴ)은 어웡키어의 '-saaji'의 예이다. 이 예에서의 '-saaji'는 재귀소유인칭표지만 결합되어 있고 재귀소유인칭표지는 문장의 주어와 일치하며 동일주어 제약을 가진다는 것을 보여주고 있다. 그러나 한국어의 '-은/는 김에'는 어웡키어의 '-saaji/-caaji'와는 달리 (52ㄱ), (53ㄱ)과 같이 동일 주어일 때 쓰일 수도 있고 아래와 같이 선행절과 후행절의 주어가 다를 때도 쓰일 수 있다.

(54) ㄱ. 철수(가) 온 김에 우리(가) 외출하자.
ㄴ. 말이 나온 김에 다시 이야기합시다.

(54)는 선행절과 후행절의 주어가 다를 때 쓰인 '-은 김에'의 예이다. 이와 같이 한국어의 '-은/는 김에'는 동일 주어 제약이 없지만 어웡키어의 '-saaji/-caaji'는 동일 주어 제약이 있다는 차이점이 있다.

'-gi'는 이유나 원인을 나타내는 '-다가'의 의미로 쓰인다. 인칭표지가 결합되지 않지만 동일 주어 제약을 가진다. 'V-gi V-gi'의 꼴로도 쓰여 행위의 반복을 나타낼 수 있다. 한국어의 '-다가', '-다가 -다가(결국은)'에 해당한다. 예는 아래와 같다.

(55) ㄱ. 아이가 누워 있다가 잠들었다.
ㄴ. noono xʉləəsi-**gi** aasin-caa-ø.
child be.lying-CVB sleep-PST-3
아이가 누워 있다가 잠들었다. (lit. 아이 누워 있다가 (결국은) 잠들었다.)

(56) ㄱ. 만디(는) 술(을) 마시다가 취했다.
ㄴ. Mandi arixi-(i) ima-**gi** sottoo-soo-ø.
Mandi alcohol-INACC drink-CVB get.drunk-PST-3
만디(는) 술(을) 마시다가 취했다.
(lit. 만디 술을 마시다가 (결국은) 취했다.)

(57) ㄱ. 일가와 만디 둘이 다투다가 다투다가 헤어졌다.
ㄴ. Ilga oocci Mandi jʉʉr-ii xərʉʉldii-**gi** xərʉʉldii-**gi**
Ilga and(do-CVB) Mandi two-COL quarrel-CVB quarrel-CVB
sal(a)-saa-ø.
divorce/part-PST-3
일가와 만디 둘이 다투다가 다투다가 헤어졌다.
(lit. 일가하고 만디 둘이 다투다가 다투다가 (결국은) 헤어졌다.)

(58) ㄱ. 우리(는) 이야기하느라 10시(가) 된 줄 몰랐다.
ㄴ. bʉ xɵɵrɵɵ-**gi** xɵɵrɵɵ-**gi** jaan sag(a)
we(EXCL) talk-CVB talk-CVB ten hour/watch
oo-soo-wo-n ə-səə-mʉn
become/do-PTCP.PST-ACC-3POSS NEG-PST-1PL.EXCL
saa-ra.
know-PTCP.NPST
우리(는) 이야기하느라 10시(가) 된 줄 몰랐다.
(lit. 우리 이야기하다가 이야기하다가 10시 되-ㄴ-을-그 몰랐다.)

한국어의 이유나 원인을 나타내는 접속어미가 다양하다. (55ㄱ), (56ㄱ), (57ㄱ)은 '-다가'와 '-다가 -다가', (58ㄱ)은 '-느라'로 표현되어 있고 선행절과 후행절의 주어가 같다. 이때 주어는 모두 주격으로 나타난다. 어웡키어의 (55ㄴ), (56ㄴ), (57ㄴ), (58ㄴ)은 한국어의 (55ㄱ), (56ㄱ), (57ㄱ), (58ㄱ)과 마찬가지로 선행절과 후행절의 주어가 같다. 또한, 주어도 한국어와 마찬가지로 주격으로 나타난다.

### 7.2.6. '-었더니; -니까; -기 때문에' 등과 '-cixin'

어웡키어의 '-cixin'은 이유나 원인을 나타내는 접속어미로 소유인칭표지와만 결합한다.[85] 소유인칭표지와 결합한 '-cixin'을 한국어로 표현할 때 아래와 같이 인칭에 따라 다양한 접속어미로 표현된다.

우선, 1인칭 소유인칭표지와 결합한 예를 살펴보자.

(59) ㄱ. 내가 만디에게 이것저것을 물었더니 (만디가) 화냈다.

ㄴ. bi Mandi-txi ər tar-i aŋuu-**cixin-bi** (Mandi)
I(1SG) Mandi-ABL this that-INACC ask-CVB-1SG.POSS Mandi
alii-saa-ø.
get.angry-PST-3
내가 만디에게 이것저것을 물었더니 (만디가) 화냈다.
(lit. 나 만디에게서 이것 저것을 묻-었더니-나 (만디) 화냈다.)

(60) ㄱ. 우리가 가니까 아기가 울었대.

ㄴ. miti ʉl-**cixin-ti** noono soŋ(o)-soo-ø
we(INCL) go(from.here)-CVB-1PL.INCL.POSS child cry-PST-3
gʉnə-n.
say-3
우리가 가니까 아기가 울었대. (lit. 우리 가-니까-우리 아기 울었대.)

(59ㄴ)의 선행절 주어는 1인칭 단수 'bi'(나)이기 때문에 '-cixin' 뒤에 1인칭 단수 소유인칭표지가 결합된 것이다. 이때 선행절 주어는 주격으로 나타난다. 한편, '-cixin'에 소유인칭표지가 결합했다는 것은 선행

85) 3인칭의 경우 '-cixin-n'과 같이 'n'이 중복되기 때문에 여기서는 '-cixin'으로 표기하겠다.

절과 후행절의 주어가 달라짐을 의미한다. 이와 같이 어웡키어는 인칭 표지를 통해 선행절과 후행절의 주어가 같은지 다른지를 알아볼 수 있다. 1인칭 소유인칭표지와 결합한 '-cixin'은 한국어에서는 (59ㄱ)과 같이 '-었더니'로 표현된다. '-었더니'의 경우 주로 1인칭 주어가 쓰인다.[86] 1인칭 복수 포함형 소유인칭표지와 결합한 '-cixin'은 (60ㄱ)과 같이 '-니까'로 표현된다. '-니까'는 앞의 사실이나 행동이 진행된 결과 뒤의 사실이 그러하거나 행동이 일어남을 나타낼 때 주어가 1인칭으로 제한된다(이희자·이종희, 2014:358).

다음은 2인칭 소유인칭표지와 결합한 예이다.

(61) ㄱ. 네가 노란 가방을 샀기 때문에/사서 일가도 노란 가방을 산 거야?
ㄴ. si senarin suubala-i ga-**ccixin-ci** Ilga nan
you(SG) yellow bag-INACC buy-CVB-2SG.POSS Ilga also
senarin suubala-i ga-saa-ø gi?
yellow bag-INACC buy-PST-3 Q
네가 노란 가방을 샀기 때문에/사서 일가도 노란 가방을 산 거야?
(lit. 너 노란 가방을 사-았기 때문에-너/사-아서-너 일가도 노란 가방을 산 거야?)

(62) ㄱ. 너희들이 뭐라고 했길래/했기에 만디가 간 거야?
ㄴ. sʉ uxun gʉn-**cixin-cʉn** Mandi ʉl-cəə-ø?

86) 손욱(2019:83)에서는 '-었더니'의 주어는 1인칭이 아닌 3인칭으로 나타나는 경우도 있는데, 이는 특별한 상황을 상정해야 하는 경우들이라고 하여 아래와 같은 예를 들고 있다.

ㄱ. 철수가 기침을 했더니 영희가 휴지를 건네주었어.
ㄴ. 철수가 문을 열었더니 강아지가 한 마리 와 있을 거야. (이상 송재목 2011ㄴ:62)
ㄷ. 가영이가 사무실에 전화했더니 사무장님이 안 계신다더라.
ㄹ. (아내가) 1시간을 뛰었더니 아내는 목이 마른가 보다. (이필영 2011:75)

(ㄱ)과 (ㄹ)의 '-었더니'는 '원인'의 의미를 나타내고 (ㄴ)과 (ㄷ)에서는 '배경'의 의미를 나타낸다고 하였다.

you(PL) what say-CVB-2PL.POSS Mandi go(from.here)-PST-3
너희들이 뭐라고 했길래/했기에 만디가 간 거야?
(lit. 너희 뭐라고 하-였길래-너희/하-였기에-너희 만디 간 거야?

(61)과 (62)에서 보듯이 2인칭 소유인칭표지와 결합한 '-ccixin-ci'[87]와 '-cixin-cʉn'은 '-었더니'가 아니라 '-기 때문에', '-아서'와 '-길래', '-기에'로 표현된다.

3인칭 소유인칭표지와 결합한 '-cixin'도 아래와 같이 다양한 접속어미로 표현된다.

(63) ㄱ. (그 사람이) 오라고 했지만 (나는) 안 간다고 말했다.
ㄴ. əmə-xə gʉnkən janji-**cixin** (bi) əsi-m(i)
come-2SG.IMP QUOT say-CVB I(1SG) NEG-1SG
ninə-r gʉnkən janji-suu.
go(to.destination)-PTCP.NPST QUOT say-PST.1SG
(그 사람이) 오라고 했지만 (나는) 안 간다고 말했다.
(lit. 오라고 하-였지만-그 사람 (나) 안 간다고 말했다.)

(64) ㄱ. 일가가 만디를 (발로) 차니까 만디도 일가를 찼다.
ㄴ. Ilga Mandi-wa pəsxələə-**cixin** Mandi nan Ilga-wa
Ilga Mandi-ACC kick-CVB Mandi also Ilga-ACC
pəsxələə-səə-ø.
kick-PST-3
일가가 만디를 (발로) 차니까 만디도 일가를 찼다.
(lit. 일가 만디를 (발로) 차-니까-그 사람 만디도 일가를 찼다.)

(65) ㄱ. 일가가 목이 마르다고 해서 (내가) 차 한 그릇을 주었다.
ㄴ. Ilga aŋka-suu gʉn-**cixin** (bi) əmən taŋgur
Ilga get.thirsty-PST.1SG say-CVB I(1SG) one bowl

87) '-cixin'은 경우에 따라 '-ccixin'으로 발음될 때가 있다.

sai-(i) bʉʉ-sʉʉ.
tea-INACC give-PST.1SG
일가가 목이 마르다고 해서 (내가) 차 한 그릇을 주었다.
(lit. 일가 목이 마르다고 하-여서-그 사람 (나) 한 그릇 차를 주었다.)

(66) ㄱ. 내 자리에 일가가 앉아서/앉았기에 (내가) 다른 자리에 앉았다.
ㄴ. mi-ni oron-du-wi Ilga təgə-**cixin** (bi)
I(1SG)-GEN place-DATL-1SG.POSS Ilga sit/live-CVB I(1SG)
ʉnt(ə) oron-d(u) təg(ə)-sʉʉ.
other place-DATL sit/live-PST.1SG
내 자리에 일가가 앉아서/앉았기에 (내가) 다른 자리에 앉았다. (-니까 ×)
(lit. 내 자리-에-나 일가 앉-아서-그 사람/앉-았기에-그 사람 나 다른 자리에 앉았다.)

(63-66)에서 보듯이 3인칭 소유인칭표지와 결합한 '-cixin'은 '-지만', '-니까', '-아서/어서', '-기에'로 다양하게 표현된다. 목정수(2014:292-293)에서는 '-니까' 연결어미 구성에서 선행절의 주어가 3인칭이면 후행절의 주어도 3인칭이어야 한다고 하였다. 목정수(2014:381-382)에서는 '-기에' 연결어미로 이끌리는 종속절에서의 주어 성분에는 보조사 '-은/는'의 결합이 자연스럽지 않고 동시에 3인칭 주어만이 허용되며 이때 후행 주절은 1인칭 주어로 제약된다고 하였다.

어웡키어의 이유나 원인을 나타내는 '-cixin'은 한국어에서 다양한 접속어미로 표현되고 주어는 주격으로 나타남을 확인하였다. 그 중에서 '-니까', '-아서/어서'를 제외하면 모두 선어말어미 '-았/었-'이 결합되어 있다. 반면에 어웡키어의 '-cixin' 앞에는 과거 시제 표지가 올 수 없어 차이가 있다.

### 7.2.7. '-아도/어도; -더라도; -을지라도'와 'jaarin'

양보의 '-아도/어도', '-더라도', '-을지라도'와 'jaarin'을 살펴보자.[88]

(67) ㄱ. 그는 병원에 갔어도 살아나지 못했을 것이다.
ㄴ. 아무리 그 사람을 막아도 그는 꼭 이 일을 할 거야.

(68) ㄱ. 형제들이라 하더라도 성장하고 나면 여기 저기 흩어져서 살게 된다.
ㄴ. 화나는 일이 있더라도 소리 지르지 마십시오.

(69) ㄱ. 경기에 질지라도 정당하게 싸워야 한다.
ㄴ. 비가 올지라도 꼭 와야 한다.

한국어의 양보를 나타내는 접속어미 '-아도/어도', '-더라도', '-을지라도'는 동일 주어 제약이 없는 것이다. (67ㄱ), (68ㄱ), (69ㄱ)은 동일 주어의 예이고 (67ㄴ), (68ㄴ), (69ㄴ)은 선·후행절 주어가 다른 예이다. 주어는 주격으로 나타난다.

어웡키어의 'jaarin'은 양보와 목적을 나타낼 때 쓰인다. 양보의 의미로 쓰일 때는 인칭표지는 'jaarin' 뒤에 결합하지 않고 앞에 오는 완료의 동명사어미 '-saa/-caa'나 형용사에 결합한다. 후행절에는 긍정문과 부정문이 모두 올 수 있다.

먼저, 형용사 뒤에 재귀소유인칭표지가 결합된 예를 살펴보자.

(70) Ilga bəggə-**wi** **jaarin** gʉjəəmtxən.
Ilga fat-SG.REFL even.if beautiful
일가는 뚱뚱해도 예쁘다. (lit. 일가 뚱뚱하-그 사람 그래도 예쁘다.)

(71) taccil mʉgʉ(<n)-si-**wəl** **jaarin** durun-ji-wol əsi-n
they money-PROP-PL.REFL even.if wish-INST-PL.REFL NEG-3

88) 胡增益·朝克(1986:99)에서는 'jaarin'을 후치사로 보았다. 그러나 본서는 격과 인칭에 주목하므로 그것이 후치사인지 여부는 논외로 하고 논의를 진행하겠다.

taxur-ra.
use-PTCP.NPST
그들은 돈이 있어도 자기 마음대로 쓰지 않는다.
(lit. 그들 돈-있는-그들 그래도 마음대로-그들 쓰지 않는다.)

(70)은 'jaarin' 앞에 형용사 'bəggə'(뚱뚱한)가 오고 그 뒤에는 단수 재귀소유인칭표지가 결합된 예이고 (71)은 'jaarin' 앞에 형용사 'mʉgʉ(<n)-si'(돈 있는)가 오고 그 뒤에는 복수 재귀소유인칭표지가 결합된 예이다. 재귀소유인칭표지가 결합했다는 것은 선·후행절의 주어가 같음을 의미한다. 또한, 주어는 주격으로 나타난다.

다음은 완료의 동명사어미 '-saa' 뒤에 인칭표지가 결합된 'jaarin'의 예이다.

(72) si ittʉ-xət janji-saa-**si** **jaarin** (tar)
you(SG) how-CLT say-PTCP.PST-2SG.POSS even.if (S)he
ʉgə-i əsi-n dooldii-ro.
word-INACC NEG-3 listen-PTCP.NPST
네가 뭐라고 해도 (그는) 말을 듣지 않는다.
(lit. 너 뭐라고 하-ㄴ-너 그래도 (그 사람) 말을 듣지 않는다.)

(73) min-dʉ mʉgʉn bi-səə-**wi** **jaarin** sin-dʉ
I(1SG)-DATL money be-PTCP.PST-SG.REFL even.if you(SG)-DATL
əsi-m(i) bʉʉ-rə.
NEG-1SG give-PTCP.NPST
비록 나에게 돈이 있더라도 너에게 안 준다.
(lit. 나에게 돈 있-ㄴ-나 그래도 너에게 안 준다.)

(72)에서의 '-saa' 뒤에 2인칭 소유인칭표지가 결합되어 있기 때문에 선행절과 후행절의 주어가 달리 나타난다. 즉 선행절 주어는 2인칭 'si'(너)이고 후행절 주어는 3인칭 'tar'(그)이다. (73)에서는 '-səə' 뒤에

재귀소유인칭표지가 결합되어 있기 때문에 선행절과 후행절의 주어가 같다. 주어는 모두 주격으로 나타난다.

'jaarin'이 목적의 의미로 쓰일 때는 'jaarin' 뒤에 아무 표지가 붙지 않고 앞에 오는 명사, 대명사, 미완료의 동명사어미 '-r' 뒤에 속격 표지가 결합된다. '명사-속격' 뒤에는 재귀소유인칭표지가 결합되지만 '대명사-속격'의 경우에는 재귀소유인칭표지가 결합되지 않는다. 동명사어미는 미완료의 '-r'만 쓰일 수 있고 '-r' 뒤에도 속격이 결합되며 그 뒤에 다시 재귀소유인칭표지가 결합된다.

우선, 'jaarin' 앞에 대명사와 명사가 오는 예를 살펴보자.

(74) ㄱ. 나의 아버지는 나를 위해 낮밤 없이 바쁘게 뛰어다니신다./분주하시다.

ㄴ. aba-wi mi-**ni jaarin** inig dolbo-i aasin
father-1SG.POSS I(1SG)-GEN for day night-INACC no/without
pəcci-ji-rən.
go.busily-PROG-3
나의 아버지는 나를 위해 낮밤 없이 바쁘게 뛰어다니신다./분주하시다.
(lit. 아버지-나 나의 위해 낮밤을 없이 바쁘게 뛰어다니고 있다.)

(75) ㄱ. 그들은 무엇 때문에 다툰 거야?

ㄴ. taccil uxu(<n)-**ni jaarin** saagi-ldii-saa-ø?
they what-GEN for make.a.noise-ASSOC-PST-3
그들은 무엇 때문에 다툰 거야? (lit. 그들 무엇의 위해 다툰 거야?)

(76) ㄱ. 우리는 아이를 위해 시내로 이사했다.

ㄴ. bʉ ʉrəl-**ni-wəl jaarin** gee-d(u)
we(EXCL) child-GEN-PL.REFL for city-DATL
nʉʉggii-səə-mʉn.
move-PST-1PL.EXCL
우리는 아이를 위해 시내로 이사했다.
(lit. 우리 아이-의-우리 위해 시내에 이사했다.)

(74ㄴ), (75ㄴ), (76ㄴ)에서 보듯이 'jaarin' 앞에 대명사나 명사가 오는 경우 대명사와 명사 뒤에 속격 표지가 결합한다. 그러나 재귀소유인칭 표지의 결합에 대해서는 조금 차이를 보인다. (74ㄴ), (75ㄴ)과 같이 'jaarin' 앞에 인칭대명사나 의문대명사가 올 경우 속격 뒤에는 재귀소유인칭표지가 결합하지 않지만, (76ㄴ)과 같이 'jaarin' 앞에 명사가 올 경우 속격 뒤에는 재귀소유인칭표지가 결합한다. 이처럼 'jaarin'이 목적을 나타낼 때는 앞의 오는 성분이 속격으로 나타나는데, 한국어는 '-를 위해'와 같이 대격으로 나타나거나 '무엇 때문에'와 같이 아무 표지 없이 나타나 차이를 보인다. 또한, 한국어와 어웡키어는 목적을 나타낼 때 동일 주어 제약을 가진다는 공통점이 있다.

다음은 'jaarin' 앞에 미완료의 동명사어미 '-r'이 오는 예이다.

(77) ㄱ. 우리는 아이에게 공부를 시키기 위해 시내로 이사했다.

ㄴ. bʉ ʉrəl-dʉ-wəl bitəgə-i
we(EXCL) child-DATL-PL.REFL book-INACC
tati-gaa-**r**-**ni**(-**wal**) **jaarin** gee-d(u)
learn-CAUS-PTCP.NPST-GEN-PL.REFL for city-DATL
nʉʉggii-səə-mʉn.
move-PST-1PL.EXCL
우리는 아이에게 공부를 시키기 위해 시내로 이사했다.
(lit. 우리 아이-에게-우리 공부를 가르치-는-의-우리 위해 시내에 이사했다.)

(77ㄴ)과 같이 'jaarin' 앞에 동사가 올 경우 동사 어근에 미완료의 동명사어미 '-r'이 결합되어 동사를 명사화시킨다. 이는 한국어의 '-기 위해'와 같이 동사를 명사화시키는 것과 같은 것이다. 그리고 어웡키어는 동명사어미 '-r' 뒤에 속격과 재귀소유인칭표지가 결합된다.

한편, 어웡키어의 'jaarin'은 'NP를 위해; NP 때문에; V하기 위해'와 같이 문장을 접속할 때 쓰일 수는 있지만 한국어의 'NP를 위한 NP; NP를 위한 것이다; NP를 위해서이다; V하기 위한 NP; V했기 때문에'와 같이 쓰이지 못한다.

양보와 목적을 나타내는 'jaarin' 구성의 용법을 정리하면 아래와 같다.

〈표 23〉 'jaarin' 구성의 용법

| 의미 | 주어 표시 | 'jaarin' 구성 | 한국어 대당 표현 |
|---|---|---|---|
| 양보 | 주격 | V-saa-REFL/POSS jaarin | -아도/어도; -더라도; -을지라도 |
| | | Adj-REFL jaarin | |
| 목적 | 주격 | NP-GEN-REFL jaarin | NP를 위해; NP 때문에 |
| | | PRON-GEN jaarin | PRON를 위해; PRON 때문에 |
| | | V-r-GEN-REFL jaarin | -기 위해 |

## 7.2.8. '-을 때마다; -면 -을수록; -을수록'과 '-r taŋin'

어웡키어의 'taŋin'은 한국어의 '-마다'나 '-을수록'과 유사하다. 'taŋin'이 '-마다'의 의미로 쓰일 때 한국어의 '-마다'와는 달리 모든 명사와 결합할 수 없고 아래와 같이 시간과 관련된 명사와만 결합한다.89)

(78) ㄱ. inig taŋin → [iniŋ taŋiŋ] 매일; 날마다
ㄴ. garig taŋin 매주: 주마다
ㄷ. beega taŋin 매월; 달마다
ㄹ. ani taŋin 매년; 해마다

89) 한국어의 '사람마다', '나무마다'의 '-마다'는 'bʉxʉl'(마다/모두)에 의해 표현된다.

한국어에서의 '-마다'는 동사와 바로 결합되어 쓰이지 못하고 '-을 때마다'와 같은 구성으로 쓰인다. 어웡키어에서의 'taŋin'도 한국어와 마찬가지로 동사 어근과 바로 결합하지 못하고 미완료의 동명사어미 '-r'과 어울려 '-r taŋin'과 같은 구성으로 쓰인다. '-r taŋin' 구성은 한국어의 '-을수록; -면 -을수록'과 '-을 때마다'에 해당한다.90)

먼저, '-을수록'과 '-r taŋin'의 예를 들면 아래와 같다.

(79) ㄱ. 만디는 갈수록 살찌고 있다.

ㄴ. Mandi ʉli-**r** **taŋin** bəggə-ji-rən.
Mandi go(from.here)-PTCP.NPST the.more get.fat-PROG-3
만디는 갈수록 살찌고 있다. (lit. 만디 갈수록 뚱뚱해지고 있다.)

(80) ㄱ. 나이를 먹을수록 가족이 소중하게 느껴진다.

ㄴ. nasun ʉli-**r** **taŋin** balca əncə
age go(from.here)-PTCP.NPST the.more relative etc
joo-muu-ron.
miss-PASS-3
나이를 먹을수록 가족이 소중하게 느껴진다.
(lit. 나이 갈수록 친척 등 그리움을 받는다.)

'-을수록'과 '-r taŋin'은 (79)와 같이 선·후행절의 주어가 같을 때도 쓰이고 (80)과 같이 선·후행절의 주어가 다를 때도 쓰인다. 어웡키어의 '-r taŋin'은 상태변화를 나타낼 때만 쓰인다. 두 언어의 주어는 모두 주격으로 나타난다.

'taŋin'이 시간과 관련된 명사와 쓰일 때 '-마다'의 의미를 나타내는 것처럼 '-r taŋin' 구성도 (81)과 같이 '-을 때마다'의 의미로 쓰일 때도 있다.

---

90) 김한결·장고은(2019)에서는 중세 한국어의 '날로'와 같은 부사가 '날마다'의 기본 의미에서 '시간이 갈수록'의 의미로 확장됨을 보였는데, 이러한 의미 확장의 양상은 어웡키어의 '-r taŋin'이 보이는 의미 양상과 유사하다.

(81) ㄱ. 내가 너네 집에 올 때마다 네가 나에게 밥을 해 준다.

ㄴ. bi sin-dʉlə əmə-**r** **taŋin** si
I(1SG) you(SG)-DIRL come-PTCP.NPST every.time you(SG)
min-dʉ xəəmə-i oo-m buu-ndi.
I(1SG)-DATL meal-INACC do/become-CVB give-2SG
내가 너네 집에 올 때마다 네가 나에게 밥을 해 준다.
(lit. 나 너의 집에 올 마다 너 나에게 밥을 해 준다.)

(81)과 같이 '-을 때마다'와 '-r taŋin'일 때도 주어는 주격으로 나타난다.

한편, 어웡키어는 '-r taŋin' 구성 외에 'ooxi V-ki ooxi V/Adj' 구성도 '-면 -을수록'을 나타낼 수 있는데 '-r taŋin'은 상태변화일 때만 쓰이지만 'ooxi V-ki ooxi V/Adj' 구성은 상태변화뿐 아니라 상태변화가 아닌 경우에도 쓰인다. 여기서의 'ooxi'는 수량이 많은 '얼마'를 나타내는 의문대명사이다. 예는 아래와 같다.

(82) ㄱ. 책을 많이 볼수록 좋다.

ㄴ. bitəgə-i **ooxi** baran isi-**ki** ooxi aya.
book-INACC how.many many look-COND how.many good
책을 많이 볼수록 좋다. (lit. 책을 얼마나 많이 보면 얼마나 좋다.)

(83) ㄱ. 쉬면 쉴수록 게을러진다.

ㄴ. **ooxi** (baran) amaraa-**ki** **ooxi** selkan(~sekkan)
how.many many rest-COND how.many lazy
oo-ron.
become/do-3
쉬면 쉴수록 게을러진다. (lit. 얼마나 (많이) 쉬면 얼마나 게을러진다.)

ㄴ'. amaraa-**r** **taŋin** selkan(~sekkan) oo-ron.
rest-PTCP.NPST the.more lazy become/do-3

쉬면 쉴수록 게을러진다. (lit. 쉴수록 게을러진다.)

(82)에서의 서술어는 상태변화가 아닌 경우인데 '-r taŋin'으로 표현할 수 없다. 그러나 (83)에서의 서술어는 상태변화를 나타내기 때문에 (83ㄴ)의 'ooxi V-ki ooxi V' 대신에 (83ㄴ′)과 같이 '-r taŋin'으로 표현할 수 있다. '보면 볼수록 예쁘다', '갈수록 추워지다' 등과 같은 상태변화를 나타내는 표현은 모두 '-r taŋin'으로 표현한다.

### 7.2.9. '-면'과 '-ki'

조건의 '-면'과 '-ki'는 동일 주어 제약이 없는 접속어미이다.91) 우선, 선행절과 후행절의 주어가 다른 경우를 살펴보자.

(84) ㄱ. 봄이 오면 꽃이 핀다.

ㄴ. nəlki(~nəkki) oo-**kki** ilga(~igga) ilgaalaa(~iggaalaa)-ran.

spring become/do-COND flower bloom-3

봄이 오면 꽃이 핀다. (lit. 봄 되면 꽃 핀다.)

(85) ㄱ. 내가 스무 살(이) 되면 아버지가 나에게 자전거를 사 주신다고 했다.

ㄴ. **bi /mi-ni** urin-ci oo-**kki-wi** aba

I(1SG)/I(1SG)-GEN twenty-PROP become/do-COND-1SG.POSS father

min-dʉ səsəncə-i ga-m buu-m(i) gʉn-cəə-ø.

I(1SG)-DATL bicycle-INACC buy-CVB give-1SG say-PST-3

내가 스무 살이 되면 아버지가 나에게 자전거를 사 주신다고 했다.

(lit. 나/나의 스무 살 되-면-나 아버지 나에게 자전거를 사 준다고 했다.)

(85′) ㄱ. 아버지는 내가 스무 살(이) 되면 나에게 자전거를 사 주신다고 했다.

91) '-ki'도 접속어미 '-ci', '-cixin'과 마찬가지로 경우에 따라 '-kki'로 발음될 때가 있다.

ㄴ. aba **mi-ni** urin-ci oo-**kki-wi**
father I(1SG)-GEN twenty-PROP become/do-COND-1SG.POSS
min-dʉ səsəncə-i ga-m buu-m(i) gʉn-cəə-ø.
I(1SG)-DATL bicycle-INACC buy-CVB give-1SG say-PST-3
아버지는 내가 스무 살이 되면 나에게 자전거를 사 주신다고 했다.
(lit. 아버지 나의 스무 살 되-면-나 나에게 자전거를 사 준다고 했다.

(84), (85), (85′)은 '-면'과 '-ki'가 선행절과 후행절의 주어가 다를 때 쓰이는 예이다. 한국어의 '-면'은 (84ㄱ)과 (85ㄱ)에서 보듯이 선행절과 후행절의 주어가 모두 제자리에 있을 때는 주격 '-이/가'로 나타난다. 그러나 (85′ㄱ)과 같이 후행절 주어가 문장의 맨 앞에 오면 '-은/는'으로 바뀐다. 어웡키어의 경우 '-ki' 절의 주어는 특정적인 대상이 아닐 경우 (84ㄴ)과 같이 소유인칭표지가 결합하지 않는다. 이때 선행절과 후행절의 주어는 모두 주격으로 나타난다. 그러나 '-ki' 절의 주어는 특정적인 대상일 경우 (85ㄴ)과 (85′ㄴ)과 같이 소유인칭표지가 결합된다. 이때 '-ki'와 결합한 소유인칭표지는 해당 절의 주어와 일치한다. 또한, (85ㄴ)과 같이 'aba'(아버지)가 후행절에 오면 선행절 주어가 주격 'bi'(나)로 나타나거나 속격과 결합된 'mi-ni'(나의)로 나타난다. 그러나 (85′ㄴ)과 같이 'aba'(아버지)가 문장의 맨 앞에 오면 '-ki' 절의 주어는 속격과 결합된 'mi-ni'(나의)로 나타난다.

다음은 선행절과 후행절의 주어가 같은 경우이다.

(86) ㄱ. 철수는 술(을) 마시면 항상 취할 때까지 마신다.

ㄴ. Colsʉ arixi-(i) ima-**kki-wi** dattan
Chulsoo alcohol-INACC drink-COND-SG.REFL always
sottoo-cc(i) ooxin-bi ima-ran.
get.drunk-CVB till-SG.REFL drink-3
철수는 술(을) 마시면 항상 취할 때까지 마신다.
(lit. 철수 술을 마시-면-그 사람 항상 취하-ㄹ 때까지-그 사람 마신다.)

(87) ㄱ. 너희들, 이런 식으로 하려면/이렇게 하려면 다시 오지 마.

ㄴ. sʉ ottoo-**kki-wol**(<əttʉ oo-kki-wol) daxi əc-cʉn(<əji-cʉn)

you(PL) do.like.this-COND-PL.REFL again NEG.IMP-2PL

əmə-rə.

come-PTCP.NPST

너희들, 이런 식으로 하려면/이렇게 하려면 다시 오지 마.

(lit. 너희, 이렇게 하-면-너희 다시 오지 마.)

(86), (87)은 선행절 주어와 후행절 주어가 같은 예이고 주어는 모두 주격으로 나타난다. 어웡키어의 '-ki'는 선행절과 후행절의 주어가 같을 때는 (86ㄴ), (87ㄴ)과 같이 재귀소유인칭표지와 결합한다.

### 7.2.10. '-아야; -고서야; -아서야; -은 후에야'와 '-saalaa/-caalaa'

'-saalaa/-caalaa'는 앞의 동작행위가 끝나고 뒤의 동작행위가 진행될 때 쓰인다. 한국어의 '-아야; -고서야; -아서야; -은 후에야'에 해당한다.

우선, 선행절과 후행절의 주어가 다른 경우를 살펴보자.

(88) ㄱ. 우리가 잠든 후에야 아버지가 돌아오신다.

ㄴ. **bʉ /mʉ-ni** aasin-**caalaa-mun** aba

we(EXCL)/we(EXCL)-GEN sleep-CVB-1PL.EXCL.POSS father

əmə-ggii-rən.

come-back-3

우리가 잠든 후에야 아버지가 돌아오신다.

(lit. 우리/우리의 잠들-ㄴ 후에야-우리 아버지 돌아온다.)

(88′) ㄱ. 아버지는 우리가 잠든 후에야 돌아오신다.

ㄴ. aba **mʉ-ni** aasin-**caalaa-mun** əmə-ggii-rən.
father we(EXCL)-GEN sleep-CVB-1PL.EXCL.POSS come-back-3
아버지는 우리가 잠든 후에야 돌아오신다.
(lit. 아버지 우리의 잠들-ㄴ 후에야-우리 돌아온다.)

(88ㄱ)과 (88′ㄱ)은 '-은 후에야'가 쓰인 예이다. (88ㄱ)에서는 선행절과 후행절의 주어는 모두 '-가'로 표시되어 있지만 (88′ㄱ)에서는 후행절의 주어가 문장의 맨 앞에 이동하여 '-가'가 '-는'으로 바뀌었다. (88ㄴ)과 (88′ㄴ)은 '-caalaa' 뒤에 소유인칭표지가 결합된 예이다. '-caalaa'에 소유인칭표지가 결합했다는 것은 선행절과 후행절의 주어가 달라짐을 의미한다. (88ㄴ)에서 후행절 주어 $S_2$가 후행절에 있기 때문에 선행절 주어 $S_1$은 주격 'bʉ'(우리, 배제형) 혹은 속격과 결합된 'mʉ-ni'(우리의)로도 나타날 수 있다. 그러나 (88′ㄴ)에서는 후행절 주어 $S_2$가 선행절 주어의 앞에 와 있기 때문에 $S_1$이 속격과 결합된 'mʉ-ni'(우리의)로만 나타난다.

다음은 선행절 주어와 후행절 주어가 같은 경우이다.

(89) ㄱ. 내가 맛봐야 맛을 알 수 있지.
ㄴ. bi anta-m is(i)-**səələə-wi** antan-ba-n
I(1SG) taste-CVB look-CVB-SG.REFL taste-ACC-3POSS
ə-jigʉ saa-r gi!
NEG-SUP.1SG know-PTCP.NPST Q
내가 맛봐야 맛을 알 수 있지.
(lit. 나 맛봐 보-아야-나 맛-을-그 알 수 있지.)

(90) ㄱ. 우리는 집에 도착하고서야 비로소 지갑을 잃어버린 것을 알았다.
ㄴ. bʉ jʉʉ-ddʉ-wəl es(a)-**saalaa-wal** təlin
we(EXCL) home/house-DATL-PL.REFL arrive-CVB-PL.REFL barely
piŋkʉs-wəl əmməən-cəə-wəl saa-saa-mun.
wallet-PL.REFL lose-PTCP.PST-PL.REFL know-PST-1PL.EXCL

우리는 집에 도착하고서야 비로소 지갑을 잃어버린 것을 알았다.
(lit. 우리 집-에-우리 도착하-고서야-우리 비로소 지갑-우리 잃어버리-ㄴ-우리 알았다.)

(89ㄱ), (90ㄱ)은 각각 '-아야'와 '-고서야'가 쓰인 예인데 선행절 주어와 후행절 주어가 같음을 볼 수 있다. 또한, 주어는 정보구조에 따라 '-이/가' 혹은 '-은/는'으로 나타난다. (89ㄴ), (90ㄴ)은 '-səələə', '-saalaa'에 각각 단수 재귀소유인칭표지와 복수 재귀소유인칭표지가 결합된 것이다. '-saalaa', '-səələə'에 재귀소유인칭표지가 결합했다는 것은 선행절 주어와 후행절 주어가 같음을 의미한다. 주어는 주격으로 나타난다.

위의 예에서 보듯이 어웡키어의 '-saalaa/-caalaa'와 한국어의 '-은 후에야', '-고서야'는 모두 동일 주어 제약이 없는 것으로 나타났다. 선행절과 후행절의 주어가 다를 때 선행절 주어는 한국어에서는 정보구조에 따라 '-은/는', '-이/가'로 나타난다. 어웡키어에서는 선행절 주어와 후행절 주어가 다를 때는 주격 혹은 속격으로 나타나고 같을 때는 주격으로 나타난다.

### 7.2.11. '-자마자; -면서도'와 '-jilaŋki; -cil; -nduural'

동시의 접속어미 '-자마자'와 '-jilaŋki'를 살펴보자.92)

(91) ㄱ. 내가 밖에 나가자마자 비가 내리기 시작했다.
ㄴ. **bi /mi-ni** tʉl-lə yʉʉ-**jiləŋki-wəyə**
I(1SG)/I(1SG)-GEN outside-DIRL go.out/get.up-CVB-1SG.POSS
udun tukka(<tukku)-m əəkkəə-səə-ø.

92) 朝克(2017a:216-220)에서는 '-ʤilaahiŋ'으로 표기되어 있는데 제시된 예를 살펴보면 '-ʤilaahiŋ' 뒤에 인칭표지가 결합한 것이 하나도 없다.

rain fall-CVB start-PST-3
내가 밖에 나가자마자 비가 내리기 시작했다.
(lit. 나/나의 밖에 나가-자마자-나 비 내리기 시작했다.)

(91′) ㄱ. 비는 내가 밖에 나가자마자 내리기 시작했다.
ㄴ. udun **mi-ni** tʉl-lə yʉʉ-**jiləŋki-wəyə**
rain I(1SG)-GEN outside-DIRL go.out/get.up-CVB-1SG.POSS
tukka(<tukku)-m əəkkəə-səə-ø.
fall-CVB start-PST-3
비는 내가 밖에 나가자마자 내리기 시작했다.
(lit. 비 나의 밖에 나가-자마자-나 내리기 시작했다.)

어웡키어의 '-jilaŋki'는 소유인칭표지와 결합하느냐 재귀소유인칭표지와 결합하느냐에 따라 의미가 달라지는 예이다. (91ㄴ)과 (91′ㄴ)의 '-jilaŋki'는 소유인칭표지와 결합하여 '-자마자'의 의미를 나타낸다. (91ㄴ)과 같이 'udun'(비)이 후행절에 오면 선행절 주어가 주격 'bi'(나)로 나타나거나 속격과 결합된 'mi-ni'(나의)로 나타난다. 그러나 (91′ㄴ)과 같이 'udun'(비)이 문장의 맨 앞에 오면 '-jilaŋki' 절의 주어는 속격과 결합된 'mi-ni'(나의)로만 나타난다.

한국어의 '-자마자'는 (92ㄱ), (93ㄱ)과 같이 선행절과 후행절의 주어가 같을 때도 쓰일 수 있다. 그러나 어웡키어는 '-jilaŋki'를 쓰지 못하고, (92ㄴ), (93ㄴ)과 같이 동일 주어 제약을 가진 접속어미 '-cil' 혹은 '-nduural'로 표현된다.

(92) ㄱ. 동생이 집에 들어오자마자 물을 벌컥벌컥 마셨다.
ㄴ. nʉxʉn-bi jʉʉ-dd(ʉ) iinəə-**cil**
younger.brother/sister-1SG.POSS home/house-DATL come.in-CVB
mʉʉ-i ʉʉddə-səə-ø.
water-INACC gulp-PST-3
동생이 집에 들어오자마자 물을 벌컥벌컥 마셨다.

(lit. 동생-나 집에 들어오-자마자 물을 벌컥벌컥 마셨다.)

(93) ㄱ. 고양이는 쥐를 보자마자 도망을 갔다.
ㄴ. xəəxə asiccan-(a) isi-**ndʉʉrəl** susa-cc(i)
cat mouse-INACC look-CVB run.away-CVB
ʉl-cəə-ø.
go(from.here)-PST-3
고양이는 쥐를 보자마자 도망을 갔다.
(lit. 고양이 쥐를 보-자마자 도망치고 갔다.)

(92)와 (93)은 선·후행절의 주어가 같을 때 쓰인 '-자마자'의 예이다. 한국어의 경우 선·후행절의 주어가 같을 때도 '-자마자'가 쓰이지만 어웡키어는 재귀소유인칭표지와 결합한 '-jilaŋki'가 아닌 '-cil' 혹은 '-ndʉʉrəl'로 표현된다.

'-jilaŋki' 뒤에 재귀소유인칭표지가 결합할 수 없는 것은 아니다. 그러나 그럴 경우 접속어미의 의미가 달라진다. '-jilaŋki'에 재귀소유인칭표지가 결합하면 '-면서도'의 의미를 나타내고 이때 선·후행절의 주어는 동일하다. (94)의 예에서 재귀소유인칭표지 '-wi'는 문장의 주어와 일치하고 주어는 주격으로 나타난다.

(94) tar saa-**jilaŋki-wi** əsi-n janji-m buu-ra.
(S)he know-CVB-SG.REFL NEG-3 say-CVB give-PTCP.NPST
그 사람은 알면서도 말을 안 해 준다.
(lit. 그 사람 알-면서도-그 사람 말해 주지 않는다.)

소유/재귀와 모두 결합 가능한 '-ki'(-면), '-saalaa/-caalaa'(-아야; -고서야; -아서야; -은 후에야), '-jilaŋki'(-자마자; -면서도)를 살펴보면 아래와 같은 공통점이 있다.

〈표 24〉 '-ki', '-saalaa/-caalaa', '-jilaŋki' 구성

| | |
|---|---|
| I | $S_1$(-GEN) V-ki/-saalaa/-jilaŋki-POSS$_{S1i}$ $S_2$ V<br>$S_2$ $S_1$-GEN V-ki/-saalaa/-jilaŋki-POSS$_{S1i}$ V |
| II | $S_i$ V-ki/-saalaa/-jilaŋki-REFL$_i$ V |

<표 24>에서 'I'의 경우, '-ki', '-saalaa/-caalaa', '-jilaŋki'가 소유인칭 표지와 결합하면 선행절 주어와 후행절 주어가 다르게 나타나며 인칭 표지는 해당 절의 주어와 일치한다. $S_2$가 후행절에 오면 $S_1$이 속격과 수의적으로 결합하는 반면에 $S_2$가 문장의 맨 앞에 오면 $S_1$이 반드시 속격과 결합해야 한다. <표 24>에서 'II'의 경우, '-ki', '-saalaa/-caalaa', '-jilaŋki'가 재귀소유인칭표지와 결합하면 선행절과 후행절 주어가 같고 문장의 주어는 주격으로 나타난다는 공통점이 있다.

아래의 한국어의 예에서 선행절 주어는 항상 '-이/가'로 나타나지만 후행절 주어는 정보구조에 따라 '-이/가'와 '-은/는'으로 교체된다. 그러나 후행절 주어가 선행절 주어의 앞에 올 경우 항상 '-은/는'으로 나타난다.

(95) ㄱ. 자정이 조금 지나서 그가/그는 집으로 돌아왔다.
ㄴ. 그는 자정이 조금 지나서 집으로 돌아왔다.

(95ㄱ)에서는 선행절 주어는 '-이'와 결합되어 있고 후행절 주어는 신정보이면 '-가'와 결합되며 구정보이면 '-는'과 결합된다. 그러나 (95ㄴ)은 (95ㄱ)의 후행절 주어 '그'가 선행절 주어인 '자정' 앞에 온 경우인데 이때 '-는'과만 결합된다. 선행절 주어인 '자정'은 그대로 '-이'와 결합된다.

한국어의 경우에도 선행절과 후행절의 주어 제약을 가지는 어미가 있다. 중세 한국어의 願望의 '-고져'와 '-과뎌'는 주어 제약을 가졌다. 이현희(1994:427)에서는 '-고져'는 상위문의 주어와 하위문의 주어가 동일지시적이지만, '-과뎌'는 상위문의 주어와 하위문의 주어가 비동일

지시적이라는 제약을 가진다고 하였다.

## 7.3. 소결

이 장에서는 두 언어의 복합문을 내포문과 접속문으로 나누어 그 주어가 어떤 격표지로 표시되는지를 살펴보았다.

일반적으로 한국어의 내포문에서 주절 주어는 '-은/는'과 결합하고 내포문 주어는 '-이/가'와 결합한다. 반면에 어웡키어의 내포문에서 주절 주어는 주격으로 나타나지만 내포문 주어는 항상 속격으로 나타난다. 어웡키어의 동명사어미 '-r'과 '-saa/-caa'는 관형적 기능과 명사적 기능으로 쓰여 관형절과 명사절을 구성하고 인칭표지와 자유롭게 결합한다. 또한, '-r'과는 달리 '-saa/-caa'는 서술적 기능으로 쓰이기도 한다.

한국어는 '학생의 책'과 같이 'NP의 NP' 명사구일 때는 속격을 쓰지만 '학생이 산 책'과 같이 관형 구성이 될 때는 주격 표지로 바뀐다. 이것은 원래부터 주격으로 쓰였던 것은 아니다. 한국어는 어웡키어처럼 이전 시기에는 속격을 썼지만 현대로 오면서 내포문의 주어가 속격으로 표시되는 일이 거의 없어졌다. 그러나 현대 한국어의 관형절 주어에 속격 결합이 아예 불가능한 것은 아니다. '불고기는 우리 어머니의 좋아하시는 음식이다.'와 같이 관형 구성이 '-이다'와 결합하여 서술어로 쓰일 때 관형절 주어는 속격과 결합하여도 어색하지 않다.

한국어의 접속문에서 주절 주어는 정보구조에 따라 '-은/는'과 '-이/가'로 교체되어 쓰이지만 종속절 주어에는 '-은/는'이 잘 쓰이지 않고 거의 항상 '-이/가'가 쓰인다. 한국어에서 절의 주어를 나타내는 정보는 거의 주격 표지로만 난타난다. 반면에 어웡키어에는 절의 주어를 알려주는 정보가 풍부하다. 어웡키어에서는 서술어뿐만 아니라 상당수의 접속어미에도 인칭표지가 붙는다. 접속어미 중에는 선행절과 후행절의 주어가 달라지는 경우가 있다. 이럴 때 어웡키어에서는 접속어미의 인칭표지를 보고 선행절과 후행절 주어의 동일 여부를 알 수 있다. 소유인칭표지와 결합하면 선행절과 후행절의 주어가 다르며, 재귀소유인칭표지가 결합하면 선행절과 후행절의 주어가 같다. 접속어미 중에는 두 종류의 인칭표지와 결합하는 경우도 있는데, 그럴 경우 접속어미의 의미가 달라진다.

지금까지 다룬 두 언어 접속어미의 주어 표시와 동일 주어 제약 대조를 정리하면 아래 표와 같다.

〈표 25〉 두 언어 접속어미의 주어 표시와 동일 주어 제약 대조

<table>
<tr><th rowspan="2">번호</th><th colspan="3">한국어</th><th colspan="3">어웡키어</th></tr>
<tr><th>접속어미</th><th>주어 표시</th><th>동일 주어 제약</th><th>접속어미</th><th>주어 표시</th><th>동일 주어 제약</th></tr>
<tr><td>1</td><td>-러</td><td>주격</td><td>○</td><td>-naa-(접사)</td><td>주격</td><td>○</td></tr>
<tr><td rowspan="2">2</td><td>-려고;<br>-고자(의도)</td><td>주격</td><td>○</td><td>-m gʉn-ji-;<br>-m gʉnkən(의도)</td><td>주격</td><td>○</td></tr>
<tr><td>-려고(임박상)</td><td>주격</td><td>×</td><td>-m gʉnkən(임박상)</td><td>주격</td><td>×</td></tr>
<tr><td>3</td><td>-면서</td><td>주격</td><td>○</td><td>-m bigid</td><td>주격</td><td>○</td></tr>
<tr><td>4</td><td>-고; -아서/어서</td><td>주격</td><td>×</td><td>-ci</td><td>주격</td><td>○</td></tr>
<tr><td rowspan="3">5</td><td rowspan="3">-다가</td><td rowspan="3">주격</td><td rowspan="3">×</td><td>-ji-ci</td><td>주격</td><td>×</td></tr>
<tr><td>-saaji/-caaji(-REFL)</td><td>주격</td><td>○</td></tr>
<tr><td>-gi</td><td>주격</td><td>○</td></tr>
<tr><td>6</td><td>-었더니; -니까;<br>-기 때문에; -아서/어서; -기에</td><td>주격</td><td>×</td><td>-cixin</td><td>주격</td><td>×</td></tr>
<tr><td rowspan="5">7</td><td rowspan="2">-아도/어도; -더라도;<br>-을지라도(양보)</td><td rowspan="2">주격</td><td rowspan="2">×</td><td>V-saa-REFL/POSS<br>jaarin(양보)</td><td>주격</td><td>×</td></tr>
<tr><td>Adj-REFL jaarin(양보)</td><td>주격</td><td>○</td></tr>
<tr><td>NP를 위해;<br>NP 때문에(목적)</td><td rowspan="3">주격</td><td rowspan="3">○</td><td>NP-GEN-REFL<br>jaarin(목적)</td><td rowspan="3">주격</td><td rowspan="3">○</td></tr>
<tr><td>PRON를 위해;<br>PRON 때문에(목적)</td><td>PRON-GEN jaarin(목적)</td></tr>
<tr><td>-기 위해(목적)</td><td>V-r-GEN-REFL<br>jaarin(목적)</td></tr>
</table>

<table>
<tr><td rowspan="2">8</td><td>-면 -을수록;<br>-을수록</td><td rowspan="2">주격</td><td rowspan="2">×</td><td rowspan="2">-r taŋin</td><td rowspan="2">주격</td><td rowspan="2">×</td></tr>
<tr><td>-을 때마다;</td></tr>
<tr><td rowspan="2">9</td><td rowspan="2">-면</td><td rowspan="2">주격</td><td rowspan="2">×</td><td>-ki(-POSS)</td><td>주격/<br>속격</td><td>×</td></tr>
<tr><td>-ki(-REFL)</td><td>주격</td><td>○</td></tr>
<tr><td rowspan="2">10</td><td rowspan="2">-아야; -고서야; -아서야; -은 후에야</td><td rowspan="2">주격</td><td rowspan="2">×</td><td>-saalaa/-caalaa-POSS</td><td>주격/<br>속격</td><td>×</td></tr>
<tr><td>-saalaa/-caalaa-REFL</td><td>주격</td><td>○</td></tr>
<tr><td rowspan="3">11</td><td rowspan="2">-자마자</td><td rowspan="2">주격</td><td rowspan="2">×</td><td>-jilaŋki-POSS</td><td>주격/<br>속격</td><td>×</td></tr>
<tr><td>-cil; -nduural</td><td>주격</td><td>○</td></tr>
<tr><td>-면서도</td><td>주격</td><td>○</td><td>-jilaŋki-REFL</td><td>주격</td><td>○</td></tr>
</table>

# 8. 결론

지금까지 우리는 한국어와 어웡키어의 격과 인칭을 대상으로 하여 이를 주격, 속격, 대격, 부사격, 복합문에서의 격과 인칭으로 나누어 대조 분석하였다. 본서의 논의를 요약하면 아래와 같다.

제2장에서는 어웡키어를 개괄하였다. 어웡키어는 만주·퉁구스어파의 북부어군에 속하는 언어이다. 중국에서 어웡키어(鄂溫克語)로 불리는 언어는 퉁구스어학에서의 솔론어(Solon)에 해당한다. 어웡키어는 솔론 방언, 퉁구스 방언, 야쿠트 방언 세 가지 큰 방언으로 나누어진다. 어웡키족(鄂溫克族) 인구의 92.2%는 솔론 방언을 사용하고 있다. 어웡키어는 문자는 없고 구어로만 사용되는 언어이다.

또한 논의의 수월함을 위하여 어웡키어의 문법적 특징을 형태·음운론적 특징, 형태·통사론적 특징, 통사론적 특징 세 가지로 나누어 개괄하였다. 형태·음운론적 특징으로는 한국어와 같이 교착어로, 접사와 어미가 풍부한 점, 그리고 모음조화가 있는 점이 두 언어의 공통점이다. 합성어는 파생어보다 드물다는 특징을 가진다. 한편, 어웡키어의 형용사는 한국어의 형용사와는 달리 명사성 형용사이다. 형태·통사론적 특징으로는 어웡키어는 인칭이 매우 발달해 있다는 점을 들 수 있다. 이는 한국어와 다른 점이다. 인칭은 주요 문법범주이며 본서의 연구와 밀접히 관련되므로, 동사 인칭법과 명사 인칭법으로 나누어 살펴보았다. 동사 인칭법은 문장의 서술어에만 사용된다. 서술어는 반드시 인칭표지가 결합되어야 완전한 문장이 된다. 동사 인칭표지는 수와 인칭에 따라 분류된다. 시제 체계에 따라 인칭표지를 제시하면 아래와 같다.

〈표 26〉 어웡키어의 시제 체계

| 시제 | 비과거 | 과거 |
|---|---|---|
| 표지 | ø | -saa/-caa |

〈표 27〉 어웡키어의 시제 체계와 인칭표지의 결합 양상

| 인칭 | 대명사 | 비과거 | 과거 |
|---|---|---|---|
| 1 | bi(나) | -ø-mi | -suu/-cuu |
| | bʉ(우리, 배제형) | -ø-mun | -PST-mun |
| | miti(우리, 포함형) | -ø-tti | -PST-tti |
| 2 | si(너) | -ø-ndi | -PST-si |
| | sʉ(너희들) | -ø-sun/-cun | -PST-sun |
| 3 | tar(그) | -ø-ran/-an/-n | -PST-ø |
| | taccil(그들) | | |

명사 인칭법은 아래와 같이 소유인칭표지와 재귀소유인칭표지로 나누어진다.

〈표 28〉 어웡키어의 소유인칭표지와 재귀소유인칭표지

| 분류 | | 단수 | 복수 | |
|---|---|---|---|---|
| 소유 | 1 | -wi/-bi;<br>-waya/-baya | 배제형 | -mun |
| | | | 포함형 | -ti/-tti |
| | 2 | -si/-ci | -sun/-cun | |
| | 3 | -nin;<br>-ni 혹은 -n | | |
| 재귀 | | -wi/-bi | -wal/-bal | |

소유인칭표지는 소유주와 소유물 간의 소유 관계를 나타내면서 소유주가 소유하는 소유물이 특정적이고 구체적인 대상임을 가리킨다. 소유주에 속격이 결합할 뿐만 아니라 소유물에 소유인칭표지가 결합되어야 한다. 즉, 'NP-GEN NP-POSS'와 같은 double-marking 구성으로 쓰인다. 명사 인칭표지와 결합한 명사구는 자동사문의 주어, 문장의 서술어, 사격어로 쓰인다. 그 외 통사론적 특징으로는 한국어와 마

찬가지로 SOV 언어에 속하고 수식어는 피수식어 앞에 놓이며, 어순이 비교적 자유롭고 주요 성분이 생략될 수 있다는 점이다. 그러나 어웡키어는 격표지 생략이 드물다는 특징이 있다. 이 점은 한국어와 다른 점이다.

제3장에서는 한국어와 어웡키어의 주격을 대조 분석하였다. 두 언어의 주격 표지는 유표지와 무표지의 차이가 있다. 한국어의 주격 표지는 '-이/가'로 나타나지만 어웡키어의 주격 표지는 몽골어, 터키어, 만주어 등의 언어와 마찬가지로 ø로 나타난다. 두 언어의 주격 표지는 기본적으로 주어와 보어 용법으로 쓰인다. 한국어는 '-이/가' 외에 존칭 명사에 '-께서'가 결합되고, 단체나 기관이 주어가 될 때 '-에서'가 쓰일 수 있다. 그러나 어웡키어는 '-께서'와 같은 존칭 명사 뒤에 쓰이는 표지가 따로 없다. 또한 한국어의 '-은/는'이 구정보, '-이/가'가 신정보를 나타내는 것도 특수하다. 한국어의 '-이/가'는 '철수가 가방이 크다.', '철수가 돈이 많다.' 등 다양한 이중주어문을 만들 수 있다는 것도 특징적이다. 그러나 어웡키어는 한국어의 '철수가 돈이 많다'와 같은 경우 외에는 이중주어문으로 대응되는 것이 없었다.

제4장에서는 두 언어의 속격을 살펴보았다. 두 언어의 속격 표지는 각각 '-의'와 '-ni'에 의해 실현된다. 한국어의 소유 구성은 소유주에 속격이 결합되어 dependent-marking 구성으로 쓰이지만 어웡키어는 소유주에 속격이 결합하고 소유물에 소유인칭표지가 결합되는 구성, 즉 double-marking 구성으로 쓰이며 이것은 어웡키어의 전형적인 소유 구성의 형식이다. 이와 같은 구성은 소유된 명사구(possessed NP)에 속한다. 그러나 어웡키어에도 'xun(<in)-ni ʉldə'(양고기), 'jʉʉ-ni xəəmə'(집밥)와 같이 선행 명사에 속격이 결합되지만 소유물에는 소유인칭표지가 나타나지 않는 경우가 있다. 이러한 것은 소유되지 않은 명사구(non-possessed NP)에 속한다. 한편 어웡키어는 속격과 결합된 'mi-ni'(나의) 그 자체로 서술어로 쓰일 수 있는 반면에 한국어는 '내 것'과 같이 반드시 의존명사 '것'이 쓰여 차이를 보였다. 속격의 생략

과 관련하여 한국어의 속격은 생략이 가능한 반면, 어웡키어는 소유인칭표지는 생략되지만 속격은 소수의 예를 제외하면 생략이 불가능하다. 또한 한국어는 '저자와의 대화'와 같이 격표지와 결합된 명사구에 다시 '-의'가 결합되는 경우가 있지만 어웡키어는 그러한 표현이 불가능하다. 어웡키어는 'NP-속격-기타 격'과 같이 속격 뒤에 다른 격표지가 결합할 수 있는데 이는 한국어의 의존명사 '것'이 쓰인 '…의 것-에서/과'와 같은 표현에 해당한다.

제5장에서는 두 언어의 대격을 대조 분석하였다. 한국어의 대격은 '-을/를' 하나뿐인 데 비해 어웡키어의 대격은 한정성에 따라 한정 대격과 비한정 대격 두 가지로 나누어진다. 어웡키어의 관점에서 볼 때 한국어의 '-을/를'도 한정 대격과 비한정 대격 용법을 가지는 것을 확인하였다. 비한정 대격 용법은 구체적이지 않고 불특정적인 대상일 때, 일반적인 수식을 받는 대상일 때 쓰인다. 한정 대격 용법은 구체적이고 특정적인 대상일 때 쓰인다. 지시대명사 '이, 그, 저'의 수식을 받는 대상, 인칭대명사, 인명, 지명, 구체적이고 특정적인 수식을 받는 대상, 화자와 청자가 모두 알고 있는 대상을 가리킬 때에는 한정 대격 용법이 쓰인다. 한국어의 구어체에서는 목적어에 결합하는 '-을/를'이 수의적인 경우가 있다. 우리는 이를 차별적 목적어 표시(differential object marking, DOM)의 관점에서 '-을/를'과 ø의 대립으로 해석할 가능성을 제시하였다.

제6장에서는 두 언어의 부사격을 살펴보았다. 부사격은 의미 가능에 따라 방향, 위치, 시간, 도구 등 매우 다양하게 나누어진다. 어웡키어의 부사격에 해당하는 한국어 격표지는 주로 '-에', '-에서', '-로', '-로부터'로 나타나 이를 중심으로 다루었다. 한국어의 '-에'는 방향을 나타낼 때는 어웡키어의 여처격의 '-du', 방향처격의 '-la/-dula', 방향격의 '-txaaxi'에 대응되고 위치를 나타낼 때는 여처격의 '-du'와 방향처격의 '-la/-dula'에 대응된다. 시간, 단위, 이유나 원인, 대상, 도구나 수단 등의 의미를 나타낼 때는 여처격의 '-du'에 대응되는 것으로 나타

났다. '-에서'는 출발점을 나타낼 때는 어웡키어의 탈격의 '-txi', 방위탈격의 '-laxi/-dulaxi', 방면탈격의 '-giiji'에 대응되고 위치를 나타낼 때는 여처격의 '-du'와 방향처격의 '-la/-dula'에 대응되는 것으로 나타났다. 경우에 따라서 여처격 하나만 쓰일 수도 있고 여처격과 방향처격 두 가지 모두 쓰일 수도 있다. '-로'는 방향을 나타낼 때는 여처격의 '-du', 방향처격의 '-la/-dula', 방향격의 '-txaaxi', 탈격의 '-txi'에 대응된다. '-로'는 경로를 나타낼 때는 어웡키어의 경로격의 '-li/-duli'에 대응된다. '-로부터'는 출발점을 나타낼 때는 탈격의 '-txi', 방위탈격의 '-laxi/-dulaxi', 방면탈격의 '-giiji'에 대응된다. '-로부터'는 '-에게서/-한테서'의 의미로 쓰일 때는 어웡키어의 탈격의 '-txi'에 대응된다. 한국어의 부사격 표지는 어웡키어에 비하여 하나의 격표지가 다양한 의미와 용법을 담당하고 있음을 확인하였다.

제7장에서는 두 언어의 복합문을 내포문과 접속문으로 나누고 그 주어 실현 양상을 살펴보았다. 일반적으로 한국어의 내포문에서 주절 주어는 '-은/는'과 결합하지만 내포문 주어는 '-이/가'와 결합한다. 반면에 어웡키어의 내포문에서 주절 주어는 주격으로 나타나지만 내포문 주어는 항상 속격으로 나타난다. 그런데 한국어의 경우에도 관형구성이 '-이다'와 결합하여 서술어로 쓰일 때 관형절 주어가 속격과 결합할 수 있다. 또한 '-음' 명사절과 '-기' 명사절에서도 주어에 속격이 결합하여 쓰일 수 있었다. 접속문에서는 11가지 부류의 접속어미를 다루면서 주절 주어와 종속절 주어가 어떤 격표지에 의해 표시되는지를 살펴보았다. 한국어의 주절 주어는 정보구조에 따라 '-은/는'과 '-이/가'로 교체되어 쓰이지만 종속절 주어에는 '-은/는'이 잘 쓰이지 않고 거의 항상 '-이/가'가 쓰였다. 어웡키어에서는 서술어뿐만 아니라 상당수의 접속어미에도 인칭표지가 붙는 것을 확인하였다. 접속어미 중에는 접속어미가 결합하는 선행절과 후행절의 주어가 달라지는 경우가 있는데, 이 경우 어웡키어에서는 접속어미의 인칭표지를 통해 선행절과 후행절의 주어가 같은지 다른지를 알 수 있었다. 즉 접속어미

에 소유인칭표지가 결합하면 선행절과 후행절의 주어가 다르며, 재귀소유인칭표지가 결합하면 선행절과 후행절의 주어가 같은 것이다. 소유인칭표지가 결합하면 해당 절의 주어는 항상 속격으로 나타나고 재귀소유인칭표지가 결합하면 해당 절의 주어는 주격으로 나타났다.

본서는 위와 같이 한국어와 어웡키어의 격과 인칭을 대조 분석하였다. 두 언어의 격표지의 의미 용법, 그리고 주어 인칭 제약에 대하여 공통점과 차이점을 다루었다. 이전에도 한국어와 어웡키어의 격을 대조하는 연구는 있었지만 격표지의 대응에만 주목하는 단편적인 비교에 불과하였다. 본서는 한국어와 어웡키어의 주격, 속격, 대격, 부사격을 주된 용법 이외에 다양한 용법과 구문에 이르기까지 총체적으로 아울러 대조 분석하였다는 점에서 큰 의의가 있다.

또한 절멸 위기의 언어를 연구 대상으로 삼았다는 점에서도 큰 의의가 있다. 어웡키어는 현재 구사할 수 있는 인구가 2만 여 명에 불과하고, 최근 젊은이들은 교육은 물론 일상생활에서도 어웡키어보다 한어를 사용해 절멸 위기에 처해 있다. 이러한 언어를 연구 대상으로 삼아 한국어와 대조 분석하였다는 점에서 의의가 있다.

아울러 어웡키어의 현실 발음을 표기하고 음운현상을 기호를 통해 반영하였다는 점에서 언어 자료로서도 큰 가치가 있다. 필자가 직접 수집 분석한 이 자료는 선행 연구와의 비교를 통하여 시간의 흐름에 따른 어웡키어의 변화를 관찰할 수 있게 한다.

마지막으로 한국어와 어웡키어의 격과 인칭에 관한 대조 연구는 한국어뿐 아니라 다른 알타이어를 연구하는 데에도 도움이 될 수 있을 것으로 기대한다. 본서는 만주어와 같은 문자와 문헌이 남아 있지만 구사할 수 있는 인구가 적은 언어를 연구할 때, 반대로 문자가 없고 구어에서만 쓰이는 같은 계통의 언어를 연구할 때 참고 자료가 될 수 있을 것이다.

본서는 두 언어의 격과 인칭을 대조하여 공통점과 차이점을 관찰하였다. 하지만 본서의 연구에서 미처 다루지 못한 내용도 있다. 한국어의 내포문에는 인용절, 부사절, 서술절 등 동사구 내포문이 존재하는데 이들 내포문에서의 격과 인칭에 대하여 다루지 못하였다. 이와 같은 다루지 못한 것은 추후의 과제로 남기기로 한다.

# 참고문헌

## Ⅰ. 사전류

국립국어연구원 편(1999), 『표준국어대사전』, 두산동아.

연세대학교 언어정보개발연구원 편(1998), 『(연세) 한국어사전』, 두산동아.

이희자·이종희(2014), 『한국어 학습 전문가용 어미·조사 사전』, 한국문화사.

杜·道爾基(1998), 『鄂漢詞典』, 內蒙古文化出版社.

## Ⅱ. 논저류

고석주(2004), 『현대 한국어 조사의 연구 Ⅰ』, 서울: 한국문화사.

고영근·구본관(2009), 『우리말 문법론』, 서울: 집문당.

구본관·박재연·이선웅·이진호·황선엽(2015), 『한국어 문법 총론Ⅰ』, 서울: 집문당.

권재일(1985), 『국어의 복합문 구성 연구』, 서울: 집문당.

권재일(1989), 조사의 성격과 그 생략 현상에 대한 한 기술 방법, 『어학연구』 25-1, 서울대학교 언어교육원, 129-139.

권재일(1999), 한국어와 알타이제어의 의존용언 구문 연구, 『인문논총』 42, 서울대학교 인문학연구소, 1-19.

권재일(2001), 어웡키어의 문법범주와 그 실현 방법 -한국어와 대조를 중심으로-, 『언어학』 28, 한국언어학회, 27-55.

권재일(2012), 『한국어 문법론』, 파주: 태학사.

권재일·김주원(2000), 퉁구스어의 음운구조와 문법구조 연구, 『알타이학보』 10, 알타이학회, 1-56.

김방한·정제문·김주원(1986), 『몽골어와 퉁구스어』, 서울: 民音社.

김완진(1957), -n, -l 동명사의 통사적 기능과 발달에 대하여, 『국어연구』 2, 서울대학교 국어연구회.

김일환(2011), 주어적 속격과 명사형 어미의 상관성, Journal of Korean Culture vol.18, 105-124.

김주원(1985), 퉁구스제어의 인칭어미, 김방한 선생 회갑기념논문집 편집위원회(편), 『역사언어학』, 서울: 전예원, 277-303.

김주원(1989), 만주 퉁구스어의 모음조화 연구, 서울대학교 대학원 박사학위논문.

김주원·권재일·고동호·김윤신·전순환(2008), 『사라져 가는 알타이언어를 찾아서』, 파주: 태학사.

김한결·장고은(2019), '날로', '세세로' 유형 부사의 역사적 연구, 『인문논총』 76-3, 서울대학교 인문학연구원, 65-100.

남기심·고영근(2014), 『표준국어문법론』(제4판), 서울: 박이정.

목정수(2014), 『한국어, 그 인칭의 비밀』, 파주: 태학사.

박성미(2014), 현대 한국어 '-를' 중출문의 의미와 통사 연구, 『국어연구』 248, 서울대학교 국어연구회.

박진호(1994), 통사적 결합 관계와 논항구조, 『국어연구』 123, 서울대학교 국어연구회.

박진호(1995), 논항 공유 현상의 유형론과 통시론, 국어학회 공동연구회 발표문.

박진호(2007), 유형론적 관점에서 본 한국어 대명사 체계의 특징, 『국어학』 50, 국어학회, 115-147.

박진호(2009), 동시성을 나타내는 연결어미 '-면서'의 비대칭적 용법, 『한국언어문화』38, 한국언어문화학회, 173-187.

박진호(2011), 시제, 상, 양태, 『국어학』 60, 국어학회, 289-322.

박진호(2012), 의미지도를 이용한 한국어 어휘요소와 문법요소의 의미 기술, 『국어학』 63, 국어학회, 459-519.

박진호(2015), 언어유형론이 한국어 문법 연구에 계시하는 것들, 『日語日文學硏究』 94-1, 한국일어일문학회, 3-26.

박진호(2016a), '-었었-'의 단절과거 용법에 대한 재고찰, 『한글』 311, 한글학회, 89-121.

박진호(2016b), 속격에서 주격으로, 한국사전학회 학술대회 발표논문집 8, 한국사전학회, 81-94.

서경숙(2013), 證據 樣態와 連結語尾 '-길래', 『大東文化硏究』 83, 성균관대학교 대동문화연구원, 487-508.

서정수(1996), 『국어문법』, 서울: 집문당.

성백인·김주원·고동호·권재일(2010), 『중국의 다구르어와 어웡키어의 문법·어휘 연구』, 파주: 아카넷.

손욱(2019), 한국어 어미 '-더니'와 '-었더니' 연구, 서울대학교 대학원 석사학위논문.

송경안·이기갑 외(2008), 『언어유형론 2』, 서울: 월인.

송기중 역(2008), 『핀란드어 필수 문법』(Fred Karlsson 저), 서울: 뉴밀기획.

신현숙(1982), 목적격 표지 /-를/의 의미연구, 『언어』 7-1, 한국언어학회, 119-139.

안병희·이광호(1996), 『中世國語文法論』, 서울: 學硏社.

이광호(1976), 중세국어 속격어미의 일고찰 -주어적·목적어적 속격을 중심으로-, 『국어국문학』 70, 국어국문학회, 27-46.

이남순(1988), 『국어의 부정격과 격표지 생략』, 서울: 탑출판사.

이남순(1998), 격조사, 『문법 연구와 자료』, 이익섭 선생 회갑 기념 논총, 파주: 태학사, 83-113.

이남순(1998), 『格과 格標識』, 서울: 월인.

이만기(2005), 스페인어 학습오류와 효과적인 교육방법론: 스페인어와 한국어의 몇 가지 통사적 유사성을 중심으로, 한국언어학회 2005년 겨울학술대회 발표논문집, 181-191.

이선웅(2012), 『한국어 문법론의 개념어 연구』, 서울: 월인.

이은경(1990), 국어의 접속어미 연구, 서울대학교 대학원 석사학위논문.

이은경(1996), 국어의 연결어미 연구, 서울대학교 대학원 박사학위논문.

이은경(1998), 접속어미의 통사, 『문법 연구와 자료』, 이익섭 선생 회갑 기념 논총, 파주: 태학사, 465-489.

이익섭·채완(1999), 『국어문법론강의』, 서울: 學硏社.

이필영(1995), 주어적 속격 구문에 대하여, 『한양어문』 13, 한양대학교 국어국문학과, 1057-1079.
이현희(1994),『中世國語 構文研究』, 성남: 新丘文化社.
이현희(2013), 韓國語文法史 記述에서의 세 갈림길에 대한 斷想, 가을학기 국어연구회 발표문.
임동훈(2004), 한국어 조사의 하위 부류와 결합 유형,『국어학』43, 국어학회, 119-154.
임동훈(2017), 한국어의 장소 표시 방법들,『국어학』82, 국어학회, 101-125.
임홍빈(1980), {을/를} 助詞의 意味와 統辭,『한국학논총』2, 국민대학교 한국학연구소, 91-130.
임홍빈(1981), 存在前提와 屬格標識 {의},『언어와 언어학』7, 한국외국어대학교 언어연구소, 61-78.
임홍빈(2007),『한국어의 주제와 통사 분석』, 서울: 서울대학교출판부.
임홍빈·장소원(1995),『국어문법론 I』, 서울: 한국방송대학교출판부.
장경희(1980), 지시어 '이, 그, 저'의 의미 분석,『어학연구』16-2, 서울대학교 어학연구소, 167-184.
전영철(2005), 한국어의 소위 특정성 표지들에 대하여,『언어』30-4, 한국언어학회, 715-743.
전영철(2013),『한국어 명사구의 의미론』, 서울: 서울대학교출판문화원.
칼리나(2015), 어웡키어의 시제와 상,『언어유형론연구』2, 한국언어유형론학회, 77-104.
칼리나(2019), 솔론 어웡키어의 명사 인칭법,『언어학』83, 사단법인 한국언어학회, 27-47.
허동진(2006),『한국어 조사의 뜻과 쓰임』, 파주: 한국학술정보(주).
허웅(1988),『우리 옛말본 15세기 국어 형태론』(재판), 서울: 샘 문화사.
황선엽(2016), 중세·근대 국어 속격조사 연구의 쟁점과 과제,『국어사연구』31, 국어사학회, 71-95.

胡增益(2006),『鄂倫春語簡志』(修訂本), 中國少數民族言語簡志叢書, 北京: 民族出版社.
胡增益·朝克(1986),『鄂溫克語簡志』, 中國少數民族言語簡志叢書, 北京: 民族出版社.

朝克(1995), 『鄂溫克語語法』, 北京: 民族出版社.

朝克(2009), 『鄂溫克語參考語法』, 北京: 中國社會科學出版社.

朝克(2017a), 『鄂溫克語動詞形態論』, 北京: 中國社會科學出版社.

朝克(2017b), 『鄂溫克語名詞形態論』, 北京: 中國社會科學出版社.

朝克(2003), 『エウェンキ語　形態音韻論および名詞形態論』, 東京外國語大學アジア・アフリカ言語文化研究所.

朝克·津曲敏郎·風間伸次郎(1991), 『ソロン語基本例文集』, 札幌: 北海道大學文學部.

朝克·津曲敏郎(1995), 『鄂溫克語三方言對照基礎語彙集』, 小樽: 小樽商科大學言語センター.

朝克·中嶋幹起(2005), 『エウェンキ語への招待』, 東京: 大學書林.

津曲敏郎(2009), A Sketch of Solon Grammar, 『北方人文研究』 2, 北海道大學, 1-21.

風間伸次郎(2018), ソロン語, 李林靜·山越康裕·兒倉德和 編著『中國北方危機言語のドキュメンテーション（ベジェン語／シベ語／ソロン語／ダグール語／シネヘン・ブリヤート語）』, 東京: 三元社, 101-159.

Bulatova, N., L. Grenoble(1999), *Evenki*, München: LINCOM Europa.

Castrén, M.A.(1856), *Grundzüge einer tungusischen Sprachlehre*(퉁구스제어 문법 교과서), St. Peterburg: Kaiserliche Akademie der Wissenschaften.

Ivanovskij, A.O.(1894), *Mandjurica I: Obrazcy solonskogo i daxurskogo jazykov*(만주학 I: 솔론어와 다구르어의 文例), Sanktpeterburg.

Kałuzynski, S.(1971), Solonisches Wörterverzeichnis, Rocznik Orientalistyczny 34-1, 34-2.

Kim, Dae-Bin(1992), The Specificity/Non-Specificity Distinction and Scrambling Theory, Ph.D. dissertation, University of Wisconsin at Madison.

Lee, Doo-Won(2005), Syntactic and Semantic Constraints on Caseless Numeral Quantifiers, 『어학연구』 44-1, 서울대학교 언어교육원,

143-178.

Lee, Won-Bin, Cho, Sung-Eun(2003), Argument Scrambling and Object Shift, 『생성문법연구』 13, 한국생성문법협회, 39-59.

Nedjalkov, I.(1997), *Evenki*, London, New York: Routledge.

Poppe, N.N.(1931), *Materialy po solonskomu jazyku*(솔론어 자료), Leningrad: AN SSSR.

# 어웡키어 어휘 부록

a

aagun 모자
aagu(<n)-laa-ran 모자를 쓰다
aasin 없다; 없이
aasin-an (잠을) 자다
aba 아버지; 아빠
ada 언니/누나
adda-ran 기뻐하다
addi 할머니
adi (수량이 적은) 몇
ai/aya 좋다
algasii(~aggasii)-ran 걷다
alii-ran 화나다; 화내다; 혼내다
aman-an 똥을 누다
amaraa-ran 쉬다
amasixi 후부터; 후로
amasxan 조금
Amerika 미국
amida 뒤쪽; 북쪽
amii- 뒤; 북쪽
ammaa-wu-ran 물리다
ammaan-an 물다
ammaan-kaan-an 물게 하다
ani 년(年)
anii-ran 설을 쇠다
antan 맛
anta-ran 맛보다
anta(<n)-si 맛있다
anuxu 열쇠
aŋgi 반(class)
aŋka-ran 목이 마르다
aŋuu-ran 묻다
arakkaa-ran 치우다
arixi 술
arukkun 깨끗하다
asiccan 쥐
awu 누구
axa 형/오빠
axin 형/오빠; 위/연상

b

baacci 나이
bagalja 손목
baita 일
balca 친척
baldaar 지팡이
baran 많다; 많이
bara(<n)-si 많이 있다
baxa-ran 얻다
baxalda-n (우연히) 만나다; 마주치다
baxaldii-ran (약속해서) 만나다

baxsi 선생님
beega 달; 월
beenci 만두
Bəəjin 베이징
bəələ 장갑
bəə-ləə-rən 장갑을 끼다
bəggə 뚱뚱하다
bəggə-rən 살찌다; 뚱뚱해지다
bəi/bəyə 사람
bəldiir 발; 다리
bi 나
biddan 연탄난로
bisi-n 이다; 있다
bitəgə 책
bicci -고(Adj and Adj)
bodo-ron 생각하다
bolo 가을
boŋgon 크다
bɵɵs 천
bugu 곳
bukkun 천둥
bulcidda 종아리
bʉ 우리(배제형)
bʉdə-n 죽다
bʉdərii-rən 발에 걸리다
bʉʉ-rən 주다
bʉxtii-rən 허리를 굽다
bʉxʉl 마다; 모두; 통째, 옹글다

d

daari-ran 들르다
dagga-ran 태우다
danjilaa-ran 길다
darama 허리
dattan 항상
daxi 다시
dela 머리
dərəl 얼굴
dolbo 밤
doo 노래; 강
doo- 안(inside)
dooldo-n 듣다(hear)
dooldii-ron 듣다(listen)
doo-loo-ron 노래하다
dootor 병원
durun 마음

e

elan 셋
esa-ran 도착하다

ə

əddə 아침; 일찍
ədi-mʉʉ-rən 날아가다
ədin 바람
ədin-ən 바람이 불다
əəkkəə-rən 시작하다
əələə-rən 끓이다; 삶다
əən 약

əəri-rən 부르다; 낭독하다
əggi-rən 뒤로 돌다; 보다; 살피다
əkki 바지
əlbʉʉ(~əbbʉʉ)-rən 가져가다
əmbʉʉ-rən 가져다주다
əmən 하나
əmə-rən 오다
əmə-ggii-rən 돌아오다
əmi -지 않고
əmmə 어머니; 엄마
əmməən-ən 잊어버리다
əmməə-wʉ-rən 버림받다
əmʉʉ-rən 가져오다
ənin 어머니
ənixən 큰어머니
ənʉʉn-ən 아프다
ər 이; 이것; 이 사람
ərixi 개구리
ərnig 오늘
əsi 지금
əsi-n -지 않다; 안
əsxə 삼촌
əsxʉn 아까
ətə-rən 끝나다; 끝내다; 가능하다
əwən 빵; 병(餅)
əwəŋkə ~ əwəŋki 어웡키; 어웡키 사람
əwə-rən 내리다
əxʉn 우유
əyyə 이; 이것; 이 사람

**g**

gada-n 사다; 가지다
gagga 귀걸이
garig 주
gee 시내(街)
geltarin 하얗다
geranda 뼈; 가시
gəbbi 이름
gələə-rən 찾다
gi 의문 첨사
gudda 높다; 키가 크다
guggatta 수염
guldi-ran 잠그다
gurul 밀가루
gʉdəgə 배
gʉggəldə-n 움직이다; 떠나다; 출발하다
gʉjəəmtxən 예쁘다; 귀엽다
gʉʉn 유리; 병(bottle)
gʉnə-n 말하다; 하다
gʉnkən -라고
gʉrʉn 나라
gʉʉrʉʉ-rən 이해하다

**i**

iggə 꼬리
iinəə-rən 들어가다

ii-rən 들어가다; 걸리다; 들다
iittə 이; 이빨
iixə 냄비
iiyə 어느
ikkin 새롭다; 새
ilə 어디
ilga(~igga) 꽃
ilgaalaa(~iggaalaa)-ran 꽃이 피다
imanda 눈(雪)
ima-ran 마시다
im-uu(<ima-wu)-ran 먹이다; 마시게 하다
inəgəddə 춥다; 추위
inig 날
irəə-rən 바라다; 기원하다
isi-rən 보다
ittʉ 어떻게
itxə-rən 믿다

j

jaan 열; 코끼리(몽골어)
jaandaalga 노래
jaandaa-ran 노래를 부르다
jaarin 위하다
jadda 소나무
jakka 가장자리; -까지
janji-ran 말하다
jawa-ran 잡다
jəələ-rən 빌리다
jəəttə 쌀
jittə-n 먹다
joon-on 그리워하다; 보고 싶어하다
joo-muu-ron 그리움을 받다
jɵɵl 종류
juri-ran 쓰다; 그리다
jurugu 그림
jʉlgʉ 앞; 남쪽
jʉldəəlin 전에
jʉlii- 남; 남쪽
jʉʉ 집
jʉʉr 둘

k

kilumetar 킬로미터

l

latta-ran 묻다
law 틀림없이
loxo-ron 걸다
Luuta 러시아; 러시아어
luxu-ran 벗다
Lʉndʉn 런던

m

mandi 어렵다; 훌륭하다; 너무
məən- 자기 자신

miin 가장; 제일
mii-rən 베다
mii-wʉ-rən 베다
miti 우리(포함형)
moo 나무
mundaa-ran 때리다
murin 말
mʉgʉn 돈; 은(銀)
mʉʉ 물

n

naala 손
nadan 일곱
namaaji 백
namaddi 따뜻하다
nan 도
nandaxan 예쁘다
nansii(~nannasii)-ran 쫓다
nansii(~nannasii)-wu-ran 쫓기다
nasun 나이
nacci 잎
naxsu 외삼촌
neenci 코
nenxin 개
nəə-rən 넣다; 두다
nəlki(~nəkki) 봄
nənʉʉ-rən 돌아가다
nəttə-rən 웃다
ninə-rən 가다
nisxʉn 작다; 어리다
noono 아이
nunuma 길다
nʉʉggii-rən 이사하다
nʉcci-rən 지나다
nʉxʉn 동생

o

oondi 어떤
oo-ron 하다; 되다
ootto 소똥
oocci 하고; -와/과(NP and NP)
ooxi (수량이 많은) 얼마
or 침대
oroi 저녁; 늦게
oron 자리
oroon 위
osxon 물고기; 생선
otoro 양떼
ottoo-ron(<əttʉ oo-ron) 이렇게 하다

p

paasa 버스
pəsxələə-rən (발로) 차다
pəcci-rən 바쁘게 뛰어다니다; 분주하다
piisa 피자(pizza)
piŋkʉs 지갑

poolu 바구니
pʉtou(중국어 차용어) 포도

s

saagi-ldii-ran 다투다
saa-ran 알다(중국어의 '知道')
saga 시간; 시계
sagda 경찰
sai 차(茶)
sala (나무) 가지
sala-ran 분리되다; 헤어지다
sanaa 생각
sanaa-si 생각이 있다
sanci 전통 여름옷
saracci 안경
saracci-laa-ran 안경을 쓰다
satan 사탕; 설탕
selkan(~sekkan) 게으르다
seŋarin 노랗다; 노랑
səəcci 피
sərʉn 쌀쌀하다
səsəncə 자전거
səsərlig 유치원
səxən-ən 오줌을 누다
si 너
siddən 사이; 가운데
siggəsii(~sigsii)-rən 떨다
siiŋəəsi-rən 콧노래를 하다
siitan 식당
silbaa(~sibbaa)-ran 가르치다; 가리키다
simə 소식
sirtan(~sirattan) 흙
sirə (책)상
sisir-rən 싫어하다
Soloŋgos 한국; 한국어
soŋko 창문
soŋo-ron 울다
soon 배(船)
soppoggo-ron 구멍이 나다
sotto 술에 취한
sottoo-ron 술에 취하다
sumu 마을
sumu-da 마을 대표
sunin 너무
suŋgu-ron 선택하다; 고르다
suŋgu-wu-ron 뽑히다
surgul 학교
surugci 학생
susa-ran 도망가다; 도망치다
suubala 가방
sʉ 너희(들)

t

taadda-n 알다(중국어의 '認識')
taansa 춤
taans(a)-laa-ran 춤을 추다
taŋgur 그릇
taŋin 마다
tar 그/저; 그것/저것; 그 사람/

저 사람
tari-ran 재배하다
tati-ran 배우다
tati-gaa-ran 가르치다; 공부시키다
taxur-ran 돈을 쓰다
taccil 그들
təgə-rən 살다; 눌러 앉다
təggʉ 길
təg-ʉʉ(<təgə-wʉ)-rən 앉히다
təggən 차(車)
təggəcci 옷
təlgi 허리띠
təlgii-ləə-rən 허리띠를 매다
təlin 아까; 방금; 처음
təŋkə-rən (불이) 나다
təxəər-rən 돌다; 돌아다니다; 구경하다
tiinʉg 어제
timaasin 내일
titə-rən 입다
tixə-rən 떨어지다; 빠지다
togo 불
tool 토끼
toon 숫자; 수학
totto-ron 정하다
toxoi (-에) 관한
tukka-ran 내리다
tuŋ 다섯
tuŋkasii-ran 꿈꾸다
tuccaan-an 뛰다
tʉlgə 느리다
tʉllə 밖에
tʉgʉ 겨울
tʉʉrəə-rən 소리내다

u

udun 비
Ulan-Bulaga 올란뿔락
ularin 빨갛다; 빨강
uluŋki (쌀 한) 말
umatta 계란; 알
unaji 딸; 여자 아이
unta 신발
unxun 손가락; 발가락
uratta-n 모이다
urilaga 초청; 초대장
urin 스물
uruu-ran 모으다
uxun 무엇

ʉ

ʉgə 말
ʉgiir 끈
ʉgii-rən 놀다
ʉkkə 문
ʉldə 고기
ʉldi-rən 꿰매다
ʉli-rən 가다; 떠나다
ʉlii-xəən-ən 보내다; 가게 하다

ʉntə 아니다
ʉrəl 아이
ʉrʉŋkʉn 짧다
ʉsxən 칼
ʉttəlii-rən 달리다
ʉʉddə-rən 벌컥벌컥 마시다
ʉʉgʉlii-rən 잠꼬대하다
ʉʉn 냄새; 향기
ʉʉnii-rən 팔다
ʉʉnʉʉ-rən 냄새가 나다
ʉʉŋii-rən 보내다; 부치다
ʉʉŋkʉ 수건

x

xaltuusixi 감자
xantasa 외투
xaranda 연필
xaryulta 답
xəəmə 밥; 음식
xəəməcci 목도리
xəəməcci-ləə-rən 목도리를 두르다
xəəxə 고양이
xərən 벽
xərʉʉldii-rən 다투다
xiiddʉ 벌써
xiir 잠깐; 잠시
xinu 영화
xicəəl 수업
xokku 다
xocco 상점; 매점
xɵɵggʉ 다리(橋)
xɵɵrɵɵ-rɵn 이야기하다
xugga 옷장
Xui 호이
xulxa 도둑
xulxa-ran 훔치다
xunin 양
xuŋge 냄비
xurgan 마당
xuugu-ron (연필을) 깎다
xʉddə 바퀴; 타이어
xʉləəsi-rən 누워 있다
xʉsʉn 힘

y

yabbi-ran 진열하다
yəəmə 물건
yəənʉ 재미
yəənʉ-si 재미있다
yəəyə 할아버지
yəgin 아홉
yon 위안
Yopon 일본; 일본어
yʉgʉʉ-rən 꺼내다
yʉʉ-rən 나가다; 일어나다

# 찾아보기

## 1. 한국어 찾아보기

### ① 내용 찾아보기

ㄱ



ㄴ

ㅅ

### ㅇ

ㅈ

② 문법형태소 찾아보기

ㅎ



## 2. 어웡키어 찾아보기

표기 순서: a, b, d, e, ə, g, i, j, k, l, m, n, ŋ, o, ɵ, p, r, s, t, c, u, ʉ, w, x, y

### ① 어휘형태소 찾아보기

a

d

**g**

k



l

o



p

t

### c



### u

ʉ

x

## ② 문법형태소 찾아보기

a



b



d

s

u



ʉ



w



x

한국어와 어웡키어의 격과 인칭

초판 1쇄 발행 2021년 2월 25일

지은이 칼리나(卡麗娜)
펴낸이 정재탁
펴낸곳 (학)신구학원신구문화사

등록 1968. 6. 10. 제1-205호
주소 경기도 성남시 중원구 광명로 377, 1층(금광동, 우촌학사)
전화 031-741-3055~6
팩스 031-741-3054
이메일 shingupub@naver.com
홈페이지 www.shingubook.com


ISBN 978-89-7668-260-4 93700


* 값은 뒤표지에 있습니다.